国家出版基金项目
NATIONAL PUBLICATION FOUNDATION

“十四五”国家重点图书出版规划项目

中国语言资源保护工程

中国语言文化典藏·龙山土家语

曹志耘　王莉宁　李锦芳　主编

田洋　李启群　张旭　著

商务印书馆
SINCE 1897
The Commercial Press

序

随着现代化、城镇化的快速发展，我国的语言方言正在迅速发生变化，而与地域文化相关的语言方言现象可能是其中变化最剧烈的一部分。也许我们还会用方言说“你、我、他”，但已无法说出婚丧嫁娶各个环节的方言名称了。也许我们还会用方言数数，但已说不全“一腡穷，两腡富……”这几句俗语了。至于那些世代相传的山歌、引人入胜的民间故事，更是早已从人们的生活中销声匿迹。而它们无疑是语言方言的重要成分，更是地域文化的精华。遗憾的是，长期以来，我们习惯于拿着字表、词表去调查方言，习惯于编同音字汇、编方言词典，而那些丰富生动的方言文化现象往往被忽略了。

2017 年，中共中央办公厅、国务院办公厅《关于实施中华优秀传统文化传承发展工程的意见》首次提出“保护传承方言文化”。2020 年，国务院办公厅《关于全面加强新时代语言文字工作的意见》明确提出“科学保护方言和少数民族语言文字”。语言方言及其文化的保护传承写进党和政府的重要文件，具有重要的历史意义。党中央、国务院的号召无疑是今后一个时期内，我国语言文字工作领域和语言学界、方言学界的重要使命，需要我们严肃对待，认真落实。

中国语言资源保护工程于 2015 年启动，已于 2019 年顺利完成第一期建设任务。针对我国传统语言方言文化现象快速消失的严峻形势，语保工程专门设了 102 个语言文化调查点（包括 25 个少数民族语言文化点和 77 个汉语方言文化点），按照统一规范对语言方言文化现象开展实地调查和音像摄录工作。

为了顺利开展这项工作，我们专门编写出版了《中国方言文化典藏调查手册》（商务印书馆，2015 年）。手册制定了调查、语料整理、图册编写、音像加工、资料提交各个阶段的工作规范；并编写了专用调查表，具体分为 9 个大类：房屋建筑、日常用具、服饰、饮食、农工百艺、日常活动、婚育丧葬、节日、说唱表演，共 800 多个调查条目。

调查方法采用文字和音标记录、录音、摄像、照相等多种手段。除了传统的记音方法以外，还采用先进的录音设备和录音软件，对所有调查条目的说法进行录音。采用高清摄像机，与录音同步进行摄像；此外，对部分语言方言文化现象本身（例如婚礼、丧礼、春节、元宵节、民歌、曲艺、戏剧等）进行摄像。采用高像素专业相机，对所有调查条目的实物或活动进行拍照。

这项开创性的调查工作获得了大量前所未有的第一手材料。为了更好地保存利用这批珍贵材料，推出语保工程标志性成果，在教育部语言文字信息管理司的领导下，在商务印书馆的鼎力支持下，在各位作者、编委、主编、编辑和设计人员的共同努力下，我们组织编写了《中国语言文化典藏》系列丛书。经过多年的努力，现已完成 50 卷典藏书稿，其中少数民族语言文化典藏 13 卷，汉语方言文化典藏 37 卷。丛书以调查点为单位，以调查条目为纲，收录语言方言文化图片及其名称、读音、解说，以图带文，一图一文，图文并茂，EP 同步。每卷收图 600 幅左右。

我们所说的"方言文化"是指用特殊方言形式表达的具有地方特色的文化现象，包括地方名物、民俗活动、口彩禁忌、俗语谚语、民间文艺等。"方言文化"是一个新的研究领域，需使用的调查、整理、加工方法对于我们当中很多人来说都是陌生的，要编写的图册亦无先例可循。这项工作的挑战性可想而知。

在此，我要向每一个课题的负责人和所有成员道一声感谢。为了完成调查工作，大家不畏赤日之炎、寒风之凛，肩负各种器材，奔走于城乡郊野、大街小巷，记录即将消逝的乡音，捡拾散落的文化碎片。有时为了寻找一个旧凉亭，翻山越岭几十里路；有时为了拍摄丧葬场面，与送葬亲友一同跪拜；有人因山路湿滑而摔断肋骨，住院数月；有人因贵重设备被盗而失声痛哭……。在面临各种困难的情况下，大家能够为了一个共同的使命，放下个人手头的事情，不辞辛劳，不计报酬，去做一项公益性的事业，不能不让人为之感动。

然而，眼前的道路依然崎岖而漫长。传统语言方言文化现象正在大面积地快速消逝，我们在和时间赛跑，而结果必然是时间获胜。但这不是放弃的理由。著名人类学家弗雷泽说过："一切理论都是暂时的，唯有事实的总汇才具有永久的价值。"谨与大家共勉。

曹志耘

2022 年 4 月 13 日

目录

引言

一 龙山

龙山县位于湖南省西北，湘西土家族苗族自治州北部。在东经 109°13′00″—109°49′21″，北纬 28°46′07″—29°34′04″之间。东邻永顺、桑植，南界保靖，西接湖北来凤和重庆酉阳、秀山，北连湖北宣恩。总面积 3131 平方公里，总人口 60.3 万（瞿建凯主编《湘西州年鉴 2016 年》，作家出版社 2016 年版，第 388 页。）

龙山地域夏商周时属荆州，春秋战国时属楚，秦汉至唐先后属黔中、武陵、沅陵等州郡，五代至清初由土司统治。清雍正七年（1729 年）置龙山县，属永顺府。中华人民共和国成立后，龙山属湘西行署永顺专署。1952 年改属湘西苗族自治区。1955 年湘西苗族自治区更名为湘西苗族自治州，龙山隶属不变。1957 年 9 月隶属于湘西土家族苗族自治州。

龙山位于武陵山脉西侧，地势北高南低，东陡西缓，境内群山耸立，酉水、澧水及其支流纵横其间。地域属亚热带大陆性湿润季风气候区。煤炭、页岩气等矿产储量丰富。主要农作物有稻谷、玉米、烤烟、百合等。

龙山是土家族文化的发祥地，土家族织锦技艺、梯玛歌、摆手舞、茅古斯舞、打溜子、咚咚喹等 6 个项目已列入国家级非物质文化遗产名录。龙山也是秦简文化核心区，里耶出土的 3.7 万余枚秦简，被称为“21 世纪以来中国最重要的考古发现之一”。

县境通用语言为汉语方言西南官话，少数民族语言有土家语和苗语两种。土家语主要分布在县境南部，苗语仅存于里耶镇的新双、太平村。土家语或苗语的使用者均为汉语民族语双语人。

二 龙山土家语

（一）概述

土家族人口为 8 353 912 人（2010 年第六次全国人口普查）。主要分布在湘、鄂、渝、黔毗连的武陵山区。

土家语属汉藏语系藏缅语族。土家族虽人口众多，但现在会说土家语的仅 6 万余人，主要集中在湖南省湘西土家族苗族自治州的龙山、保靖、古丈、永顺、泸溪等县。土家语可分为南北两大方言。说北部方言的土家族自称 [pi³⁵tsɿ⁵⁵kʰa⁵³][pi³⁵tɕi⁵⁵kʰa⁵³] 或 [mi²¹tɕi⁵⁵kʰa⁵³]，说南部方言的土家族自称 [muŋ³⁵tsɿ⁵⁵]，南部方言仅通行于泸溪县的几个村落，使用人口约 1000 人，其他几个县的土家语属北部方言。

龙山县是目前我国土家语保存得最好的地区，主要分布在县境南部的乡镇。具体分布情况见表 0-1。

表 0-1 龙山县土家语使用人口及地理分布表

乡镇	土家语使用的行政村	数目	人口
靛房镇	燎原、先锋、永明、山峰、百型、联合、比寨、中心、万龙、联星、苏竹、石堤、吾拉、松林、报格、他砂、光明、齐心、冉家寨、半南、信地、云峰	22	约 1.8 万
农车镇	合力、合心、天桥、高桥、高平	5	约 0.2 万
洗车河镇	天井、草果、上干溪、咱木、永久、克洞、西吴、耳洞、捞溪、牙龙	10	约 0.25 万
苗儿滩镇	捞车、树比、黎明、六合、红光、补州、民主、庆口、捞田、水坝、隆头、大溪、光明、联合	14	约 1 万
里耶镇	麦茶、双坪、新双、杉树、兔土坪、新寨、裴家堡、岩冲、大丰、树木、甲湖、跃进、农林、麦子坪、桥上、斑竹、牙土、三合、梓木、杨家	20	约 1 万
内溪乡	岩烈、树车、坡松	3	约 0.15 万
洛塔乡	烈坝、陈庄、泽果、瑞士	4	约 0.18 万
		78	约 4.58 万

（二）声韵调

本书龙山土家语记音以代表性语言点、靛房镇石堤村 6 组（原坡脚乡多谷村）居民口音为准。发音人彭万旭，男，1951 年出生，靛房镇石堤村 6 组人，小学文化程度，退休干部，一直生活、工作在靛房镇。在村里一般说土家话，外出说当地汉语方言（西南官话）。

1. 声母（22 个，包括零声母和两个半元音）

p	p^{h}	m	w	
ts	ts^{h}	s	z	
t	t^{h}	n	l	
tɕ	tɕ^{h}	ɕ	j	
k	k^{h}	ŋ	x	ɣ
ø				

声母例词

p	pa^{21} 坡 ｜ pei^{53} 搬 ｜ pu^{53} 泡	l	la^{53} 路 ｜ li^{53} 地 ｜ lu^{35} 脱落
p^{h}	p^{h}a^{55} 把（量词）｜ p^{h}ã^{53} 碰 ｜ p^{h}u^{21} 捆	tɕ	tɕi^{21} 脚 ｜ tɕiã^{35} 箭 ｜ tɕiɛ^{21} 叫
m	ma^{35} 女婿 ｜ mã^{21} 乳房 ｜ mu^{35} 丢失	tɕ^{h}	tɕ^{h}i^{53} 秤 ｜ tɕ^{h}iau^{21} 桥 ｜ tɕ^{h}iɛ^{21} 耕
w	wo^{55} 洗 ｜ wuã^{35} 水牛 ｜ wu^{55} 凉	ɕ	ɕi^{53} 听见 ｜ ɕiau^{55} 推 ｜ ɕiɛ^{35} 有
ts	tsa^{35} 纺 ｜ tsã^{55} 答应 ｜ tsu^{35} 起	j	ji^{35} 撒 ｜ jiã^{55} 烟 ｜ jiɛ^{53} 躲
ts^{h}	ts^{h}a^{55} 想 ｜ ts^{h}ã^{35} 唱 ｜ ts^{h}u^{53} 装	k	ka^{35} 吃 ｜ kai^{53} 多少 ｜ ku^{21} 上
s	sa^{53} 鸭子 ｜ suã^{53} 小 ｜ su^{53} 编织	k^{h}	k^{h}a^{55} 过 ｜ k^{h}ei^{53} 跪 ｜ k^{h}u^{21} 吸
z	za^{21} 鸡 ｜ zũ^{35} 打鸣儿 ｜ zu^{21} 听	ŋ	ŋa^{55} 割 ｜ ŋai^{53} 矮 ｜ ŋo^{53} 银子
t	ta^{53} 燃 ｜ tẽ^{55} 粘贴 ｜ tu^{21} 盖	x	xa^{21} 打 ｜ xã^{35} 这么 ｜ xu^{21} 肿
t^{h}	t^{h}a^{53} 织 ｜ t^{h}ẽ^{55} 磴 ｜ t^{h}u^{21} 拄	ɣ	ɣɨ^{21} 扫 ｜ ɣɨ^{35} 走 ｜ ɣɛ^{53} 猴子
n	ni^{55} 寻找 ｜ niã^{21} 感冒 ｜ niɛ^{55} 二	ø	a^{35} 写 ｜ ai^{55} 那 ｜ ẽ^{55} 这

2. 韵母（27 个，其中单元音韵母 7 个，复元音韵母 12 个，鼻化韵母 8 个）

单元音韵母：a ɛ o ɿ i ɨ u

复元音韵母：ai ei au ou ia iɛ io iau iou ua uai uei

鼻化韵母：ã ẽ ĩ ũ iã iũ uã uẽ

韵母例词

a　pa^{53} 看 ｜ ta^{55} 滴 ｜ tsa^{35} 洗~衣服

ɛ　ɛ^{35} 二 ｜ ai^{55}lɛ^{55} 那么

o　po^{21} 屙 ｜ to^{21} 流 ｜ tso^{53} 亲

ɿ　tsɿ^{53} 猪 ｜ tsʰɿ^{53} 大 ｜ zɿ^{21} 多

i　ti^{35} 痛 ｜ tʰi^{21} 得到 ｜ mi^{21} 铺

ɨ　xɨ^{53} 歇 ｜ kɨ^{21} 热 ｜ ɣɨ^{35} 走

u　pu^{53} 泡 ｜ pʰu^{35} 杀 ｜ tsu^{35} 出

ai　kai^{53} 多少 ｜ tʰai^{35} 没有 ｜ lai^{53} 什么

ei　pʰei^{53} 沸腾 ｜ kʰei^{53} 跪 ｜ tsʰei^{21} 水

au　lau^{21} 太阳 ｜ kau^{35} 这里 ｜ tsau^{21} 走了

ou　kou^{53} 吝啬 ｜ kʰou^{35} 扣 ｜ tsʰou^{21} 仇

ia　pia^{53} 扁 ｜ tɕia^{35} 夹 ｜ tɕʰia^{21} 拃

iɛ　piɛ^{55} 比得上 ｜ tɕiɛ^{35} 手 ｜ tɕʰiɛ^{21} 嚼

io　ai^{21}jio^{21} 啊哟 ｜ tɕio^{21} 脚一道手~（一次性）

iau　jiau^{35} 药 ｜ tʰiau^{53} 斠 ｜ tɕʰiau^{21} 桥

iou　piou^{35} 女儿 ｜ tɕiou^{35} 就 ｜ tɕʰiou^{55} 秋

ua　kua^{53} 寡 ｜ sua^{35} 刷 ｜ tsua^{35} 啄

uai　kuai^{55} 聪明 ｜ kʰuai^{21} 椅子 ｜ xuai^{53} 凶恶

uei　ko^{35}kuei^{55} 老表 ｜ pi^{35}kʰuei^{55} 小 ｜ wuei^{55} 瘦

ã　pã^{35} 老鹰 ｜ lã^{21} 臭 ｜ xã^{35} 那么

ẽ　tẽ^{55} 贴 ｜ lẽ^{35} 上冻 ｜ xẽ^{53} 厉害

ĩ　ɕĩ^{35}ka^{55} 绿 ｜ tɕĩ^{35} 敬 ｜ tɕʰĩ^{21}niɛ^{21} 后面

ũ　pũ^{53} 甑子 ｜ sũ^{35} 鱼 ｜ wũ^{21} 坐

iã　jiã^{55}sɿ^{55} 钥匙 ｜ tɕiã^{35} 射 ｜ tɕʰiã^{55}tiɛ^{55} 弟兄

iũ　ɕiũ^{21} 雄 ｜ tɕʰiũ^{21} 穷 ｜ jiũ^{21} 融~雪

uã　suã^{53} 小 ｜ kʰuã^{53} 撞 ｜ wuã^{35} 水牛

uẽ　xuẽ^{53} 米粉 ｜ tsuẽ^{53} 准 ｜ tsʰuẽ^{35} 寸

3. 声调（4 个）

[55]	za^{55} 飞	ɕi^{55} 块	jiɛ^{55} 到
[21]	za^{21} 鸡	ɕi^{21} 梳	jiɛ^{21} 粮食
[53]	za^{53} 挂~帐子	ɕi^{53} 听见	jiɛ^{53} 拖
[35]	za^{35} 溅	ɕi^{35} 擤	jiɛ^{35} 擦

4. 声韵调说明及音变

（1）声母 n 的实际音值为舌面鼻音 ȵ，只与 i 或以 i 开头的韵母相拼。k、kʰ、x 与 ɨ 相拼时，音值为 c、cʰ、ç。x 与 u 或以 u 为介音的韵母相拼时，有轻微的送气，音值为 xɸ。

（2）韵母 ã 的实际音值为 ɐ̃。韵尾 u 发音稍松，音值为 ɷ。ɨ 为舌面央高不圆唇元音，主要保存在老年人口语里，年轻人则多读成 e。ua、iũ、uẽ 3 个韵母仅拼汉借词，但读音与当地汉语有区别：ua 的主要元音较汉语靠前，汉语读成 uʌ；iũ、uẽ 两韵母汉语有鼻音尾，读成 ioŋ、uən。土家语音系中还有一个较特殊的元音 ɪ，为舌面前高开不圆唇元音，它黏附在动词、形容词及个别助词原形韵母后，即可黏附在所有 27 个韵母后，"如果把与元音 ɪ 结合韵母都算进去，韵母数便多一倍。"（田德生，1986：10）

（3）声调中，低降调 21 有时读成 11。高平调 55 与高降调 53、高升调 35 与低降调 21 存在自由变读的现象。例如：tsɿ^{55} 猪→ tsɿ^{53} ｜ la^{53} 路→ la^{55} ｜ liɛ^{35} 送→ liɛ^{21} ｜ ɕiɛ^{21} 熬→ ɕiɛ^{35}。

有一些连读音变现象，主要有增音、减音、合音和变调等。

增音一般发生在助词 [a^{55}] 上，如 kau^{53} tsʰɿ^{21} tʰai^{35} a^{55} "没有办法啊" 增音为 kau^{53} tsʰɿ^{21} tʰai^{35} ja^{55}，ɕiau^{53}kũ^{55} a^{55} tɕiɛ^{21} "请小工" 增音为 ɕiau^{53}kũ^{55} ŋa^{55} tɕiɛ^{21}。

减音主要表现在辅音声母 [ɣ] 的脱落，舌根浊擦音 [ɣ] 同 a、ɛ、ɨ、ei 等元音韵母相拼的音节，辅音声母 [ɣ] 常脱落，如 ɣa^{21}pa^{21} “石头” 减音为 a^{21}pa^{21}，ɣei^{55}tʰa^{55} “叶子” 减音为 ei^{55}tʰa^{55}。

合音常发生在助词 [a^{55}] 跟在别的音节的后面时，如：tsʰei^{21} to^{21} a^{55} ɕiɛ^{35} “水流下来” 合音为 tsʰei^{21} toa^{21} ɕiɛ^{35}。

石堤土家语有较丰富的连读变调现象。其变调模式主要是“后变型”。双音节组合中，前一音节与后一音节各有 4 个调类：高平调 [55]、低降调 [21]、高降调 [53]、高升调 [35]。这四个单音节两两组合，有 16 种组合方式，其中有 13 种组合发生了变调。详情见下表。

表 0-2 两字（音节）组连调表

前字（音节）	后字（音节）			
	高平调 55	高升调 35	高降调 53	低降调 21
高平调 55	55+55 ai^{55}tsu^{55} 那时	55+35/55 kʰa^{55}tsʰa$^{35/55}$ 好过	55+53/55 tuã^{55}wu$^{53/55}$ 端午	55+21/55 po^{55}tso$^{21/55}$ 磨子
高升调 35	35+55 ku^{35}tʰai^{55} 脸形	35+35/55 xo^{35}pi$^{35/55}$ 布块儿	35+53/55 ɕiɛ^{35}ma$^{53/55}$ 富人	35+21/55 zei^{35}sa$^{21/55}$ 酒话
高降调 53	53+55/21 pa^{53}tsʰɿ$^{55/21}$ 看头	53+35/21 pa^{53}tsʰa$^{35/21}$ 好看	53+53/21 zã^{53}suei$^{53/21}$ 染料	53+21 tso^{53}sa^{21} 亲事
低降调 21	21+55/21/35 za^{21}pa$^{55/21}$ 公鸡 kɨ^{21}tsu$^{55/35}$ 夏天	21+35/21 lẽ^{21}suei$^{35/21}$ 零花钱	21+53/21 zu^{21}ma$^{53/21}$ 听众	21+21/55 lã^{21} lã$^{21/55}$ 篮子

从上表看出，石堤土家语四个声调在双音节词的16种搭配中，变化后的主要类型为55+55、35+55、53+21、21+21四种，后一音节的声调调值主要为55、21两种。变化的主要规律是后一音节的声调受前一音节高低升降的趋势影响，前一音节的声调是高平55或高升35调，后一音节均变成高平55调；前一音节的声调是下降的调值，无论高降或低降，后一音节都变成低降21调。

三 凡例

（一）记音依据

本书土家语记音以龙山县靛房镇石堤村 6 组（原坡脚乡多谷村）男性老年人的口音为准。石堤位于龙山县的南部，距县城 122 公里。靛房镇是土家族聚居地，全镇 95% 以上的人口为土家族，90% 的村组使用土家语，是目前我国土家语保存得最好的乡镇。毗邻的龙山县洗车河镇、苗儿滩镇以及保靖县的碗米坡镇均使用土家语。说唱表演部分一些歌谣为靛房镇联星村田义荣和彭翠荣演唱，口音与石堤村无差异。

（二）图片来源

本书收录龙山土家语言文化图片共计 600 余幅。集中拍摄于开展课题调查的 2016—2018 年间。主要拍摄地点为龙山县民安、靛房、农车、洗车河、苗儿滩、里耶、内溪、咱果、茨岩塘等乡镇，少量拍摄于相邻的保靖县碗米坡、普戎镇，永顺县灵溪、芙蓉镇。全书图片均由本项目组成员拍摄。

拍摄村镇汉语、土家语地名对照如下：

石堤 sɿ^{21}tʰiɛ^{35}、多谷 to^{53}ku^{21}、联星 liã^{21}ɕĩ^{55}、万龙 wuã^{35}lũ^{21}、报格 pau^{35}ke^{55}、燎原 liau^{21}jiã^{21}、中心 tsũ^{55}ɕĩ^{55}、齐心 tɕʰi^{21}ɕĩ^{55}、信地 ɕi^{35}tiou^{55}、冉家寨 zã^{53}ka^{21}tsai^{35}、比寨 pi^{55}tsai^{55}、惹巴拉 ze^{53}pa^{55}la^{55}、民主 mĩ^{21}tsu^{53}、洗车河 ɕi^{53}tsʰe^{21}xo^{21}、老洞 lau^{53}tũ^{21}、树比 su^{35}pi^{55}、沙坪 sa^{55}pʰĩ^{21}、黎明 li^{21}mĩ^{21}、三个堡 sã^{55}ko^{55}pau^{53}、西吴 ɕi^{55}wu^{55}、里耶 li^{53}jiɛ^{21}、比耳 pi^{53}ɛ^{21}、西拉布 ɕi^{55}la^{55}pu^{35}、贾市 tɕia^{53}sɿ^{21}、街上 kai^{55}sã^{55}、双坪 suã^{55}pʰĩ^{55}、龙车 lũ^{21}tsʰe^{55}、高坪 kau^{55}pʰĩ^{21}、天桥 tʰiã^{55}tɕʰiau^{21}、正河 tsẽ^{35}xo^{21}、脉龙 me^{21}lũ^{21}、伴住 pã^{35}tsu^{55}、内溪 nuei^{35}tɕʰi^{55}、灭贼 miɛ^{21}tse^{21}、民安 mĩ^{21}ŋã^{55}、尖岩 tɕiã^{55}ŋai^{55}、亨章 xẽ^{55}tsã^{55}、沙湾 sa^{55}wuã^{55}、牙吾 jia^{21}wu^{21}、芙蓉镇 xu^{21}zũ^{21}tsẽ^{35}、长光 tsã^{53}kuã^{55}。

（三）内容分类

本书所收龙山土家族语言文化条目按内容分为 9 大类 30 小类：

（1）房屋建筑：住宅、其他建筑、建筑活动

（2）日常用具：炊具、卧具、桌椅板凳、其他用具

（3）服饰：衣裤、鞋帽、首饰等

（4）饮食：主食、副食、菜肴

（5）农工百艺：农事、农具、手工艺、商业、其他行业

（6）日常活动：起居、娱乐、信奉

（7）婚育丧葬：婚事、生育、丧葬

（8）节日：春节、其他节日

（9）说唱表演：口彩禁忌、俗语谚语、歌谣、故事

分类考虑条目的特殊性和内在关联性。如某条目可归入不同的大类，归类时先尽特殊的类。例如，[k^{h}ei^{53}sɿ^{55}pa^{55}pa^{55}]“蒿子粑粑”可归入饮食和节日，本书归入节日。为了阅读方便，把一些关系特别密切的条目（图片）放在一起，例如，把 [k^{h}a^{55}t^{h}iɛ^{55}]“犁”放在农事类 [p^{h}ei^{35}t^{h}i^{55}tɕ^{h}iɛ^{21}]“耕地”的后面，而未放入农具类。

（四）体例

（1）每个大类开头先用一段短文对本类土家族语言文化现象做一个概括性的介绍。

（2）除“说唱表演”外，每个条目均包括图片、民族语词、正文三部分。“说唱表演”不收图片，体例上也与其他部分有所不同，具体情况参看“玖 说唱表演”。

（3）各图单独、连续编号，例如“1-1”，短横前面的数字表示大类，短横后面的数字是该大类内部图片的顺序号。图号后面注明拍摄地点（一般为村级名称）。图号和地名之间用“◆”隔开，例如“1-1◆捞车”。

（4）由于土家族没有文字，因此在图片下先用国际音标标注土家语的读音，再用汉字写汉语翻译。例如：[ts^ho^{53}]“房子”。

（5）正文中出现的土家语词用引号标出，在一节里首次出现时标注国际音标，并随文附上该词的注释。

（6）条目标记的是实际读音。如有变调、合音等现象，一律按变读标记。例如：[$pa^{55}pa^{55}$]“粑粑”一词，在[$p^ho^{35}l\tilde{u}^{55}pa^{55}pa^{55}$]“粑粑娘娘”中读高平调，记为55，[$sau^{21}pa^{21}pa^{21}$]“苕粑粑”一词中读低降调，记为21。

壹·房屋建筑

土家族修建村寨多依山傍水。传统上多讲究风水朝向，建房屋一般前忌牛栏，后忌修仓。土家族传统民居，多数为木质结构，是由古代的干栏式建筑发展而来的。木质民居的结构均为柱、棋、枋、檩组成的排扇式。一般是一户人家住一栋房子。普通人家多是“三柱四棋”“五柱八棋”，富有人家则为“七柱十二棋”或“四合水”，但大都是四排三间，或加拖部、偏厦，或配吊脚木楼。正屋一般是三大间，中间称堂屋，堂屋的后壁安有神龛，是供奉祖先和婚丧大事迎接宾客的地方。左右两边的房间称绕间，绕间以中柱为界分为前后两间，前面一间做火铺，铺有木地板，设有火坑。后面的房间做卧室，左边多为父母的卧室，右边是子媳孙辈们的卧室。堂屋后面为抱兜房，一般为祖父母的卧室。偏厦建在正屋两侧，置厨房、厕所等。偏厦前多是飞檐翘角的 [liɛ^{35}]“楼房”，楼房一般为两层，依地势而建，有左右双挑或一侧单挑的。楼房的一楼多设粮仓或猪栏、鸡舍等，二楼多高于正屋阶檐，房外有廊。楼房可以是一面廊的，也可以是两面或三面廊的，两面廊的又称 [tsuã^{35}ko^{55}lu^{21}]“转角楼”，三面廊的又称 [tsou^{53}ma^{53}lu^{21}]“走马楼”。无论何种楼房，其廊柱都是靠承重柱枋挑起的悬空柱，廊柱下一般雕有金瓜类装饰。房子四周砌石墙或筑土墙，房屋前多有院坝，院子外多建有朝门。

龙山土家族居住地区还保留有两种较豪华气派的建筑：一种是纯木结构的冲天楼，冲天楼往往是一组建筑群，它不仅有高耸的木楼，而且也含有土家族民居的转角楼、四水屋等建筑形式。另一种是砖木结构的四合院，这种院子由正屋、厢房组成，内有天井，外围封火墙，建筑多呈徽派建筑风格。

土家族把建房子看成成家立业、安居乐业的头等大事，有着独特的建房习俗，尤其是建正屋时，有许多讲究和规程：请风水先生定房屋的方向；打造宅基地须择吉时；请的帮工须是德福双修、子孙旺盛之人；木工建房每从事一项工序，都须敬鲁班；伐木取料的第一天，要带祭品祭山神，伐木时，树只能往山峰一侧倒，以示主人家正在走上坡路；梁木须择时“偷”别人家的，砍伐倒地后马上放爆竹庆贺；在梁木上画莲花或太极图；立屋时掌墨师须用雄鸡祛煞气；升梁要先奠酒祭神；升梁时要[liã^{21}tɕiã^{53}]“讲梁”，升梁后要甩梁粑粑、放梁炮等。不过，随着社会的发展，现在已很少有人建木房子了，即使修建，也很少有人按以往的程式来做了，建木房子的程式大多只留存在人们的记忆之中。

[ts^ho^{53}] **“房子”**

指整栋房屋。土家族传统民居一般为木结构房子，也称 [$k^ha^{21}ts^ho^{53}$]“木屋”。它不仅承重结构为木柱、木枋，而且壁板也都是木头的。[$k^ha^{21}ts^ho^{53}$] 的正屋为三间，正屋的两旁多配有偏厦或楼房。

1-1◆捞车

1-2◆石堤

[sã^{55}tsu^{55}sɿ^{35}niɛ^{55}ts^{h}o^{53}] **“三柱四的房子”**

即三柱四棋的木房子，由三根落地柱子和四根不落地的柱子建造而成的木房子，图片中两侧和中间的三根柱子是三柱，其余四根就是四棋，这是最普通、最简单的土家民居。

[wu^{53}tsu^{35}pa^{35}niɛ^{55}ts^{h}o^{53}] **“五柱八的房子”**

即五柱八棋的木房子，建这种木房子的人家家境较殷实，且当地木材较多。

1-3◆万龙

1-4◆万龙

[xũ^{55}xo^{53}ts^{h}o^{53}] “封火屋”

[xũ^{55}xo^{53}ts^{h}o^{53}] 远看像砖房子，实际只是在木房子的四周加一层防火的砖墙。旧时有钱人家多建这种房子。

1-5◆石堤

[ɕĩ^{21}p^{h}o^{21}ts^{h}o^{53}] “茅屋”

屋顶盖茅草的房子。用茅草盖房子需先将茅草扎成茅扇，然后将扎好的一扇扇茅扇按一定距离捆扎在屋檩上。旧时生活贫困，多住茅屋或茅棚。如今茅屋和茅棚极少见。

[liɛ^{35}] “楼房”

凡木制的楼房土家语都称 [liɛ^{35}]。这种建筑多建在偏厦前，一般为两层。

1-6◆老洞

1-7◆捞车

[tsuã³⁵ko⁵⁵lu²¹]“转角楼”

是 [liɛ³⁵]“楼房”的一种，土家族楼房中最具特色的建筑，一般建于正屋的左前或右前，也有在正屋的左右两边都建的。双面转角楼屋顶两侧的厢房均与正屋成直角连接。转角楼多为挑廊式建筑，屋顶转角处向上挑起，形成装饰性很强的翘角。廊檐装有花格式栏杆，悬柱的下部多雕有金瓜形装饰。民间还有“走马楼”的说法，走马楼跟转角楼的建筑手法和形式完全相同，只是多了一面走廊。

[$ts^hũ^{55}t^hiã^{55}lu^{21}$] **“冲天楼”**

土家族山寨中一种较稀有的民居形式。它是在转角楼的基础上修建起来的、集群式高楼层的建筑。最高的冲天楼有九层，飞檐翘角，重重叠叠，非常壮观。龙山县苗儿滩镇树比村的冲天楼（图 1-8）建于清康熙年间，有两个凸出天厅的楼子，高 10 余米，为三重檐飞檐翘角结构，它具有独特的“八卦式”空中排水系统。苗儿滩镇捞车村的冲天楼（图 1-9）为现代建造的五重檐飞檐翘角的木制高楼。

1-9◆捞车

1-8◆树比

1-10◆捞车

[t^{h}ã^{21}wu^{35}] **“堂屋”**

传统木房子正屋三开间，正中那间为堂屋。堂屋是安放神龛、供奉祖先的地方，也是迎亲、嫁女、举丧等活动的场所。

[xã^{55}tso^{55}ka^{21}] **“火铺上”**

当地汉语称“火床”，设在堂屋左边的房间，铺有木地板，是做饭用餐、接待宾朋的主要场所。

1-12◆齐心

1-11◆捞车

[tso^{21}k^{h}ũ^{35}t^{h}a^{21}] **“厨房”**

直译为“灶边”，[tso^{21}k^{h}ũ^{35}] 即“灶”，[t^{h}a^{21}] 即“边”，借指厨房，又称为 [tso^{21}k^{h}ũ^{21}ts^{h}o^{53}]“灶屋”，是烹调菜肴饭食的地方。不过，平日一般在火坑里做饭，只有逢年过节家里客人较多的时候，才在厨房里做饭。

[mi^{53}t^{h}ã^{21}] **“火坑”**

又称为 [mi^{53}p^{h}ũ^{21}]，是长条石砌成的一米见方的小坑，中间安放三脚（见图 2-3），主要用于生火做饭或取暖。火坑多置于 [xã^{55}tso^{55}ka^{21}]“火铺上”中间或稍偏一点的地方。

1-13◆沙坪

1-14◆联星

[tsʰo^{53}tɕi^{35}]“屋脊”

屋顶中间高起的部分。有的屋脊是砖砌的，有的用瓦砌成几何图案，有的安有装饰性较强的动物造型。多数人家的只是在屋脊上堆一排背面相对的瓦。

[wua^{53}]“瓦”

覆盖屋顶用的建筑材料，形状多为拱形。瓦多以黏土为原料，经泥料处理、成型、干燥和入窑烧制而成。旧时，农村也用茅草、树皮等做瓦的替代物。

[liã^{35}wua^{53}]“亮瓦”

当地汉语又称“明瓦”，是玻璃制成的透光瓦片，多铺设在堂屋或厨房的屋顶上，用以加强室内采光。

1-17◆三个堡

1-15◆捞车

1-16◆街上

[$ts^ho^{53}t\tilde{e}^{53}t\tilde{e}^{21}$] **"屋顶"**

房屋的顶盖。多数为两面坡，即屋面以中间横向正脊为界分前后两面，左右可有两面山墙，山墙与屋面齐平或高出屋面。

[$sa^{35}t^ha^{53}p^ha^{21}$] **"杉树皮"**

用来盖房子的杉树皮是刺杉的皮。将砍伐的刺杉树截成段，然后把树皮整块剥下，压扁晒干后直接盖在房顶上。杉树皮多用于厨房、偏厦的屋顶上，上面压石块、木头等重物，以防大风吹掉。

1-18◆街上

1-19◆报格

1-20◆捞车

[jiã^{21}k^{h}ou^{21}] **“檐口”**

屋檐边滴水的地方。木房子檐口拱瓦的下面多垫有檐口瓦，其上多抹有一层石灰。

1-21◆黎明

1-22◆捞车

[p^hi^{35}] “墙”

砖、石或土等砌筑成的屏障或外围。土家族地区有多种多样的墙。如图 1-21 为 [$pa^{21}ts\eta^{21}p^hi^{35}$] “土墙”，图 1-22 为 [$\gamma a^{21}p^hi^{35}$] “石墙”，图 1-23 为 [$x\tilde{u}^{55}xo^{53}t\c{c}^hi\tilde{a}^{21}$] “封火墙”。

1-23◆天桥

1-24◆里耶

[ma^{53}t^{h}u^{21}tɕ^{h}iã^{21}]“马头墙”

砌在房子两头的山墙，主要起防火和装饰作用。马头墙在现代小镇建筑中运用得较多，多为两叠或三叠式，高高低低，错落有致。

[xũ^{53}xo^{53}t^{h}ũ^{53}tsɿ^{21}]“封火筒子”

围在木房子四周、用砖石砌成的高墙，有防火作用。墙基为料石或块石，墙身为青砖，较一般的围墙厚实，墙壁无窗，长度依两侧建筑物长短而定。墙身高出住室壁面，有盖顶，墙内建有木质结构穿斗式房屋。

1-25◆贯山

1-26◆捞车

[xũ^{55}pa^{55}] **“封板”**

木房子的壁板，是用木板做成的。

[mu^{53}niɛ^{21}xũ^{55}pa^{53}] **“竹子墙”**

用竹竿编制的木房子的墙壁。一般会在编好的竹墙上糊一层和有牛粪的泥巴，以防透风。

1-27◆报格

1-28◆万龙

[ta^{35}mẽ^{21}]“大门”

堂屋正面进出的门，多为六扇木结构。平日一般只开启中间两扇，家中有红白大事时，六扇门可全部卸下，以方便进出。木房子的大门一般有较高的门槛。

[ts^{h}o^{53}la^{55}mi^{21}]“房门”

房间的门。有单扇的，也有双扇的。

1-30◆捞车

1-31◆捞车

1-29◆沙坪

[tɕʰiã^{55}tsɿ^{53}mẽ^{21}] “签子门”

附设在大门外齐腰高的半截门，多为栅栏式的。一般是大门敞开后用，以防幼儿爬出大门或家禽家畜进屋。

[tsa^{35}mei^{55}] “朝门”

庭院的大门。其门墩多为长方形，上面立门柱，立柱上装有结实的木枋。朝门多为两扇，门板较厚实，门后有大木闩。跟房屋一样，朝门也可做成飞檐翘角，梁枋上也可画上八卦、太极等装饰性图案。当地人讲究朝门开设的位置：既不能正对着堂屋，也不能正对着大路。

1-32◆捞车

1-33◆万龙

1-34◆沙坪

[jiã^{21}mẽ^{21}]“圆门”

又称 [la^{55}mi^{21}tʰuã^{21}kʰo^{55}li^{21}]。圆门多装在院外或转角楼楼上的房间，主要起装饰性作用。

[la^{55}mi^{21}tɕʰiã^{55}tɕʰiã^{55}]“门环”

开关大门或叩门用的物件，类似门把手。

[la^{55}mi^{21}suã^{55}tsɿ^{55}]“门闩”

从门里面闩门的短横木。旧式民居多用木闩，有的大门的木闩还设有机关，不明白其结构者开不了。

1-36◆捞车

1-37◆捞车

1-35◆街上

[ɣa^{21}pa^{21}niɛ^{21}tsa^{35}mei^{55}ts^{h}o^{55}k^{h}ei^{55}] **“石朝门墩”**

托起门柱的石头墩子，又称 [ɣa^{21}pa^{21}niɛ^{21}tsa^{35}mei^{55}tẽ^{35}tẽ^{55}] 或 [ɣa^{21}pa^{21}niɛ^{21}tsa^{35}mei^{55}tẽ^{35}tsɿ^{55}]。

[liã^{35}ts^{h}uã^{55}] **“窗户”**

当地的窗户一般是直接在墙壁上建造洞孔，其构造复杂，造型美观的花窗户使用得极为广泛。

1-38◆洗车河

1-39◆捞车

1-42◆石堤

[$t^{h}o^{55}pu^{55}$] **“拖部”**

就着正屋后面的墙壁盖的房子。当地汉语称“拖水”，多用作厨房、猪舍、厕所等。

[$kuei^{35}t^{h}ai^{21}$] **“柜台”**

店铺等售货用的装置。旧时柜台均设在房屋临街的一面，木制，样式似柜而长，突出于房屋墙体。台面上方是一排可拆卸的木板，营业时，将木板卸下，歇业后，再逐一装上。

[$sɿ^{35}suei^{53}k^{h}ẽ^{55}$] **“天井”**

宅院中，房子与房子或房子与围墙所围成的、较小的露天空地。它可使房子采光充足，空气流通，旧时的封火筒子内多置有天井。

1-40◆洗车河

1-41◆天

1-43◆石堤

[$p^hiã^{55}so^{55}$] "偏厦"

又称 [$p^hiã^{55}sua^{21}$]。就着正屋侧面的墙壁盖的房子。多用作厨房或烤火房。

[$sa^{35}k^ho^{55}$] "篱笆"

用竹子、树枝、秫秸等编成的遮拦物。多环绕在村子或房屋附近的田地周围，主要用来防止鸡、鸭啄食蔬菜或牲畜糟蹋庄稼。当地人多用竹子编制的竹篱笆，称作 [$mu^{53}niɛ^{21}sa^{35}k^ho^{55}$]。

1-44◆民主

1-47◆捞车

[ɣa²¹pi³⁵la⁵³]“鹅卵石路”

卵石镶嵌的道路。

[ɣa²¹pa²¹la⁵³]“石板路”

在路基上铺上一层石板的道路。

1-46◆洗车河

[$p^{h}a^{53}la^{53}xa^{21}$] **“巷巷”**

城镇或乡村里比较小的通道。当地汉语亦称“巷子”。土家语中 [$p^{h}a^{53}la^{53}xa^{21}$] 本指峡谷，因胡同从地势上看与峡谷有着某些相似之处，故以此名之。

1-45◆里耶

[lo^{55}jiou^{55}]“村庄”

土家族农民聚居的地方，多有成片的房屋。当地汉语称“寨子”。龙山境内的村庄以山间盆地聚落为主，也有不少是河岸聚落。居住地的选择讲究山势走向、水口和风向。依山傍水、背风朝阳、视野开阔的地方被认为是吉地。村庄坐北朝南的居多。

1-48◆惹巴拉

1-50◆农车

[$t^hiau^{53}suei^{53}$] “挑水”

木楼房的翘角。无论是转角楼还是走马楼，廊檐大多是挑廊，挑廊转角处承受屋顶重量的木枋多做成翘角。

[$t^hiã^{55}tɕiou^{55}$] “院坝”

房屋正面的平地，多用来堆放柴火，晾晒谷物、衣物等，家庭婚丧嫁娶等活动大多也在此进行。院坝是一个家庭室外活动的主要场所。宽大而较平坦的院坝称作 [$t^hiã^{55}tɕiou^{55}pi^{53}t^hiau^{21}$]。

1-49◆万龙

1-51◆联星

[sua^{53}tɕʰi^{21}] “棋子”

转角楼廊檐下的吊柱，当地汉语称“吊瓜”。土家族较注重棋子的装饰，或形为六棱、八棱，或雕成金瓜、莲花状。

1-52◆捞车

[sã^{53}tẽ^{55}ɣa^{21}pa^{21}] “磉墩岩”

即柱下石。为防止柱子受潮腐烂及承重的需要，木房子的柱子下都安放一块磉墩岩。旧时房子的磉墩岩讲究造型和装饰，有鼓形、瓜形、斗形、方形等，多雕有精美的图案。

[jiã^{55}tɕi^{55}lo^{35}] “梯子”

可移动的、便于人上下的用具。一般用两根木头并排做帮，中间横穿若干根短木头的方式制成。

1-53◆联星

[pã^{55}tʰẽ^{21}] “楼梯”

架设在转角楼两层之间的供人上下的设备，木制，形状似台阶。

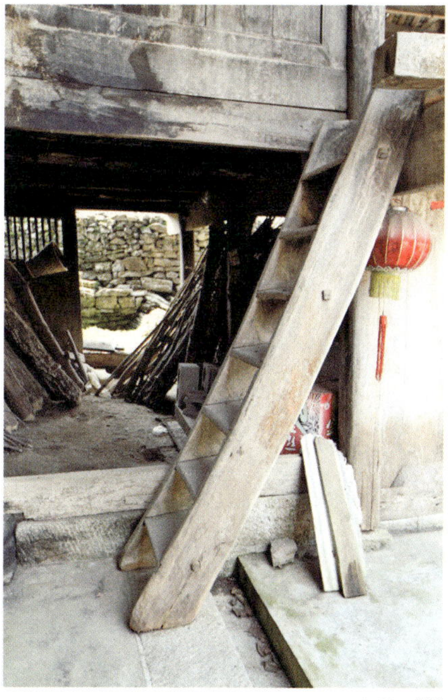

1-54◆高坪

1-56◆联

1-55◆齐心

[tsɿ^{53}zei^{53}] **“猪圈”**

养猪的场所。旧时，猪圈与厕所连在一起。在粪坑上，立四根木柱，四周用木枋连接，底部铺上圆木或厚木板，就成为猪圈。

[sẽ^{55}k^{h}ẽ^{55}t^{h}a^{21}] **“厕所”**

[sẽ^{55}k^{h}ẽ^{55}t^{h}a^{21}] 土家语直译为“粪坑边”，[sẽ^{55}k^{h}ẽ^{55}] 即“粪坑”，[t^{h}a^{21}] 即“边”。这种叫法跟旧时的厕所十分简陋有关，农村大多数厕所都是在猪圈边的粪坑上搁两根木头，勉强能蹲即成。

1-57◆亨章

[wu³⁵tsʰo⁵³]“牛栏”

关牛的简易建筑。又称 [wuã³⁵tsʰo⁵³]。土家语直译为“牛屋”。老式牛栏为木栅栏式的，牛栏门为可拆卸的两根木头。龙山境内土家族地区的牛栏一般都安有 [ma⁵³tsʰau²¹]“马槽给牛喂草的槽子”。马槽装在牛栏外，牛草放在马槽内，可避免被牛粪污染。

[zo³⁵tsʰo⁵³]“羊栏”

关羊的场所。多用木板钉制。

1-58◆石堤

1-60◆沙坪

[za^{21}ku^{21}tso^{55}] “鸡笼”

鸡夜间居住的地方。又称 [za^{21}zei^{21}] “鸡栏” 或 [za^{21}ts^{h}o^{53}] “鸡屋”。旧时，鸡笼多为一个木制的箱状体，正面是几块木板拼接而成，中间的几块木板可上下抽动，供鸡出入。

[sau^{21}tũ^{35}] “苕洞”

储存红薯、生姜等的窖。当地汉语方言称红薯为“苕”。苕洞多挖在屋子附近较干燥的地方。挖在平地的苕洞，深三四米，上下要架木梯，洞口用木板遮挡，其上多搭有A字形茅棚以防雨水进入。图1-62的苕洞是依山挖凿的，这种苕洞只需遮挡洞口。

1-62◆石堤

1-59◆老洞

[za^{21}t^{h}ũ^{21}] “鸡窝”

母鸡生蛋或孵小鸡的地方。多用废旧的背篓、箩筐等做成，里面垫有稻草。

[tiau^{35}tɕĩ^{53}] “吊井”

从地面往下挖成的、能取水的深洞，井壁多砌砖石。井上多装有 [kũ^{55}pu^{55}li^{55}] “轱辘”，轱辘的使用可以减轻取水的劳动强度。

1-63◆捞车

1-61◆沙坪

[pã^{53}ts^{h}ã^{55}] **“仓”**

农家传统的储粮设施。仓为木制柜形器物，高约 2 米，仓体内多用木板隔开，可同时存放不同种类的粮食。仓门为一块块可拆卸的木板，以方便撮取粮食。[pã^{53}ts^{h}ã^{55}] 一词借自汉语，本字为“板仓”。

1-64◆石堤

[ts^{h}ei^{21}mũ^{35}] **“水井”**

用于存储山泉水的构筑物。井多不深，可用瓢舀。当地农村山多且植被好，因此山泉水丰富，所以水井十分普遍。一些没有溪流经过的村寨，水井除用于人们的生活外，也用于农田灌溉。

1-65◆里耶

[t^{h}ẽ^{21}tsɿ^{53}]“亭子”

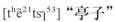

盖在路旁或花园里供人休息、乘凉用的建筑物。亭子面积较小，大多只有顶，没有墙。旧时，有的凉亭建在山坳中，能供路人休息或避雨。

1-66◆捞车

[$p^hai^{21}lu^{21}$] **“牌楼”**

做装饰或区域分界标志的木制构筑物。牌楼多建于街市、村口，有斗拱和屋顶。土家族村寨牌楼的檐多为装饰性很强的多层翘角檐。

1-67◆里耶

[pʰai^{21}xuã^{21}]“牌坊”

形状像牌楼的构筑物。旧时多用来表彰忠孝节义的人物，有 [kũ^{55}tiɛ^{21}pʰai^{21}xuã^{21}]“功德牌坊”、[tsẽ^{35}tɕĩ^{55}pʰai^{21}lu^{21}]“贞节牌坊”等。近年新建的牌坊多为装饰性建筑。

1-68◆联星

[sũ^{35}ka^{55}] “碓”

舂谷物的用具。主要由 [sũ^{35}ka^{55}k^{h}a^{21}t^{h}ũ^{21}] “碓身”、[sũ^{35}ka^{55}ji^{35}la^{35}ts^{h}ɿ^{53}] “碓舌头”、[sũ^{35}ka^{55}k^{h}o^{55}lo^{55}] “碓臼”组成。碓身是一根粗大的木杠，一端装有碓舌头一根小圆木杠，底端装有铁咬口。碓身搁置在碓架由石头凿成，可相对固定碓身上。舂碓时，用脚连续踏碓尾，碓舌头连续起落可舂碎碓臼里的谷物。

[po^{55}tso^{21}] “磨子”

把粮食磨碎的工具，通常是用两个圆石盘做成的。下面的圆石盘装有轴心，固定在磨架上，推磨时仅转动上面的石盘，石盘间咬合面凿有磨齿，磨盘转动谷物便被磨碎。磨子有手磨和钩磨两种。手磨的把儿只是一根短木棍；钩磨上的把儿叫 [kã^{21}kou^{55}ts^{h}ɿ^{21}]，是一个长钩状的物件，可使石磨推起来省力。湘西农村家庭的磨、碓多安置在一楼的空闲处。

1-69◆联星

1-70 ◆ 长光

[jiou^{21}xuã^{21}] **“油坊”**

用传统压榨的方法加工植物油的作坊。油坊的一般设施有 [tsʰũ^{35}kʰã^{35}]“冲炕”、[tsau^{35}ko^{55}]“灶锅”、[niã^{53}tsɿ^{55}]“碾子”、[tsa^{35}]“榨”等，将原料变成植物油（多为茶油）要经过烘烤、碾碎、蒸熟、包枯、上榨、挤压等工序。

[niã^{53}xuã^{21}] **“碾坊”**

把稻谷碾成米的作坊。当地的碾坊都是以水为动力的，水由碾坊下的水渠通过，冲击水轮带动上边的碾石转动，稻谷放在碾盘上经过碾石滚动，碾压成米从碾盘槽纹流出。

1-71 ◆ 亨章

1-72◆三个堡

[wua^{53}jiau^{21}tsɿ^{21}] **"瓦窑"**

烧制砖瓦的地方。当地的砖瓦窑多是用平地下挖、砌筑、堆土的方式建成的，一半在地上，一半在地下，远看似一个大土包。瓦窑内部呈圆桶状，窑内砌有火庭及若干通天的烟道，窑顶上还有冷却设施“窑田”。

[jiau^{21}t^{h}iã^{21}] **"窑田"**

建在瓦窑顶部用来盛水的蓄水池，是冷却砖瓦的设施。当砖瓦烧好封窑后，将窑田的水通过若干小孔逐渐放入窑内，以冷却砖瓦并使其转变为青色。

1-73◆三个堡

1-74◆洗车河

1-75◆正河

1-76◆中心

[tʰiɛ²¹so²¹tɕʰiau²¹] **“铁索桥”**

以铁索为主要承重构件的桥，桥面铺设或悬吊在铁索上。由于地质、经济等条件的限制，铁索桥在龙山县境内使用较为普遍。

[ɣa²¹tɕʰiau²¹] **“石桥”**

用天然石料建造的桥。龙山境内的石桥主要为石拱桥，如图 1-74。图 1-75 是正河村小溪上的一座独石桥，长丈许，宽约 1 米。

[liã²¹tʰẽ²¹tɕʰiau²¹] **“凉亭桥”**

一种桥上有凉亭式木屋的建筑。它既是人们通行的桥梁，也是人们纳凉歇息的地方。凉亭桥在龙山境内极为常见，一般为图 1-78 的样式。图 1-77 为惹巴拉凉亭桥，呈“Y”形，全长 288.6 米，连接着三个自然村寨。

1-78◆洗车河

1-77◆惹巴拉

[ko^{35}xo^{21}lã^{21}] **“拉拉渡”**

一种用船但不用撑篙，不用划桨，也不用船工帮助就能过渡的形式。建拉拉渡得先将一条钢丝绳固定于河的两岸，并拉直，再在两岸各立一根叉型木桩，将一根绳索套上一串钢圈（旧时为篾圈）穿过叉型木桩并分别系于船的首尾。过渡时，船上的人只需拉动钳制钢丝绳的木夹，船就可缓缓向前（对岸）行驶。这种过渡方式省力且安全，也可节省船工。旧时的拉拉渡用的船都为木制小船。拉拉渡在上世纪的龙山十分普遍。

1-80◆捞车

1-79◆信地

[$ts^hei^{21}la^{53}tç^hiau^{21}$] **“引水桥”**

跨越山谷、道路、水道的桥梁式引水建筑，两端与渠道相接。引水桥是具有渡槽和桥梁功能的构建物，它既是引水的渡槽，也是供人行走的桥梁。

[$k^hau^{53}jiã^{55}xuã^{21}$] **“烤烟房”**

烘烤烟叶的建筑物，又称 [$jiã^{55}k^hau^{53}niε^{21}çi^{21}ts^ho^{53}$]。旧式的烤烟房多为砖石砌成，新式的多为预制件组装而成，有较好的供热、通风、排湿系统。

1-81◆石堤

1-82◆三个生

[tsʰo⁵³tsa⁵³] **"宅基地"**

土家族建房子讲究宅基地的选址。房主多请风水先生架罗盘看龙脉走向，一般选择坐南朝北、靠山临水的地方。有的人不请风水先生，而是根据村中大树上喜鹊搭窝或邻家燕子筑巢的方向来定。

[tsuã⁵⁵tsʰei³⁵] **"砌砖墙"**

将砖逐块搭砌成墙。

1-84◆石堤

1-83◆联星

1-85◆冉家寨

[tɕiau^{35}p^{h}o^{55}] **“下基脚”**

修筑砖房子的基础。

[ɣa^{21}p^{h}i^{35}ts^{h}ei^{35}] **“砌石墙”**

用和好的石泥把石料一层层地垒起。石墙多用于房子周围的护坎。

[k^{h}a^{21}t^{h}ũ^{55}t^{h}iau^{21}] **“调木头”**

做木头房子屋檩的一道工序。用斧头削去用作檩子的杉木表皮，使之光滑，并按墨线所画将之砍直削平。

[liã^{21}xua^{35}] **“画梁”**

在梁木上画装饰性的图案。建木房，屋梁十分重要。一般在梁木的正中画莲花或太极图，画好后，在图案正中钉数条短小的五彩布条，在梁木的两端分别写上“乾”“坤”两个大字，紧接大字的是八卦图，图的两边多写有“福如东海”“堆金如玉”一类的祝词。

1-86◆西拉部

1-87◆西拉部

1-88◆西拉部

1-89◆西拉部

[liã^{21}k^{h}ou^{21}k^{h}ai^{55}] **“开梁口”**

木匠师傅（掌墨师）在梁木两端各凿一个小口子。开梁口一般在上梁日前的子夜进行。开梁口时，木匠师傅要唱开梁口歌，祝福东家。东家要用衣襟跪接凿下的木屑。

[liã^{21}pu^{35}t^{h}i^{35}] **“绑梁布”**

上梁前，将梁布系于梁上。梁布多为红黑两色。

[liã^{21}sã^{35}] **“上梁”**

将修饰好的梁木升上屋顶。上梁须择吉日良辰，一般选在晨光初露的时候，以象征主人家的事业、家庭如初升之朝阳蒸蒸日上。上梁过程中，有两位讲梁人讲梁，讲梁人脚踩木梯，一步一唱喏，吟诵“上梁辞”。“上梁辞”多用“三元及第、四季发财、五子登科、六六大顺”之类的祝福语。主人家的屋场、屋柱、上梁的木梯都可以是上梁人吟诵的对象。

1-91◆西拉部

1-90◆西拉部

[lu⁵³pã⁵⁵tʰi⁵⁵]“敬鲁班”

举行祭祀鲁班的仪式。在湘西土家族地区，凡木匠建木房子或石匠打磉墩岩，都要举行敬鲁班的仪式。图1-90为上梁前的敬鲁班仪式。祭品有肉、酒、粑粑、豆腐等。祭祀时，要焚香、烧纸、奠酒、作揖。敬毕，鸣放鞭炮。

1-92◆西拉部

[liã²¹pa²¹pa²¹tʰa⁵⁵]“接梁粑粑”

待大梁架上中柱后，木匠师傅将事先准备的仙桃糯米粉做成的、铜钱、梁粑粑等端上屋顶，先将仙桃、铜钱等从屋顶扔向在堂屋跪接的主人，再把其余的东西撒向下面的人群。主人张开红锦接住从梁上扔下来的仙桃、铜钱等，寓意将金银财宝、荣华富贵一齐接来。

[liã²¹pa²¹pa²¹a⁵³ji²¹]“抢梁粑粑”

众人争抢木匠师傅从梁上扔下的梁粑粑，以期沾主人的富贵之气。

1-93◆西拉部

贰·日常用具

土家族传统的日常用具主要有木器、篾货、铁器等。21 世纪之前，土家族地区稍大一点儿的 [tɕia^{55}xo^{55}p^{h}a^{55}la^{55}]“日常用具”，如木器、篾货等，一般请工匠上门制作；铁器大多是购买或者在铁匠铺定做；小件器具许多人家都是自己动手制作。在农村，很多人都会织撮箕、编背篓、扎扫帚、扎炊帚等。

龙山地处武陵山区，盛产竹木，制作日常用具多就地取材，竹制的有凉床、凉席、晒簟、背篓、筛子、簸箕、饭篓、提篮等，木制的有牙床、柜子、桌、椅、板、凳、桶、盆、瓢等。

新中国成立后，土家族的日常用具发生较大变化。例如，塑料制品，逐渐替代手工制作的用具，原来的手工艺制品渐渐被淘汰，先前常用的一些手工制品像 [k^{h}a^{21}la^{21}t^{h}a^{55}]“木瓢”、[xu^{55}t^{h}a^{55}]“竹碗”、[tsẽ^{35}k^{h}ei^{53}]“竹筜筜舀水的竹制器具”等，人们虽还能用土家语说出它们的名字，但实际上这些物品早已不再使用。再如，土家族家家户户用上了电灯，祖祖辈辈使用过的传统照明用具也必然退出人们的生活，像 [t^{h}iɛ^{53}t^{h}iɛ^{21}]“油灯”、[mi^{53}tsau^{35}tsɿ^{55}]“火罩子”等物品，也只见于人们的收藏。

一 炊具

2-1◆联星

[tso^{21}k^{h}ũ^{21}] “灶”

用砖砌成的生火做饭的用具。土家族的灶多用火砖砌成，略呈弧形，长两三米，高约一米，设有灶门、灶膛、灶台、烟囱等。灶上依次安有大、中、小三口铁锅。小锅与中锅之间多安有一个鼎罐，以充分利用灶膛的余热烧水。一般小锅和中锅用来炒菜做饭，大锅则用来煮猪食。

2-2◆联星

[lu^{21}tsɿ^{21}] “炉子”

可移动的供做饭、烧水等的器具。烧煤的叫 [mei^{21}lu^{21}tsɿ^{21}] “煤炉子”，烧柴火的叫 [k^{h}a^{21}lu^{21}tsɿ^{21}] “柴炉子”。煤炉子装有炉箅子。

[t^{h}a^{35}k^{h}u^{55}] **“菜锅”**

用生铁铸成的炒菜器具，圆形中凹，分有耳子和无耳子两种。有耳子的用于在火坑上炒菜，相对较小。无耳子的多安放在灶台上。

2-4◆多谷

[t^{h}a^{35}k^{h}u^{55}tu^{21}tsa^{35}] **“锅盖”**

盖锅的盖儿，旧时多为木制，有平板锅盖和盆盖两种。木制盆盖现已被金属盆盖所取代。

2-5◆里耶

2-3◆多谷

[ɕiɛ^{53}ts^{h}a^{53}] **“三脚”**

用生铁铸成的坐锅器具。三脚高约一尺，是一个带有三条腿的圈状物，圈内在“腿”的位置处有三个支撑条。三脚是在火坑里做饭菜时必需的器具。做饭菜时，三脚搁放在火坑中央，锅子、鼎罐等就架在三脚上。

[ɕiɛ^{53}p^{h}ũ^{55}] **“鼎罐”**

用生铁铸成的饭锅。鼎罐为球形底，锅身中间有一道突起的“箍（线）”，箍上均匀地布有四个小铁片，铁片上穿有两根铁丝，以方便移动鼎罐。盖子是平的，其边缘朝下，有把儿。整体形状似古代煮东西用的圆形鼎，但无足，无耳，有盖。用鼎罐做饭一般是在火坑里，将鼎罐架在三脚上，可以一边做饭，一边取暖。

2-6◆多谷

2-7◆多谷

[ts^{h}ei^{21}ts^{h}a^{21}] “锅罗圈”

用竹篾编成的圈状物，坐锅器具。

2-8◆联星

[t^{h}a^{35}k^{h}u^{55}ti^{53}ts^{h}ʅ^{21}] “抬锅片”

端锅子、鼎罐的用具，又称 [ɕiɛ^{53}p^{h}ũ^{53}ti^{53}ts^{h}ʅ^{21}]。抬锅片由一根竹鞭两端系布片制成。制作时，要将竹鞭的中间部分稍加熏烤使略呈“U”字形。抬锅片一般在端烫手的锅具时用，起隔热防烫的作用。

[pũ^{53}] “甑子”

蒸米饭等的用具。形似木桶，有盖而无底，底部为木箅子。

2-9◆多谷

[pũ^{53}p^{h}iɛ^{53}p^{h}iɛ^{53}] “甑箅”

竹箅子。当地人也称之为“甑箅”。竹编器物，圆形，由数根竹片稀疏地编制而成。使用时将其架放在锅里，甑箅上放需要蒸焖的食物。

2-10◆比耳

[mi^{53}t^{h}iɛ^{53}ts^{h}ɿ^{21}]“火铲”

撮火或铲灰的用具。用生铁铸成，铲头扁平，有沿，装有长木把儿。

2-11◆多谷

2-13◆多谷

2-12◆多谷

[tɕ^{h}iã^{35}tɕ^{h}iã^{55}]“火钳”

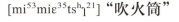

生火时夹煤炭、柴火的用具。土家族的火钳叫 [pi^{35}tɕ^{h}iã^{35}tɕ^{h}iã^{55}]“土火钳”，汉族的火钳叫 [p^{h}a^{53}tɕ^{h}iã^{35}tɕ^{h}iã^{55}]“汉火钳”，二者的区别在把手：土火钳的把手是直的，似钳子的把手，如图 2-12；汉火钳的把手是半圆形，似剪刀，如图 2-13。

[mi^{53}miɛ^{35}ts^{h}ɿ^{21}]“吹火筒”

促使火燃烧的用具。多为两尺来长的竹筒，一般有三个竹节，上面的两个竹节是通的，最下面的竹节中间钻有一个小孔。一般在火只是冒烟而不燃明火时使用。用吹火筒对着火吹气，可使火很快地燃烧起来。

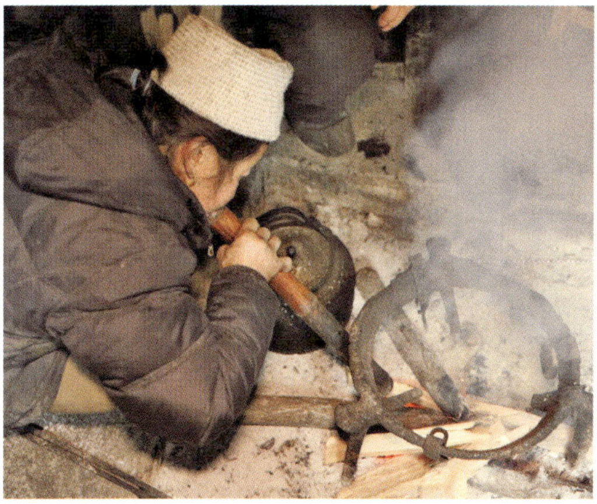
2-14◆多谷

[ts^{h}ũ^{35}t^{h}i^{55}]“背水桶”

背水器具，是一个高约一米的扁圆形长木桶，桶身中下部装有两根棕片做的背带。土家族多居住在山区，山高路陡，挑水不便，背水桶使用普遍。

2-15◆多谷

2-16◆多谷

2-17◆联星

[tsɿ^53^jiɛ^21^pʰa^35^tʰũ^55^] **“猪食提桶”**

盛泔水、猪食的木桶。桶上的一块木板稍高，其上装有钩状的把儿，方便手提。

[pa^35^sa^55^] **“水竹筒”**

竹制盛水器具，也称 [pa^35^sa^55^kʰu^55^li^55^]。多用一节大楠竹制成，进水的一端装有方便提拿的把儿。水竹筒小巧轻便，在塑料制品不够普及的年代，人们上山干活时多以之盛水，以备口渴时饮用。现在也有人用它装酒，装酒的竹筒叫 [zei^21^pa^35^sa^55^]“酒竹筒”。

[lu^35^pʰiau^21^] **“漏瓢”**

加工红薯粉条的器具。漏瓢是木头凿成的瓢，底部凿有几十个小眼儿。加工红薯粉条时，一手握瓢把，一手握拳击打瓢把处，使瓢中加工过的红薯淀粉均匀地从瓢底小眼儿漏入热气蒸腾的铁锅里。

2-20◆联星

[tsu^35^sau^35^mau^21^] **“炊帚”**

刷洗锅子、灶台等的用具。[tsu^35^sau^35^mau^21^] 借自汉语，本字为“竹扫毛”，又称 [tsɿ^21^tsʰei^35^pʰa^55^]。当地汉语称为“刷把”。制作时，先将竹篾剖成竹签粗细，而后捆扎即成。

2-21◆多谷

2-18◆联星

[tsʰei^{21}la^{55}tʰu^{55}]“水葫芦”

用老葫芦做的盛酒水的器物。水葫芦的制作较为简单：选取外壳木质化的老葫芦，在小头处锯一小孔，并将里面的种子、瓤掏干净，经防渗处理后自然风干即可。

2-19◆惹巴拉

[lu^{55}pʰiau^{21}]“铁丝笊篱”

用铁丝编成的能漏水的器具，一端装有长柄。主要用于捞面条、饺子等。

[tiɛ^{55}xɨ^{55}ɕiã^{55}tsɿ^{55}]“豆腐箱子”

做豆腐的模具。木制，一般为边长约两尺、高约五寸的长方体木箱，箱底凿有方便分割豆腐块的小槽及漏水孔，盖子与箱体是分离的。做豆腐时，先将豆腐箱子铺上包豆腐的包袱，再将豆腐脑舀进去并包好，盖上盖子，盖子上加放石头等重物压干豆腐脑中多余水分。

[luei^{21}po^{35}]“擂钵”

把干辣椒、花椒等捣成粉末的小石臼。臼杵土家语称[luei^{21}tsʰɿ^{21}]，多为长条形的卵石。

2-22◆多谷

2-23◆多谷

2-24◆多谷

[mo^{21}lai^{35}xo^{21}] **“莫奈何”**

把胡椒研成粉末的器具。木制，由臼和杵组成。莫奈何的制作工艺较为独特：杵放在臼里，而臼几乎是全封闭的（仅有能塞进胡椒籽的缝隙）——杵和臼不能分离，人们要想从臼中拿出杵的话，也是无可奈何的。器具名源自当地汉语，“无可奈何”当地汉语称为“莫奈何”。

[tɕ^{h}i^{53}po^{55}] **“碗柜”**

放餐具、剩菜、油盐酱醋等的橱柜。一般分成两层，多为木制。

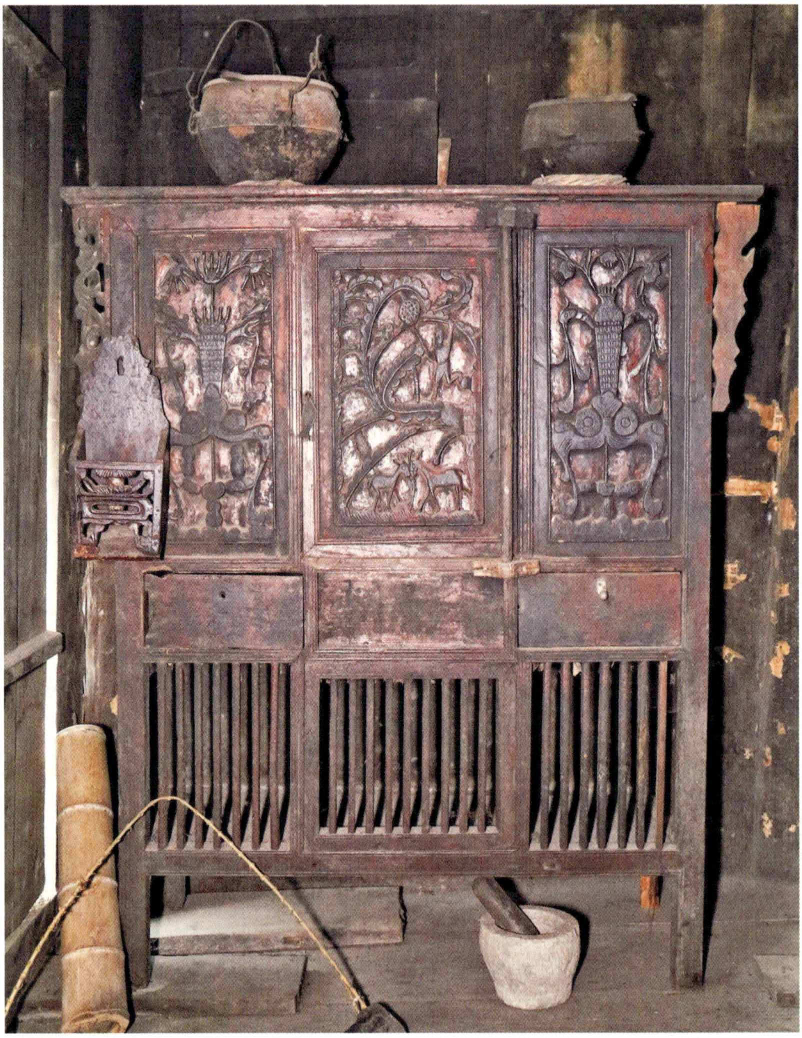

2-25◆联星

2-26◆多谷

[pu^{53}tsɿ^{53}lo^{21}lo^{55}] **“筷子篓”**

插放筷子的长扁形盒状器具，多为木制，可挂在壁板上。[pu^{53}tsɿ^{53}] 即“筷子”，[lo^{21}lo^{55}] 即“篓”。正面多雕有花纹图案，底部留有通风和漏水的孔眼。

2-27◆洗车河

[t^{h}o^{21}t^{h}o^{21}] **“菜刀”**

用来切肉或蔬菜的刀。铁制，长方形，刀背一端装有木柄。

2-28◆多谷

[p^{h}a^{21}su^{35}] **“团瓢”**

做饭的器具。铁制，半球状，装有木柄，鼎罐做饭时多用来滗米汤、舀饭。

[ɕiɛ^{53}t^{h}ai^{55}] **“锅铲”**

炒菜做饭用的器具。铁制，多为簸箕形的铲子，安有长木柄，有的木柄上还带有方便悬挂的钩儿。炒菜时用来翻炒原料，做饭时用来搅米、起饭、铲锅巴等。

2-29◆多谷

[ɕiau^{35}p^{h}ai^{55}] **“粑粑铲子”**

清除黏附物的器具。用铁或木头制成。是一个长约两寸、宽约一寸的平板铲子，有长柄。打糍粑时用来刮去粑粑槌上的糍粑，做饭时用来铲除鼎罐里的锅巴。

2-30◆多谷

[$k^ho^{53}li\varepsilon^{55}$] **“炕架”**

悬挂于火坑上方用来挂熏烤物的器具。多为方形的木头架子。

2-32◆多谷

[$k^ha^{35}t^hi^{53}k^hu^{55}li^{55}$] **“饭篓子”**

竹篾编制的用来盛饭的用具。圆形，有盖儿，有提梁。它通风透气，轻巧方便，可悬挂。旧时人们上山劳作时常用它携带午饭。

2-31◆多谷

2-33◆多谷

[tiɛ⁵³xɨ⁵⁵tʰũ⁵³tʰũ²¹] **“豆腐桶”**

一种桶身较粗短的木桶，多用来做豆腐。

[wuã²¹tʰũ²¹] **“王桶”**

一种上粗下细的大木桶，多用于存放粮食和猪饲料。

2-34◆多谷

二 卧具

[jia^{21}ts^{h}uã^{21}] **“牙床”**

装有挂蚊帐架子的木床。当地汉语也叫“滴水床”或“千工床”。“滴水”是指床檐类似于房屋的层进式结构。每一层床檐均取屋檐滴水之意，有两滴水、三滴水、五滴水甚至九滴水的牙床，层次越多，工艺越复杂。“千工床”的称呼与雕花牙床制作工序繁多、工艺复杂、一张床要耗费工匠几年的时间有关。雕花牙床通体采用高浮雕、镂空雕、平雕等工艺，雕有精美的花纹图案，床的两头还设有床头柜。

2-36◆芙蓉镇

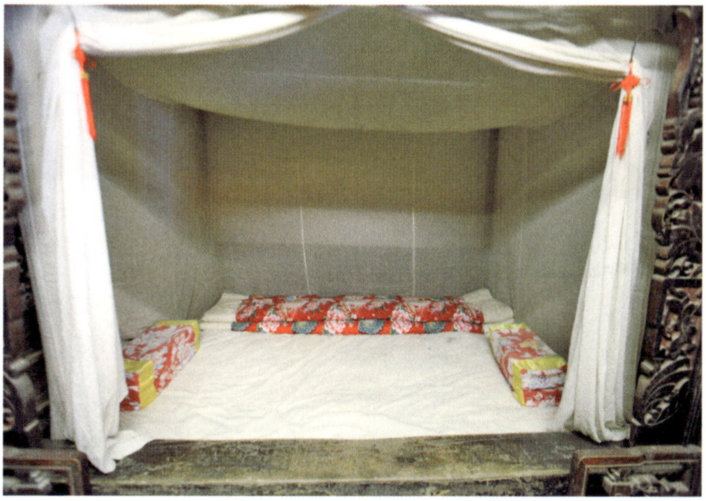

2-35◆联星

[niɛ^{35}p^{h}u^{55}] **“铺”**

铺有卧具的床。

[mu^{53}niɛ^{21}liã^{21}ts^{h}uã^{21}] **“凉床”**

用竹子做成的床，因夏天睡觉凉爽而得名。凉床有两种：一种是有腿的，床腿由两根粗大的竹子弯制而成，床面是用竹片拼合的；另一种是无腿的，使用时可直接放在地上，也可架在凳子上。

2-37◆街上

2-38◆多谷

[wo^{21}t^{h}ũ^{21}] “竹摇篮”

竹篾编制的器具，可背在背上的摇篮。当地汉语称为“窝窝背笼”。形状似大背篓，上口呈椭圆形，婴儿可平躺在里面。旧时农村竹摇篮用得十分普遍，它方便轻巧，出门行走可背，进屋放下后可摇。

2-39◆联星

[po^{53}li^{21}tɕ^{h}i^{53}tɕ^{h}i^{21}ts^{h}ɿ^{21}] “摇篮”

婴儿卧具，木制。形状像四面装有护栏的小床，它的“腿”下接有两条略带弧形的木枋，以方便左右摇动。

2-41◆里耶

[tũ^{55}kua^{55}tsẽ^{53}t^{h}u^{21}] “冬瓜枕头”

枕头的一种，形似冬瓜，呈圆柱形。冬瓜枕头由枕套、枕芯两部分组成。枕套多用蓝色家织土布缝制，两端绣有花纹图案。枕芯填充物多为荞麦皮。

2-40◆联星

[pu^{53}sei^{53}] **“竹凉席”**

多以水竹、毛竹等为原料制成的用具。当地汉语称“簟子”。制作时，先将竹子剖成篾丝，经过蒸煮、浸泡等加工后，手工编制而成。全用篾青织成的竹凉席为上品，夏天使用凉爽舒适。

[tsã^{35}liã^{21}tsɿ^{21}] **“帐檐”**

床帐前幅的上端所垂挂的横幅，为床帐的装饰物。上面多绣有花鸟虫鱼等图案。

2-42◆联星

2-43◆沙湾

[sɿ^{55}lã^{55}k^{h}a^{55}p^{h}u^{55}] “土花铺盖”

本指用土家织锦做的花被面，现一般指被面是土家织锦的被套。[sɿ^{55}lã^{55}] 即“被子”，[k^{h}a^{55}p^{h}u^{55}] 即“花”，因土家织锦布幅较窄，传统的土花被面由三块织锦拼接而成，被里则用家织土布。在 20 世纪，土家族姑娘出嫁时还很流行用土花铺盖陪嫁。

[kai^{35}tɕ^{h}ĩ^{21}] “盖裙”

搭在摇篮上的夹被。夹被三边有两寸多宽的土家族织锦花边，用时搭放在婴儿头部上方，起挡灰尘、遮太阳的作用。

2-44◆多谷

[so^{21}ts^{h}ɿ^{21}pi^{35}] “摇篮盖被”

盖在 [sũ^{21}ts^{h}ɿ^{21}] “摇篮垫被”上面的小被子。被面多用西兰卡普（见图 5-94、5-95）缝制，主要起固定 [sũ^{21}ts^{h}ɿ^{21}] 的作用。

2-45◆多谷

三 桌椅板凳

2-46◆联星

[ɕi^{21}t^{h}iɛ^{21}ts^{h}ɿ^{53}pa^{55}] “大桌子”

木制方桌。又称 [ɕi^{21}t^{h}iɛ^{21}t^{h}iau^{35}pa^{55}] 或 [ɕi^{21}t^{h}iɛ^{21}t^{h}au^{35}pa^{55}]。当地汉语称“八仙桌”。桌面多用柏木制成。平常大桌子置于堂屋神龛下，祭祀时用来摆放祭品，来客较多时才搬至堂屋中间使用。

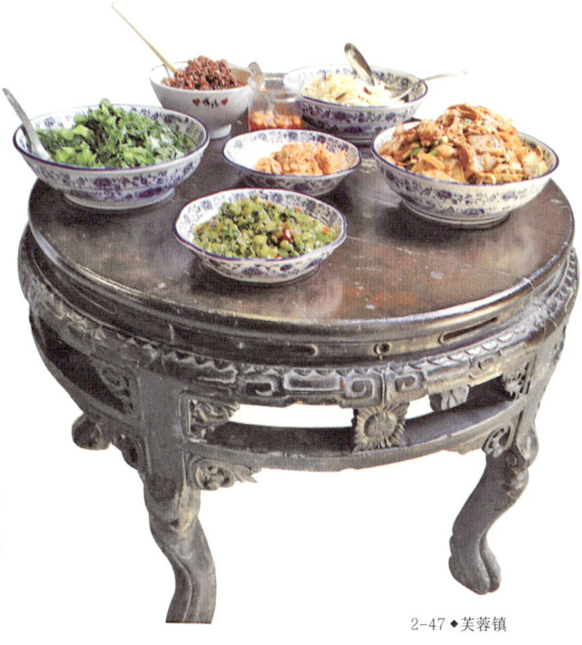

2-47◆芙蓉镇

[ɕi^{21}t^{h}iɛ^{35}jiã^{21}ti^{21}] “圆桌”

桌面为圆形的桌子。圆桌多为五条腿，桌腿造型讲究，桌面边沿及腿多雕精美的花纹图案。圆桌多为旧时家境殷实的家庭使用。

2-48◆联星

2-50◆多谷

[ɕi^{21}t^{h}iɛ^{35}jiã^{21}ti^{21}la^{53}ʦa^{53}]“**半边圆桌**”

桌面呈半圆形的桌子。一般是依墙壁摆放在堂屋里，用来搁置茶具。

[k^{h}uai^{21}]“**椅子**”

一种有靠背的坐具。较矮，适合在火坑边烤火用。多用松木制成，四条腿是由两根松木通过一定工艺弯制而成的，整个椅子的制作不用一颗铁钉。这种椅子在土家山寨使用得十分普遍，家家户户都有这种椅子。

[a^{21}ts^{h}ei^{53}t^{h}i^{53}ts^{h}ɿ^{21}]“**茶几**”

放茶具的器物。木制，双层，很少单独摆放，多放在两张太师椅之间。

2-49◆芙蓉镇

[$ts^ho^{53}k^hei^{53}$] “板凳”

2-51◆多谷

有腿没有靠背的坐具，多为木制。土家语里 [$ts^ho^{53}k^hei^{53}$] 指只能坐一人的凳子。

[$ji\tilde{a}^{55}tɕi^{55}$] “长板凳”

用木头做成的、有腿无靠背的坐具，其长度与方桌相等。农村的土家族家中多有两套长板凳，分别与大方桌、小方桌配合使用。

2-52◆多谷

[$ts^ho^{21}ɕiɛ^{21}p^ho^{53}ts^hɿ^{21}$] “踏板”

牙床前放鞋、踏脚的器具，土家语 [$ts^ho^{21}ɕiɛ^{21}$] 即“鞋”，[p^ho^{55}] 即“放”，[$ts^hɿ^{21}$] 为名词后缀。踏板实为一张木制的矮凳子，一般与床同长，宽约一尺。

2-53◆联星

2-55◆燎原

2-54◆燎原

[wũ^{21}tsʰɿ^{21}]“坐背”

一种竹编坐具。形似背篓，上粗下细，无腿无靠背，里面垫有棉絮或稻草。

[tɕiau^{35}tɕiau^{55}tsʰei^{55}]“轿轿车”

木制儿童坐具。长方体，前部有搁板，可以搁置碗、玩具等，后半部为儿童坐的地方，底部装有四个轮子，可以推着行走。

2-56◆联星

四 其他用具

[ɕi⁵³liã⁵³tɕia²¹] "洗脸架"

放置洗脸盆、毛巾等的器具，木制。旧时，讲究的洗脸架结构较为复杂，嵌有镜子，通体刻有花纹图案装饰。

2-58◆联星

2-57◆联星

[kʰa²¹kʰei⁵⁵tʰi⁵⁵] "木脸盆"

洗脸用的木制器具。口大底小。

2-59◆联星

[tsʰei²¹tsa⁵³kʰei⁵⁵tʰi⁵⁵] "大脚盆"

洗澡、洗衣物的器具，多用杉木制成。"大脚盆"是当地汉语的叫法。土家语 [tsʰei²¹tsa⁵³] 即"洗澡"，[kʰei⁵⁵tʰi⁵⁵] 即"盆"。

2-60◆多谷

[sei⁵³kʰei⁵⁵pʰa⁵⁵] **“笤帚”**

扫除尘土、垃圾等的用具。用晒干的铁扫帚草或脱粒的高粱穗扎成。当地汉语方言叫“扫把”。

2-61◆多谷

[mu⁵³niɛ²¹sei⁵⁵kʰei⁵⁵] **“竹扫帚”**

用竹枝扎成的扫地用具，比 [se⁵⁵kʰei⁵⁵pʰa⁵⁵] “笤帚”大，一般用于打扫室外。

[lã³⁵kau⁵⁵] **“晾篙”**

晾晒衣物的竹竿。在农村，晾篙多直接固定在房子廊檐的墙壁上。晾篙除了晾晒衣物外，也常用来晾晒捆成束的大头菜、蒜头等。

2-62◆惹巴

2-63◆沙湾

[t^{h}iɛ^{53}t^{h}iɛ^{21}] **“油灯”**

用植物油做燃料的灯。油灯有一个似碗的能盛油的盏，多用灯草做灯芯。

2-64◆联星

[ma^{53}tẽ^{55}] **“马灯”**

一种能防风雨的煤油灯。其底部装煤油，上面有可升降的玻璃罩，最上端有出烟口，马灯顶部装有提手，夜行时可用来照明。

[jiã^{21}lu^{21}] **“火盆”**

盛炭火的器具，当地汉语又称“圆炉”，由[jiã^{21}lu^{21}tɕia^{35}tɕia^{55}]“火盆架”和[jiã^{21}p^{h}ẽ^{21}]“圆盆”组成。主要用于取暖。

2-65◆联星

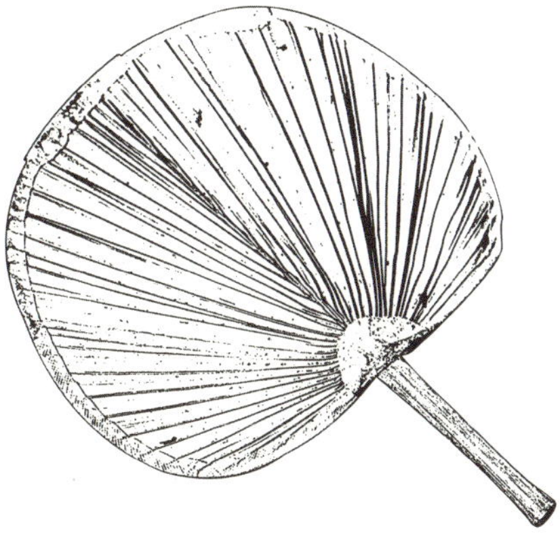

2-66◆街上

[p^{h}u^{21}sã^{35}] **“蒲扇”**

用蒲葵叶做成的扇子。摇动生风的工具。

2-67◆联星

[$t^hi^{53}k^hu^{55}$]“坛子”

一种口小腹大的陶器，多用来盛酒、酱油等。

[$ts^hei^{21}sa^{21}p^h\tilde{u}^{21}$]“水缸”

储存生活用水的陶制器具，又叫 [$ts^hei^{21}sa^{21}k\tilde{a}^{21}$]。

2-70◆联星

2-68◆联星

2-69◆联星

[suã^{53}tsʰai^{55}tʰi^{55}kʰu^{55}] **“酸菜坛子”**

用来做酸菜的陶器。酸菜坛子有两种：一种口部有向外张开的宽沿，上面有钵状的盖子，在盖子和宽沿的结合部注水，可以起隔绝空气的作用；另一种即普通的小口坛子，使用时，将坛口朝下置于浅石钵内。

[ɣa^{21}pa^{21}sa^{55}kã^{55}] **“岩水缸”**

旧时储水的器具，由五块石头砌成。较大的岩水缸多砌在室外，储存消防用水；小一点的砌在厨房，储存生活用水。

2-71◆洗车河

2-72◆联星

[kʰa^{21}tʰo^{53}]“木箱子”

收藏衣物的长方形器具，用木板制成。[tʰo^{53}]即“箱子”，[kʰa^{21}]即“木头”。旧时当地多制作楠木木箱，楠木质地细腻，花纹独特，储物不生虫、不发霉。

[ji^{55}kuei^{53}]“衣柜”

用来收藏衣物的木制器具。高约两米，前面开门，里面多分为上下两层。

2-73◆联星

2-76◆里耶

[tu^{53}tsɿ^{53}]“轿子”

旧时交通工具。方形，有顶，用木头做成，由人抬着走。当地一般用于娶亲。[tu^{53}tsɿ^{53}]为轿子的统称，包括新娘乘坐的[xua^{55}tɕiau^{35}]“花轿”，女方送亲的女性长辈乘坐的[pʰũ^{21}tɕiau^{35}]“篷轿”。现在的花轿装饰较华丽，轿子四周有红色帷子，并贴有“囍”字。篷轿略小于花轿，多为素色。图2-76为旧时花轿，轿身雕有花纹图案，轿顶周边立有八仙人物雕塑。

2-75◆联星

[tu^{35}kuei^{55}] **“独柜”**

装衣物的木制器具。独柜是一个高约一米的长方体，门从上面开，装有绳子拉手。制作时多做一对，两个独柜并排放在一起，上面铺上卧具就可成为临时的床，故独柜又称为 [suei^{35}kuei^{55}] “睡柜”。

2-74◆里耶

[xua^{55}kuei^{35}] **“花柜”**

旧式衣柜。木制，因正面雕有花纹图案而得名。花柜上部为开放式的，多用来摆放小件饰物，下部装有柜门，用来搁放衣物。

2-77◆多谷

[lã^{21}lã^{55}] **“篮子”**

竹篾编成的器具。上面装有提梁，多用来提蔬菜。

[liau^{21}tɕi^{21}] **“篾箕”**

竹篾编成的器具。形状近似撮箕，多用来洗菜、沥米。

2-78◆惹巴拉

2-79◆联星

[lo^{21}sai^{21}]“罗筛”

一种孔眼极细的筛子，筛网用细网布做成，多用于筛米粉。

2-80◆联星

[lã^{53}lã^{53}tsã^{35}pei^{55}]“懒懒站背”

背幼儿用的竹编器具。高约半米，下部为直筒状，上部略呈喇叭口，中下部处装有布条编成的网状格子，孩子在里面可站可坐。

[tsɿ^{53}pi^{55}lũ^{21}tsɿ^{21}]“小猪笼子”

运输小猪的竹制用具。小猪笼子用竹篾编制而成，有六七十厘米高，除底部外，全是寸许见方的孔眼，顶部中间开有一口，有盖。笼子可肩挑，也可背驮。

2-81◆洗车河

[za^{21}pi^{35}kʰã^{53}tsʰɿ^{21}]“罩鸡篮”

用来罩鸡的竹制用具。用竹篾编制而成，形状与[tsɿ^{53}pi^{55}lũ^{21}tsɿ^{21}]“小猪笼子”相似，但无底无盖，孔眼只是在篮子的上部才有。

2-82◆多谷

2-83◆多谷

[tsɿ^{53}jiɛ^{21}tsʰau^{21}pʰẽ^{21}] **“猪槽”**

喂猪时盛放饲料的器具，多用石头凿成。

2-84◆多谷

[jiau^{55}tsɿ^{53}pʰẽ^{21}] **“腰子盆”**

杀猪时用来收拾猪的大木盆，呈椭圆形。当地汉语又叫“槽盆”。

[tsʰo^{35}pʰiau^{55}] **“撮瓢”**

撮取谷物的器具。呈长撮箕形，有柄，是由一整块木头凿出来的。

2-85◆民主

2-86◆联星

[pa^{35}] **“茶盘”**

端物品的木制器具。当地较少用于端茶送水，它偶尔用在宴席上作为上菜的器具，更多的时候是用来送礼：在娶亲、送祝米、华堂落成等场合，人们将作为贺礼的布料、粑粑甚至是现金摆放在盘内，端在手上，走村过寨。

[$pa^{55}pa^{55}ts^hau^{21}tsɿ^{21}$] **“粑粑槽”**

用来捣制糍粑的器具。粑粑槽由一整块木头或石头凿成。打糍粑时，一个粑粑槽须与两个 [$pa^{55}pa^{55}kã^{35}ts^hɿ^{21}$] “粑粑槌” 配合使用。

2-87◆多谷

2-88◆多谷

2-89◆石堤

[pa⁵⁵pa⁵⁵tʰã²¹tɕʰiã⁵⁵] **“粑粑架”**

烤糍粑的器具。铁制，疏条，多为长方形。

[niɛ³⁵pi⁵⁵tsʰo³⁵tɕi⁵⁵pi³⁵] **“小鸟笼子”**

一种养小鸟的竹编器具。体积较小，形似撮箕，土家族说的汉语称“小撮箕”。笼子中部有两个透气孔，使用时，贴近人体的一面，要用布遮挡。爱鸟的汉子常将之挂在腰间，并将雏鸟放在里面喂养。现已杜绝。

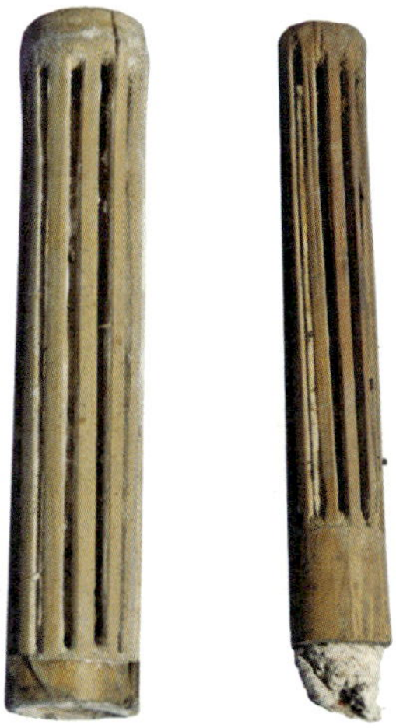

2-90◆联星

[ti³⁵ti⁵⁵kʰu⁵⁵li⁵⁵lũ²¹lũ⁵⁵] **“蟋蟀笼子”**

养蟋蟀的器物。多用一截竹筒做成，竹筒上凿有一条条通风透气的“栏杆”。

2-91◆联星

[ni^{21}tɕ^{h}iou^{55}lũ^{21}lũ^{55}]**“泥鳅笼子”**

一种用细篾织就的笼子，用来捕捉泥鳅、黄鳝等。笼子肚大颈细，尾部可开合。捉泥鳅、黄鳝时，一般一次用多个。将放有诱饵的笼子置于水田中（笼的中部要低于田的水平面），泥鳅、黄鳝闻到诱饵的香味后，就会钻进笼子觅食，由于笼子颈口部装有倒须，只能进不能出。

[pĩ^{55}lẽ^{55}k^{h}ei^{55}pã^{55}lã^{55}k^{h}ei^{55}]**“篾砸板”**

简易竹篾制捕鼠器。由竹棍、竹篾等做成。用竹篾支撑竹棍，再将砧板类重物搁放在竹棍上即可。当老鼠偷吃诱饵时触动竹篾装置，篾砸板就会倒塌，压住老鼠。

[zei^{21}tsa^{55}pã^{53}]**“木砸板”**

木制捕鼠器。由木架和木槌两部分组成，木槌嵌在木架上，可升降。当老鼠偷吃诱饵时触动控制木槌的机关，木槌即刻落下，砸向老鼠。

2-93◆联星

2-94◆多谷

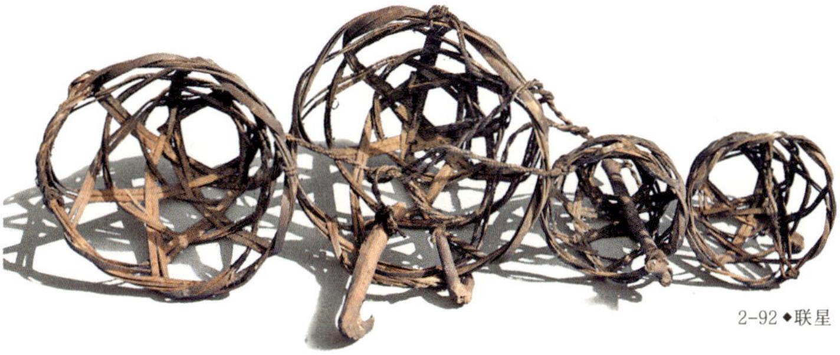

2-92◆联星

[tsei^{35}lũ^{21}ts^{h}ɿ^{21}] **“牛笼嘴”**

套在牛嘴上、使不能吃东西的器物。多用竹篾编成。

2-96◆沙湾

[sã^{55}niã^{21}ts^{h}ũ^{35}] **“三连铳”**

一种短火器，用铁水浇铸而成。三连铳是组合在一起的三个铳管，可连续发射，多与大铳配合使用。

[ts^{h}ũ^{35}t^{h}iau^{35}pa^{55}] **“大铳”**

一种短火器，多用铁水浇铸而成。大铳由铳管和支架两部分组成，铳管是一个长约 90 厘米，直径约 10 厘米的圆筒，下面装有支架。使用时将火药填入铳管，引爆引火装置后会发出巨大的响声。湘西农村的大铳、三连铳里面一般只填火药，不填铁砂，多用于嫁娶、年节等喜庆场合。

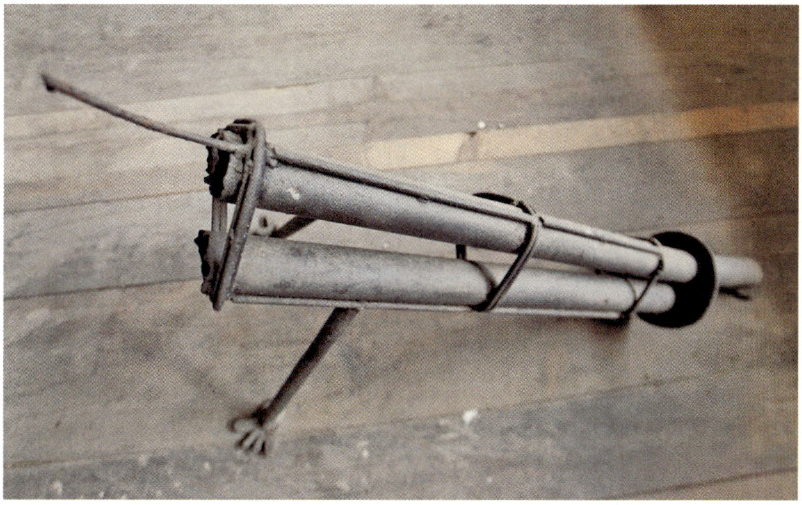

2-95◆沙湾

叁·服饰

关于土家族的传统服饰，史料中有零星记载："土民散居山谷间，短衣跣足，以布裹头，服斑斓之衣。"（清乾隆《永顺府志·风俗》）"男女服饰无诡异，视贫富分华朴，唯土妇平时耳贯多环，累累然几满。"（清嘉庆《龙山县志·风俗》）从史料中我们读出古代土家族服饰的特点：男女服装样式没有区别，穿色彩斑斓的短衣，用布头巾缠头。

20 世纪 50 年代初，土家族聚居的村寨，老人还保留男女服装样式不分的古风，或穿对襟衣，或穿无领大襟衣。男子冬天穿长袍，春秋也有穿长衫的，穿长衫时多系布腰带。平日土家族多穿便裤，便裤宽大，无论何种颜色的裤子，上面都装有五六寸宽的白布裤腰。土家族民族服装多为色彩斑斓的短衣，其中男子为对襟短衣，门襟上缀有七对布扣子；女性为大襟短衣，女式服装的衣襟、托肩、袖口、裤脚等都镶有[mei^{21}t^{h}iau^{21}]"梅条花边"，托肩部位的较宽，其他部位的较窄。女子上衣也有用十字挑花绣做装饰的。早期的男女服饰都较宽松肥大，现代的则讲究合身。

土家族的鞋子根据用途分为不同的种类，草鞋是男女上山劳作时所穿，一般还要打绑腿。布鞋是自制的，且平日穿得最多，布鞋有力士鞋、浅口鞋、棉鞋等，青年女子多穿绣花鞋，孩子多穿猫头鞋。

土家族多用布头巾缠头，已婚男女头上包 [tɕiɛ^{35}tsu^{55}]“帕子”。除了孩子老人外，一般不戴帽子。童帽样式较多，有罗汉帽、狗头帽、圈圈帽等，上面除绣有花鸟图案外，正面边沿多缀有大八仙、小八仙、十八罗汉等银菩萨，后面帽檐上吊有银牌、银铃等饰物。另外，改革开放之前，土家族姑娘多扎长辫子，发辫饰以红头绳，已婚妇女则多在脑后挽髻，别发簪。妇女戴耳环、戒指、手镯，旧时流行胸前佩银牙签，上系银链、银牌、耳挖子等。儿童戴项圈、手镯、脚镯。

现在，土家族的日常服饰与周边汉族相差无几。不过在节庆或重大活动时，喜着民族服装，这些服装多是各自设计的，颜色和装饰都带有较强的舞台表演色彩。

3-1◆里耶

一 衣裤

[sɿ⁵⁵pa⁵⁵]"衣服"

衣服的统称，也可指单件上衣。裤子与衣服合称为[kʰu²¹sɿ²¹pa²¹]"衣裤"，穿在棉衣外面的叫[sɿ⁵⁵pa⁵⁵tʰau³⁵ji⁵⁵]"套衣"，贴身穿的叫[xã³⁵ji⁵⁵]"汗衣"。

3-2◆万龙

[tuei^{35}tɕĩ^{55}sɿ^{55}pa^{55}] **“对襟衣”**

男子的日常上衣样式。两襟对称，纽扣在胸前正中。

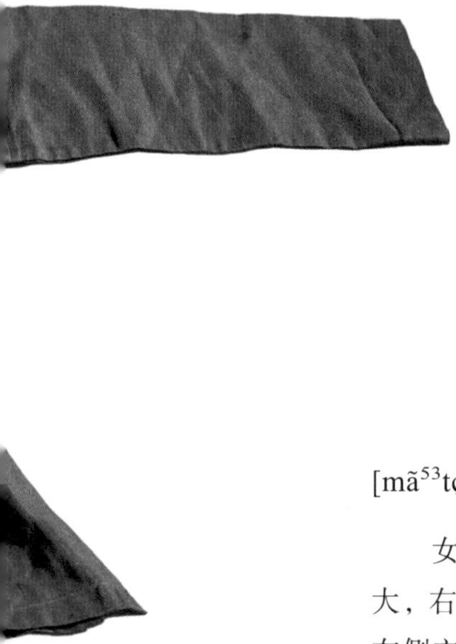

3-3◆联星

[mã^{53}tɕĩ^{55}sɿ^{53}pa^{21}] **“大襟衣”**

女子的日常上衣样式。纽扣偏在一侧，一般是左侧衣襟特别宽大，右侧衣襟短小（仅及胸中线），左侧衣襟越过胸中线，全部盖住右侧衣襟，纽扣从胸前钉起一直到腋下。

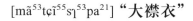

3-5◆联星

3-4◆里耶

3-6◆洗车河

[pi³⁵tsɿ⁵⁵kʰa²¹niɛ⁵⁵sɿ⁵⁵pa⁵⁵]“土家族衣服”

具有土家族民族特色的衣服。女子为大襟衣，男子为对襟衣。衣襟、袖口及托肩处多镶有梅条。旧时的梅条多饰有梅花、云钩、几何图案或动植物图案，现代的梅条多为土家织锦或织锦图案的布条装饰。这种衣服属盛装，一般在节日或需要显示民族身份的场合穿。图 3-4 为旧时土家族衣服，图 3-5、3-6 为现代土家族衣服。

3-7◆捞车

[$k^ha^{55}p^hu^{55}ts^ha^{35}nie^{55}sɿ^{55}pa^{55}$] **“插花衣服”**

妇女穿的传统服装。衣服为大襟衣，上有用十字挑花工艺绣成的图案。图 3-7 为纯手工制作的插花衣服，其前襟、后背、衣袖均绣有土家族传统挑花图案：前襟正中为麒麟戏宝，衣边为石榴双鱼。

[$tu^{53}tu^{53}pi^{35}$] **“小褂褂”**

幼儿贴身穿的上衣。无袖无领，后背开口系带，由一整块布缝制而成，上面多缀有十字挑花装饰。

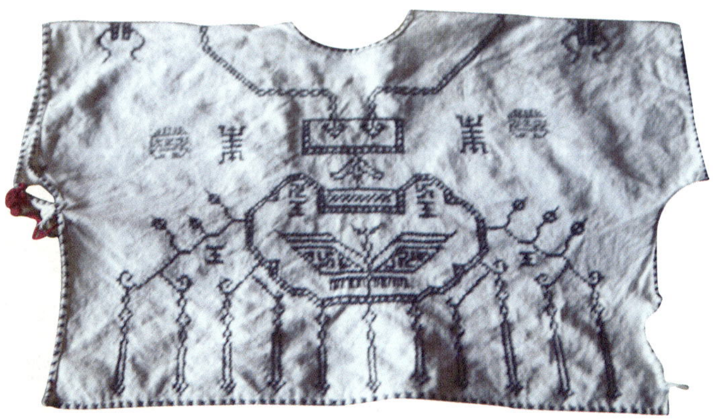

3-10◆联星

3-8◆洗车河

3-9◆捞车

[kua³⁵kua⁵⁵]“褂褂”

不带袖子和衣领的上衣。穿在外面的褂褂有对襟的，也有大襟的。图 3-8 是用土家织锦工艺织就的褂褂。

3-11◆农车

[sã⁵⁵tsɿ⁵⁵]“衫子”

20 世纪 50 年代老年男子的服装样式。大襟右衽，单侧或双侧开衩，长至脚踝。冬天穿的衫子里絮有棉花，又称“棉袍”，春秋穿的则为单层。农车镇跳大摆手舞的男子服饰仍采用这种样式。

3-13◆里耶

3-12◆里耶

[pa^{21}xu^{35}lo^{21}tɕ^{h}ĩ^{21}]“八幅罗裙”

梯玛服饰。八幅罗裙用红、蓝、黄、青、绿、黑、白、紫等八种颜色的布料缝制而成，样式似围裙，长及小腿。缝制罗裙的各色布条仅仅只是在裙腰上缝合，条与条之间则不连缀。做法事时，八幅罗裙系在法衣外面。梯玛法衣一般为红色，对襟，长及小腿，袖子短而宽，门襟镶边，胸领左写“千千雄兵”，右写“万万猛将”，前胸后背分别缝有八卦和太极图案。据说，八幅罗裙最早为土家族男女都喜欢穿的一种服饰，现仅为梯玛的法裙。

3-16◆石堤

[tɕ^{h}iou^{21}k^{h}u^{35}ɣei^{21}pa^{21}]“短裤”

穿在外面的比较短的裤子。[tɕ^{h}iou^{21}k^{h}u^{35}ɣei^{21}pa^{21}]直译为“长秋裤”。

3-15◆联星

3-14◆里耶

[$k^{h}u^{21}$]“裤子”

一般为单层。贴身穿的裤子叫 [$x\tilde{a}^{35}k^{h}u^{55}$]“汗裤”。旧时土家族的裤子十分宽大，腰一律为白色，长五六寸，围在肚子上要折叠一截，然后用裤带系住，如图 3-14。现代多穿裤腰装有松紧带的便裤，如图 3-15。

[$t^{h}\tilde{a}^{21}ka^{21}$]“围嘴”

围在婴幼儿脖子周围、用以遮挡幼儿口水保持衣服干净的布。[$t^{h}\tilde{a}^{21}ka^{21}$] 一词借自汉语，本字为“挡枷”。围嘴上面多绣有花、草、鸟、虫等图案。佩戴时，在后颈部系绳。

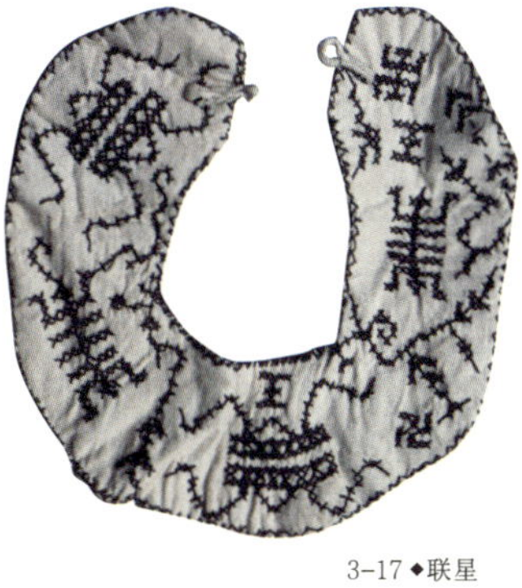

3-17◆联星

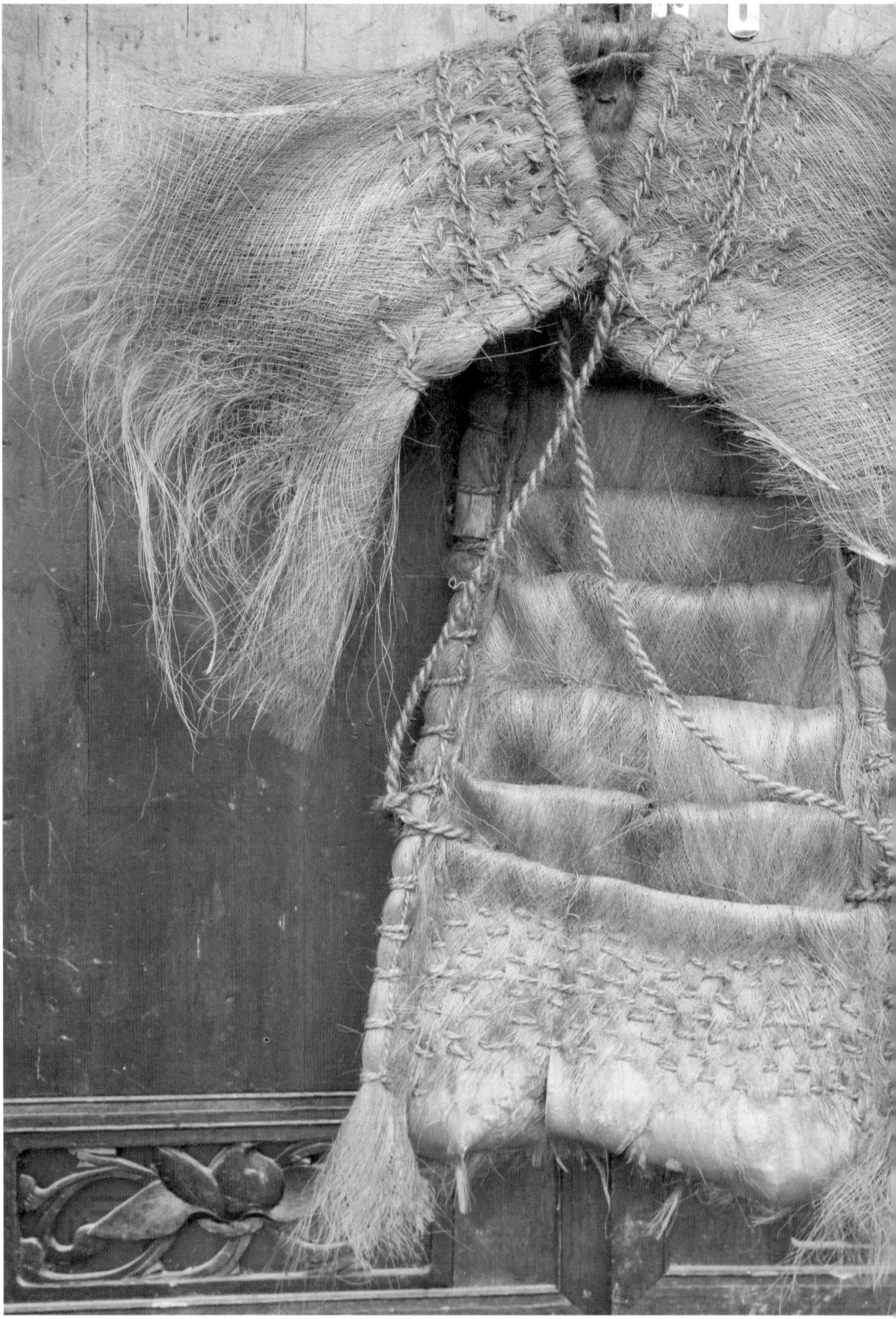

3-18◆捞车

3-19◆捞车

[tsei^{21}sɿ^{21}] **“蓑衣”**

用棕片缝制的披在肩上的雨具。上宽下窄，多长过臀部，没有袖子也没有前胸。龙山境内的蓑衣有两种：一种背部较宽，如图 3-18，主要在雨天劳作时穿；一种呈 T 字形，背部较窄，如图 3-19，主要用于雨天背负重物时穿，穿这种蓑衣既可以避免肩部遭雨淋，又可以减轻背篓对衣服背部的磨损。

3-20◆石堤

[jiã^{21}t^{h}u^{21}so^{55}mau^{35}tsɿ^{55}] “毛线帽子”

用毛线编织的帽子。[jiã^{21}t^{h}u^{21}so^{55}mau^{35}tsɿ^{55}] 借自汉语，本字为“洋头绳帽子”，又称 [t^{h}u^{21}suẽ^{21}mau^{35}tsɿ^{55}] “头绳帽子”。毛线帽子多用钩针钩成，为中老年妇女冬天戴。

[lo^{21}xã^{35}mau^{35}] “罗汉帽”

儿童平时戴的帽子，因帽子边沿缀有银制罗汉饰品而得名。又称 [p^{h}u^{21}sa^{21}mau^{35}] “菩萨帽”。

3-21◆里耶

3-22◆联星

[xa^{53}liɛ^{21}k^{h}o^{55}pa^{55}mau^{35}tsɿ^{55}] **“狗头帽”**

儿童冬天戴的棉帽。帽子形状似竖着两只耳朵的狗头，帽面多绣有花纹图案。据说，土家族给孩子戴狗头帽是要贵子贱养，当地俗语有“狗头狗脑，容易到老”的说法。

[tɕ^{h}iã^{55}tɕ^{h}iã^{55}mau^{35}] **“圈圈帽”**

婴儿夏天戴的帽子。环状，无顶，有夹层，帽面上多绣有象征吉祥的花纹图案。这种露出头顶的帽子，既凉爽，又可使孩子囟门不受凉。

3-23◆联星

[xũ^{55}mau^{35}] **“风帽”**

一种冬天戴的童帽。帽子的上部与狗头帽类似，只是后檐较长，有较好的御寒作用。

3-24◆里耶

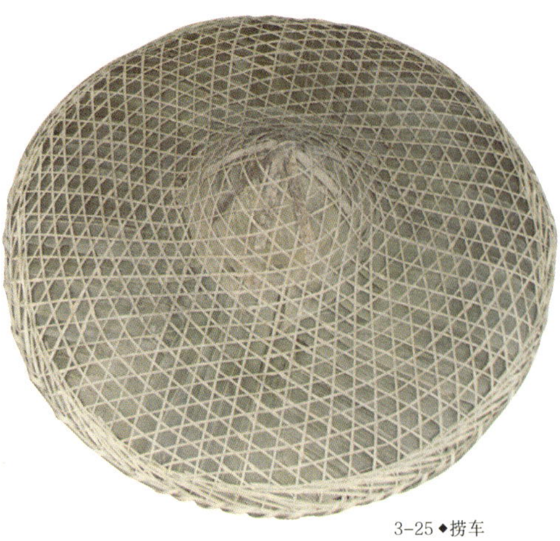

3-25◆捞车

3-26◆捞车

[tẽ^{53}p^{h}ũ^{21}]“斗笠”

用竹篾编成的帽子。[tẽ^{53}p^{h}ũ^{21}]一词借自汉语，本字为“斗篷”。斗笠的双层竹篾中间夹箬竹叶，或棕片，或油纸，夹箬竹叶的多用于挡雨，夹棕片、油纸的多用于遮阳。挡雨的斗笠为圆顶，帽檐宽大，如图3-25；遮阳的斗笠相对较小，无帽檐，呈圆锥形，如图3-26。

[pu^{35}xai^{21}]“布鞋”

用布缝制的鞋，有很多种类。传统布鞋大多数为青布鞋面，白布鞋底。做一双布鞋要经过糊布壳（袼褙）、糊棕壳、纳鞋底、缝鞋面、上鞋等工序。图3-29为“力士鞋”，是布鞋的一种。

[wũ^{35}xai^{21}]“棉鞋”

布鞋的一种，鞋帮、内底都絮有棉花，有较好的保暖性。

3-29◆民安

3-30◆民安

3-27◆联星

3-28◆联星

[tɕiɛ^{35}tsu^{55}]“帕子”

土家族已婚男女用来缠头的物品。当地汉语称“青丝帕”。帕子为黑色，长丈许，宽约一尺五寸，有棉布和真丝两种材质。帕子的包法较简单，只需折成宽约四寸的长条形，往头上一圈一圈地缠绕即可。靛房镇坡脚社区的男子包帕子时，喜欢将帕子前头一截留 4—5 寸不包，让其自然地垂在耳边。

[k^{h}a^{55}p^{h}u^{55}ts^{h}o^{21}ɕiɛ^{35}]“花鞋”

布鞋的一种。旧时仅指鞋面绣花的鞋，现也指用土家族织锦做鞋面的布鞋。旧时年轻女子穿的花鞋多为自己所做，因此花鞋也成了展示姑娘才华、技艺的窗口。

3-31◆捞车

[tẽ^{55}suã^{55}xai^{21}]“钉鞋”

旧式雨鞋，是一种还没有橡胶雨鞋时人们雨雪天外出穿的鞋。从材质看，钉鞋可分为两种：一种是牛皮的，一种是布底布面的。无论什么材质，钉鞋做好后都须用桐油涂刷鞋底鞋面，以起防水的作用。钉鞋有低帮的，也有高筒的，但不管是哪种样式，其鞋底上都铆有十几颗指头肚大小的圆铁钉（俗称粑粑钉），铁钉主要起防滑作用。

3-32◆里耶

3-33◆捞车

[tɕi^{21}kʰu^{21}]“草鞋”

[tɕi^{21}kʰu^{21}]为草鞋的统称。用麻编制的草鞋叫[tsʰei^{21}kʰu^{35}tɕi^{21}kʰu^{21}]“麻草鞋”，主要用于晴天穿。用稻草编制的草鞋叫[tsʰei^{21}tɕi^{21}kʰu^{21}]“水草鞋”，旧时农村穿水草鞋非常普遍，上山打柴、下地干活，都是一双水草鞋。随着生活水平的提高，现在农村已无人穿草鞋了，劳作时多穿轻便耐磨的解放鞋。

[xai^{21}tiã^{35}]“鞋垫”

垫在鞋子里面的布垫子，又称[wua^{21}tiã^{35}]“袜垫”。多采用绣花或十字挑花工艺缝制而成。缝制绣花鞋垫先要将花样裱在面料上，然后用五彩丝线绣制，绣完图案后，再用纳鞋底的方式将空白处缝满，使之牢固。用十字挑花工艺缝制鞋垫，先要在面料上画小方格，然后用十字挑花工艺在上面做花纹图案，图3-34左起第3、第6双为用该工艺缝制的鞋垫。鞋垫常作为定情信物或馈赠亲友的礼物。

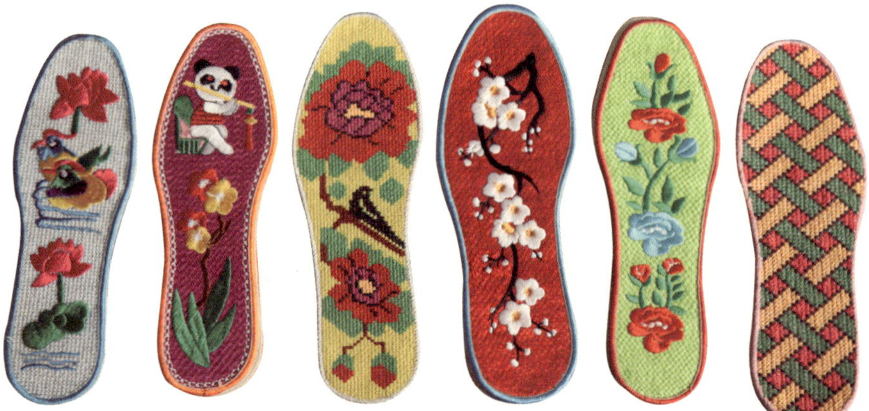

3-34◆民安

三 首饰等

3-36◆里耶

[xã^{35}liã^{55}] **"项链"**

戴在脖子上的链形首饰。

[wũ^{53}ko^{21}] **"耳环"**

戴在耳垂上的装饰品。耳环多用金、银制成，有多种样式，如瓜子耳环、灯笼耳环、单环等。

3-35◆联星

3-37◆里耶

[ŋo⁵³su⁵⁵pʰi²¹]“银锁”

挂在儿童脖子上的装饰物，呈古锁状，上面多镌有“长命富贵”“长命百岁”等字样。据说它能辟邪驱鬼，“锁”住生命，幼儿佩戴后会无灾无难，平安长大。旧时靛房镇坡脚地区的土家族有跟人讨银子打制银锁的习俗。

[tɕiã³⁵ka²¹]“手镯”

戴在手腕上的环形装饰品。土家族妇女、儿童有戴手镯的习俗。妇女戴的手镯有玉质和银质两种，银质的手镯上多镌有花纹。儿童戴银质手镯，上面多吊有金瓜、银铃或四方印等小饰物。

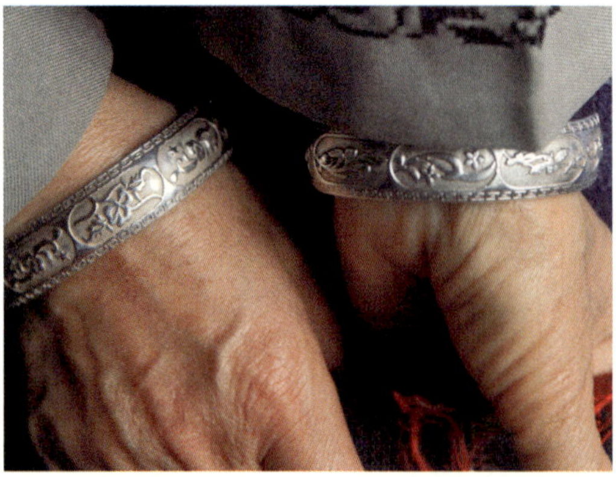

3-38◆捞车

[tɕi²¹pʰa²¹tɕiã³⁵ka²¹]“脚镯”

戴在儿童脚踝部位的装饰圈，多为银质，据说孩子戴上脚镯易健康成长。脚镯一般不用人为摘取，若丢失也无须找寻，丢失了就意味着孩子会成长顺利。

3-39◆里耶

3-40◆捞车

[pʰa³⁵tsɿ⁵³] “手绢”

随身携带的方形小织物，用来擦汗或擦鼻涕。传统的土家族手绢上面多有用十字挑花技艺绣制的图案。图 3-40 手绢上绣制的图案为土家族迎亲图，挑花以素色为主。

[kʰua⁵³pau⁵⁵] “挎包”

可以挎在肩上背着的袋子。龙山县境生产的挎包包体多为土家族织锦，背带多用织锦技艺编织而成。

3-41◆洗车河

[ta³⁵liã²¹tsɿ²¹] “褡裢子”

中间开口两端装东西的口袋，用布缝制而成。大的可以搭在肩上，小的可以挂在腰带上。旧时使用得较为普遍。

3-42◆里耶

肆·饮食

土家族以大米为主食。旧时，由于山区自然条件的制约，大米收成往往只能供半年粮，农村大多数人家要辅以玉米、红薯、小米、荞麦、豆类等杂粮。农村一般一日只吃两顿，均为干饭，一般不吃稀饭。

土家族地区传统糕点有雪枣、麻枣、兰花根、松子糖等，其中以雪枣最为著名。20 世纪，农村土家族多自己制作 [$sau^{21}t^{h}\tilde{a}^{21}$]“苕糖”和 [$pau^{55}ku^{53}t^{h}\tilde{a}^{21}$]“苞谷糖”（当地汉语称“打糖”或“敲敲糖”），它们以红薯、玉米为主要原料加工而成。这种甜食制作工序繁多，做起来十分费事，加之市场上糖果糕点供应丰富，现在已无人制作了。

平日的副食多与大米有关，如糯米做的粉粑粑、马打滚、汤圆等，籼米做的有发粑粑、米豆腐、油粑粑等。除了用大米加工的副食外，土家族擅长把各种材质的食物

加工成形形色色的"粑粑"和"粉条",如玉米加工成的"苞谷粑粑",红薯淀粉做的"苕粑粑",葛根淀粉加工成的"葛粑粑"等;粉条有大米做的"粉",玉米做的"苞谷粉条",红薯淀粉做的"苕粉"。豆制品也种类繁多,有豆豉、霉豆腐、炸豆腐、菜豆腐等。20世纪龙山农村自己加工的全麦食品有"麦汤锅""酱麦粑粑"等,但随着种植结构的调整,人们极少种植小麦,这些食品大多只留存在人们的记忆之中。

土家族爱吃酸菜辣椒,龙山的大头菜酸菜、剁辣椒、苞谷酸辣子是很有名的;也做各色干菜,如干萝卜、干豆角等;也喜欢采撷各种野菜,山野路边的野芹菜、鸭脚板学名"三叶芹"、野葱、竹笋、蕨菜、地木耳、松菌、羊肚菌、椿芽等,土家族都能把它们变成各色菜肴;还喜欢吃腊味,腊肉是逢年过节必食的主菜,也是待客的佳肴。

一 主食

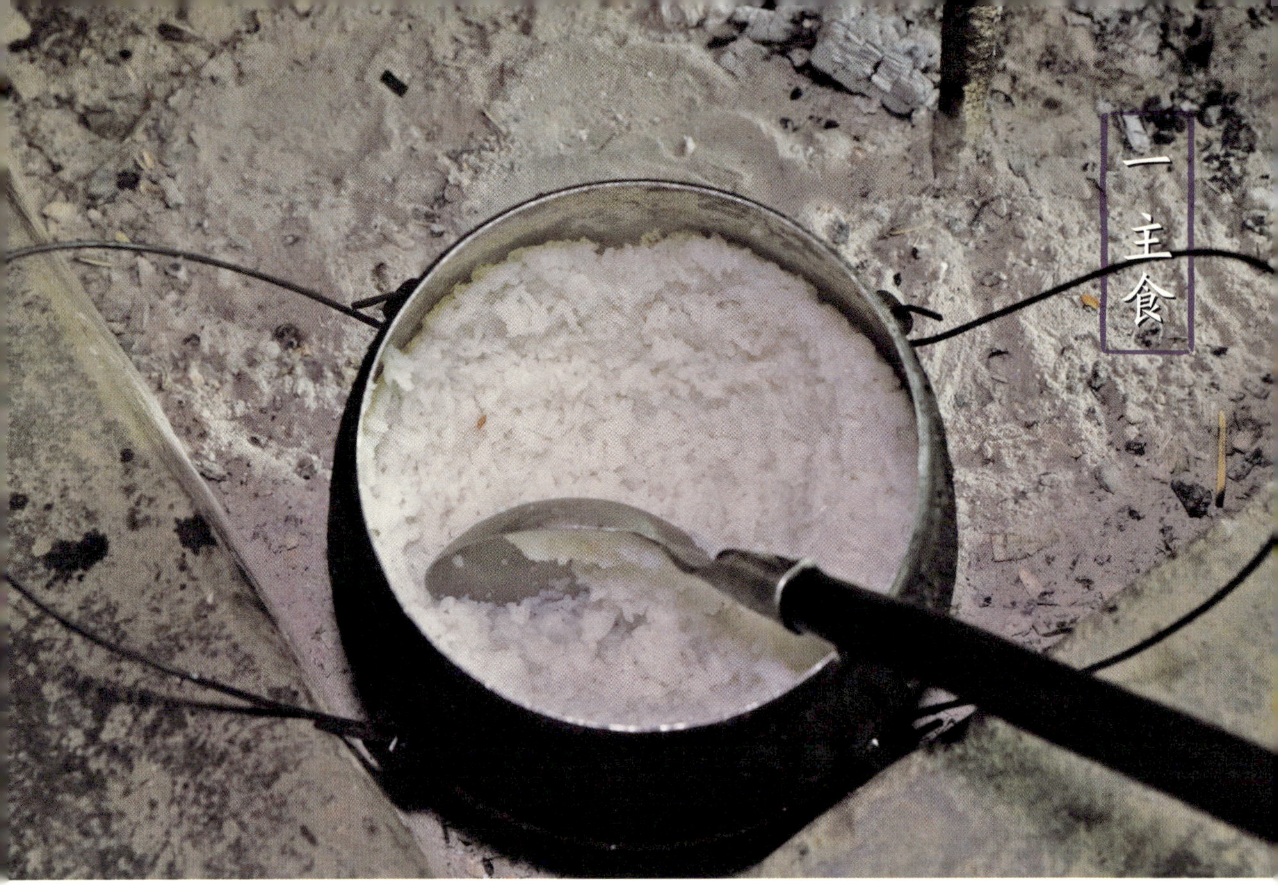

4-1◆石

[tsɿ^{21}]“米饭”

煮熟的谷类食物土家语都称作 [tsɿ^{21}]。“吃饭”称为 [tsɿ^{21}ka^{35}]。

[lu^{35}tu^{55}k^{h}a^{55}piɛ^{53}liɛ^{53}]“绿豆稀饭”

绿豆粥，由大米加绿豆熬制而成。大米和绿豆同时下锅。

4-4◆石堤

[t^{h}ã^{55}ko^{55}lo^{55}pa^{55}pa^{53}]“麦汤锅”

全麦面粉做成的面疙瘩。将小麦磨成粉，加水调成糊状，待锅里的水烧开后，一勺一勺地将之放入沸水中，起锅时加入盐、姜米、葱花等调味。

4-5◆石堤

4-2◆石堤

4-3◆石堤

[pau^{55}ku^{55}tsɿ^{21}]“苞谷饭”

大米掺玉米碎粒儿做成的米饭。苞谷饭一般是大米占多半，因为玉米碎粒儿太多的话，口感不好。做苞谷饭时大米和玉米碎粒儿同时下锅。这种大米掺杂粮做成的米饭，也叫 [liã^{53}kau^{53}xuã^{35}]“两搞饭”。

[sau^{21}xuã^{35}]“红薯饭”

大米掺红薯做成的米饭。当地汉语称为 [sau^{21}xuã^{35}]“苕饭”。做红薯饭要先将红薯剁成颗粒，待大米快煮熟时，再倒入红薯颗粒，搅拌均匀后，盖上盖儿焖一会儿即可。

[miã^{35}]“面”

即面条。面条虽不是土家族的主食，但一般家庭多备有面条，因为它做起来方便、容易。土家族吃面条时一般要另外放汤，不用煮面条的水做汤。饭店做的面条还要加放臊子炒好的肉丝、肉末等。由于平日较少吃面条，有的人家也拿面条当菜，来客人了，做一碗面条，算是添了一样待客的菜。

4-6◆洗车河

4-7◆洗车河

[xuẽ^{53}] “粉”

即大米粉条。将大米磨成浆，过滤后做成米团，然后再做成的细条状食品。粉多用来做早餐。米粉就其形状分为两种：一种是圆形的，一般称“粉”；另一种是扁而宽的，如带状，称 [k^{h}uã^{55}xuẽ^{53}] “宽粉”。土家族做米粉讲究臊子和调料。食用时，将米粉在滚水里稍烫一下，捞出来放在加了葱花、姜末、酱醋等调料的碗里，浇上臊子即可。

[pau^{55}miã^{55}] “馄饨”

当地汉语借词，本字为“包面”。当地馄饨虽也是由机器加工的薄面片包馅儿做成的，但煮食时上面要加放臊子。

4-8◆洗车河

4-9◆洗车河

[lã^{21}xua^{21}kẽ^{55}] **“兰花根”**

传统糕点。将糯米粉、白糖加水揉成小指粗细的条，然后切成五厘米来长的段，用油炸制而成。其特点是香甜酥脆。

[sũ^{55}tsɿ^{53}tʰã^{21}] **“松子糖”**

传统糕点。将面粉、白糖加水揉成团，而后切成指头大小的颗粒，烘烤而成。

4-10◆洗车河

[ɕiɛ^{35}tsau^{53}] **“雪枣”**

传统糕点。将糯米浸泡后磨成粉，加一定比例的黄豆粉、绿豆根一种野生植物制成坯，油炸后，蘸上糖浆、面粉等。旧时龙山县城生产的雪枣颇有名气。

4-11◆洗车河

4-12◆洗车河

[ma^{53}ta^{53}kuẽ^{53}] “马打滚”

一种流行小吃。在汤圆的基础上做成，不过个儿比汤圆大。将黄豆炒香磨成粉，放白糖拌匀备用，将煮好的“汤圆”捞起来，放进黄豆粉里滚几下即可。

[ma^{35}tsau^{53}] “麻枣”

传统糕点。制作方法与雪枣基本相同，只是坯炸好后沾裹物中加了芝麻。

4-13◆西拉部

[xua^{35}pa^{55}pa^{55}] “发粑粑”

籼米小吃。将浸泡好的籼米磨成浆，放糖，使发酵，再将发酵好的甜米浆盛入特制的模具里，蒸制而成。

4-14◆洗车河

4-15◆洗车河

[jiou^{21}pa^{21}pa^{21}] “油粑粑”

籼米油炸小吃。将籼米加一定比例的黄豆洗净浸泡，磨成米浆，米浆中放食盐、花椒粉等调料，再将之盛入特制的模具中，放进滚油中炸熟即可。油粑粑也可包馅儿，常见的有葱肉馅儿、酸辣馅儿、豆腐颗粒馅儿等。

4-16◆洗车河

4-17◆洗车河

[la^{53}tʰiɛ^{53}pa^{55}pa^{55}] **“糯米油粑粑”**

糯米油炸小吃。将糯米粉加水揉成团，团成一个个鸡蛋大小的米团，再将绿豆泥馅儿包进米团里，按压成饼状后放进油锅里炸，待炸至金黄色后捞出。[la^{53}tʰiɛ^{53}pa^{55}pa^{55}]土家语直译为“癞子粑粑”，大概是据其油炸后表面不光滑的特点而名之。

[pau^{55}ku^{55}pa^{55}pa^{55}] **“苞谷粑粑”**

玉米做成的小吃。嫩玉米、老玉米都可以做。用嫩玉米做，只需将玉米粒磨成浆，用苞谷壳玉米棒外面的苞片包成三角形，蒸熟即可。用老玉米做的一般用油桐叶包，里面多包有酸辣馅儿，其做法有两种：一种是将干玉米粒用少许石灰水浸泡后磨浆，另一种是直接磨浆，然后加发酵粉发酵。

4-18◆石堤

[mi^{53}tou^{35}xu^{55}] **“米豆腐”**

籼米小吃。将籼米加入一定比例的生石灰浸泡几小时，再洗净磨成浆，倒入锅中煮成米糊，并趁热将米糊盛入特定容器中，冷却后切成豆腐块状。做米豆腐小吃时，要将豆腐块状的米豆腐切成一厘米见方的丁，放上葱花、姜末、酱油、醋、麻油等调料。夏天多凉拌着吃，冬天则多将米豆腐在沸水里过一下再拌调料。

[sau^{21}xuẽ^{53}] **“苕粉”**

红薯粉条。由红薯淀粉加工而成的细条状食品，多用来做汤。

4-19◆石堤

4-20◆石堤

4-21◆石堤

[sau^{21}pa^{21}pa^{21}]“苕粑粑”

由红薯淀粉加工而成的食品。将红薯淀粉加水搅拌均匀后，倒入热锅中，用小火煮，煮的同时要不停地搅拌，直至红薯淀粉熟透，盛出放凉即可。苕粑粑一般做菜吃，烹饪时将苕粑粑切成薄块煎，也可跟肉一起炒。图 4-21 为苕粑粑做的菜。

[a^{21}pu^{21}p^{h}i^{35}p^{h}i^{55}]“葛粉”

由葛根加工成的淀粉。旧时人们挖葛根多是为了充饥，如今葛粉已成了绿色保健食品。葛粉可以冲泡成葛粉糊，也可以加工成[a^{21}pu^{21}pa^{55}pa^{55}]“葛粑粑”做菜吃。葛粑粑的做法与苕粑粑相同。

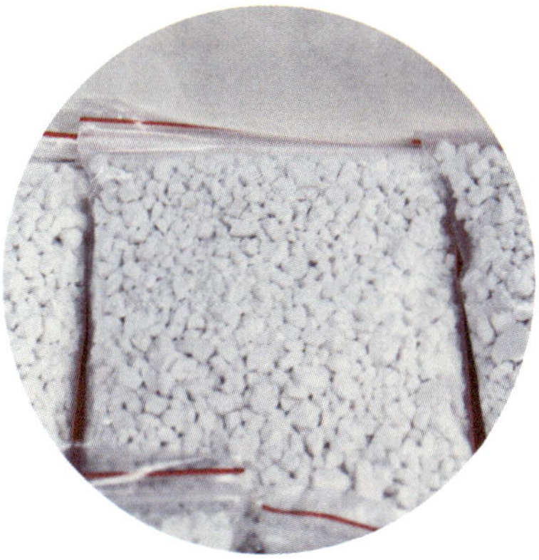

4-22◆洗车河

[tiɛ^{55}xɨ^{55}]“豆腐”

嫩豆腐，当地汉语说的是“豆腐”或“嫩豆腐”。用石膏做凝固剂制成的含水较多的豆腐。可切成块用油煎食，也可做汤吃。土家族说的汉语称“白豆腐”或“水豆腐”。

4-23◆洗车河

4-24◆洗车河

[tiɛ55xɨ55pi35] “豆腐脑”

直译为“豆腐儿”。为煮熟的豆浆加石膏后形成的食品，呈半固体状。可以直接食用，也可用来做汤。

4-25◆洗车河

[tiɛ55xɨ55a55ka21] “干豆腐”

由豆腐再次加工而成。将做好的块状豆腐放在炕架上用柴火烘烤，使之变干。旧时农家多在腊月间做，干豆腐泡在水里可存放较长时间。

[$tsa^{35}tou^{55}xu^{55}$] “炸豆腐”

油豆腐。将豆腐切成小方块儿或三角形，放在油锅里炸至金黄色即可捞出。不过，一般的豆腐是不能做成炸豆腐的，做豆腐时在豆浆下石膏后须掺兑一定比例的冷水，这样的豆腐做出的炸豆腐才会蓬松。炸豆腐多用来炖菜、做汤。

4-26◆洗车河

[$mei^{21}tou^{21}xu^{53}$] “霉豆腐”

豆腐乳。用小块豆腐做坯，发酵，待生出白霉后取出，沾裹食盐、辣椒粉、花椒粉等，放在陶罐类器皿中，腌制几天后加入充分冷却的熟油或茶叶水浸泡即可。龙山洗车河的霉豆腐较为著名。

4-27◆洗车河

4-28◆沙坪

4-29◆洗车河

[tiɛ^{53}tsa^{55}] “豆渣”

生产豆腐过程中产生的副产品。用豆渣做菜在当地很普遍。炒豆渣时多放辣椒、姜米、葱花等。

[ts^{h}ai^{35}tou^{55}xu^{55}] “菜豆腐”

由黄豆和蔬菜加工而成的食品。将黄豆磨成豆浆，放入锅中煮沸，再将切碎的绿叶蔬菜放入其中，待菜叶快煮熟时加入酸汤或石膏水，搅拌均匀即可。

[wũ^{35}tɕ^{h}i^{55}la^{55}] “豆腐皮”

煮熟的豆浆表面结的薄皮，揭下晾干后可做菜吃。当地汉语称“豆衣”。

4-30◆洗车河

[tɕʰi³⁵lũ⁵⁵] **“豆酱”**

一种豆制品。把黄豆泡透后煮熟，盛入器皿中发酵。待充分发酵后再拌盐、花椒粉等佐料，然后晾晒，晒至八成干即可。靛房镇坡脚地区的 [tɕʰi³⁵lũ⁵⁵] 也指用豆渣做成的豆酱（当地汉语称“渣豆酱”）。

4-31◆洗车河

[mo²¹ji³⁵tiɛ⁵⁵xɨ⁵⁵] **“魔芋豆腐”**

由魔芋块茎加工而成的副食。农家的魔芋豆腐多采用传统的制作方法：先将魔芋块茎洗净，刮去表皮，再用苞谷球球磨取浆液，磨的同时要加入适量食用碱或草木灰水，然后将磨好的浆液倒入锅中煮熟，凝固后就成了魔芋豆腐。魔芋豆腐可单独烹炒，亦可佐以其他菜肴。

4-32◆洗车河

[jiau³⁵tɕiou⁵³] **“药酒”**

当地有自制药酒的习惯。制作药酒时，多用自家酿制的苞谷烧或米酒，里面多浸泡枸杞、刺梨等。

4-33◆齐心

4-34◆民主

[za^{35}ku^{55}] “粗茶”

茶叶的统称。粗茶由一种当地汉语称“错口木”树的叶子加工而成。将错口木树的叶子连枝摘下，在开水中焯一下，插在柴火堆上，自然干燥后摘下叶片即可。泡粗茶一般要用较大的瓦罐。据说有一定的保健作用。

[ts^{h}au^{53}jiã^{55}] “草烟”

农家自产的烟叶。烟叶采摘下来后要经过反复晾晒、打捆、发酵的过程，直至烟叶晒干并变成黄褐色为止。抽草烟可以用烟斗抽，也可以直接卷成喇叭筒抽。

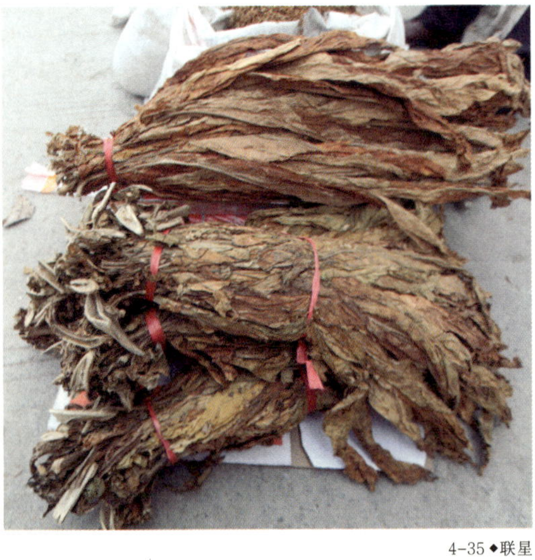

4-35◆联星

[sɿ^{53}jiã^{55}] “烟丝”

由烟叶切成的丝状物。当地农村集市上出售的烟丝多由草烟切制。

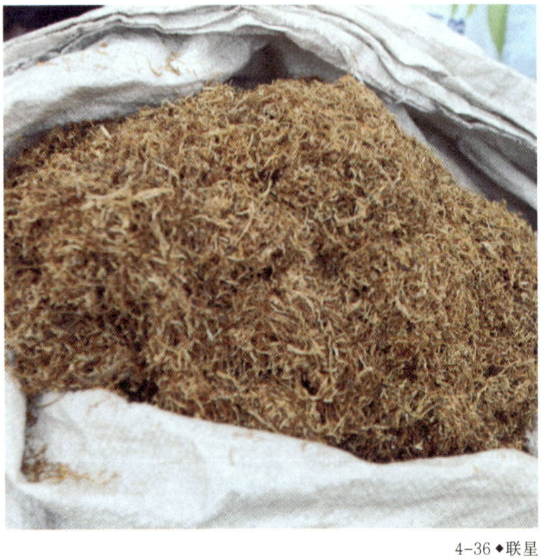

4-36◆联星

4-37◆石堤

[tɕiã^{35}la^{21}tsɿ^{21}xai^{53}tɕiau^{55}] **“西红柿炒辣椒”**

用西红柿和辣椒做成的菜肴。将西红柿切成丁（小的不用切），放进锅里翻炒，快熟时放入切碎的辣椒，一边翻炒一边将西红柿捣烂即可。本词中的 [xai^{53}tɕiau^{55}]“海椒”为汉借词。

[pau^{55}ku^{55}tsa^{53}xai^{53}tɕiau^{55}] **“苞谷酸辣子”**

用嫩玉米加辣椒做成的菜肴。将嫩玉米磨成玉米面，加入剁碎的红辣椒，拌匀后盛入小口坛子里，再用粽叶或玉米苞片塞紧坛口，并将坛子倒置于盛有水的岩钵中，待玉米面发酵变酸后就可以炒着吃。

4-38◆石堤

4-39◆民主

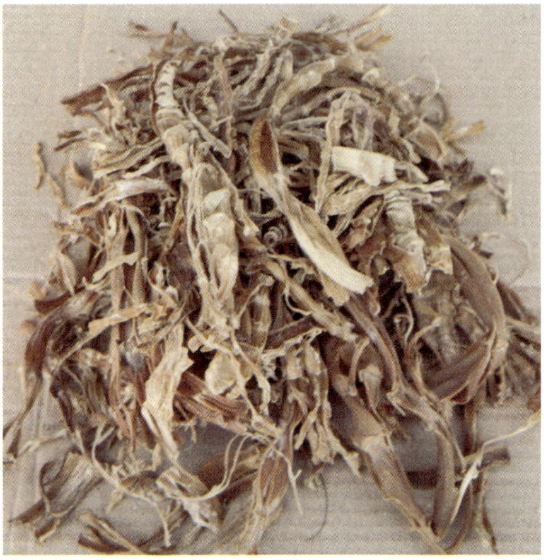

4-41◆民主

[$k^ho^{35}t^hi^{55}a^{55}ka^{21}$] “干豇豆”

做干豇豆多选用嫩豇豆，煮熟、晒干即可。做菜时先用温水浸泡，可清炒，也可炖肉。

[$mi^{35}mi^{55}a^{55}ka^{21}$] “干笋子”

野生嫩竹笋是家常野菜。做干笋子要先将采摘来的竹笋剥去笋衣，煮熟，剖开，然后晾晒。干笋子常用来炒肉或炖猪脚。

[$la^{55}pei^{55}a^{55}ka^{21}$] “干萝卜”

将萝卜切成条或块儿，晾干即可。农家做干萝卜多将切好的萝卜条块用竹篾或绳子穿起来，挂在屋檐下，使之自然风干。干萝卜多用来炖肉。

4-40◆民主

4-42◆洗车河

4-43◆沙坪

[ta^{35}tou^{55}ts^{h}ai^{55}suã^{55}ts^{h}ai^{55}] “大头菜酸菜”

大头菜腌制而成的酸菜。将大头菜洗净，晾干水分，用盐揉搓后放进腌菜的坛子中。存放半个月左右就可取出食用。大头菜酸菜可切片或切丝单独炒，也可与腊肉合炒。龙山大头菜酸菜在湘西颇有名气，民间有“龙山大头菜，你吃我爱羡慕”的说法。

[ts^{h}u^{35}lo^{21}pu^{21}] “醋萝卜”

用萝卜加工而成的食品。将萝卜洗净晾干，切成条或片，放进泡菜坛子，加入适量盐和冰糖，倒入与原料齐平的凉开水。盖上盖儿，把坛沿上倒满水（中途不可干），大约存放十天即可。吃的时候还可以放点油酥的辣椒酱。

[tsau^{55}xai^{55}tɕiau^{55}] “剁辣椒”

将红鲜辣椒剁碎，拌盐，放入覆水坛或玻璃瓶中密封后置于阴凉处，半个月左右即可食用。做剁辣椒时可根据自己的喜好加入生姜、蒜头等。腌制好的剁辣椒可直接食用，也可作为调料入菜。

4-44◆民安

4-46◆树比

4-45◆沙坪

[la^{35}zu^{55}] “腊肉”

将新鲜猪肉砍成三五斤重的长块，用加了花椒、山胡椒的盐揉搓后放入陶缸类器皿中，腌十来天后取出，挂在火炕上熏烤。土家族家家户户都有做腊肉的习惯。制作腊肉须在冬至后开始，农家自制的腊肉一般在农历三四月间就从炕上取下，收藏于稻谷中，据说用这种方式存放的腊肉几年都不变味。腊肉可蒸食、煮食或炒食。图 4-46 为晾晒的腊肉。

4-48◆石堤

[kʰou^{35}zu^{21}]“扣肉”

用猪肉做的菜肴。一般选用五花肉，将五花肉切成正方块，煮熟后捞出来用油炸，炸至肉皮蓬松后再煮，然后切成片，将肉片的皮朝下依次码放在碗里，上面加放炒熟的苞谷酸辣椒或梅干菜，蒸熟后再扣在盘子里即可。

4-47◆石堤

[tʰũ^{53}sʅ^{21}]“粉蒸肉”

用糯米粉或糯小米加肉做成的菜肴。将糯米炒香磨成鱼子粗细的米粉备用，将新鲜五花肉切成块，加入米粉、食盐、花椒粉、五香粉等，拌匀后上甑蒸熟即成。图 4-47 为糯小米做的粉蒸肉。

[tsʅ^{53}tɕi^{21}kʰu^{35}kʰu^{55}niɛ^{55}tɕʰĩ^{55}tai^{55}lo^{35}po^{55}ɕi^{55}]“猪脚炖海带”

[tsʅ^{53}tɕi^{21}kʰu^{35}kʰu^{55}] 即“猪脚”，[tɕʰĩ^{55}tai^{55}] 即“海带”。将猪脚烧好洗净，剁成块儿，跟海带一起下锅炖，至猪脚酥烂即可。

4-50◆联星

4-49◆石堤

[za^{21}sʅ^{21}niɛ^{21}pʰã^{35}tɕʰiɛ^{55}lo^{35}po^{55}ɕi^{55}]“鸡肉炖木耳”

[za^{21}sʅ^{21}] 即“鸡肉”，[pʰã^{35}tɕʰiɛ^{55}] 即“木耳”。先将鸡肉翻炒一下，然后加盐、水、木耳炖。

4-51◆石堤

4-52◆石堤

[zo^{35}sɿ^{21}pã^{35}po^{55}ɕi^{55}] **“炒羊肉”**

龙山土家族的白事宴席或过年过节一般都要吃羊肉。羊肉可小炒，也可炖食。

[sũ^{35}a^{55}ka^{21}] **“干鱼”**

做干鱼要先将鱼剖开，去掉内脏，加放食盐腌制几天后，挂起来风干或烤干。炒干鱼时要多放辣椒、大蒜等作料。

[ẽ^{35}tɕ^{h}i^{55}la^{53}sɿ^{21}p^{h}ei^{55}po^{55}ɕi^{55}] **“豆腐皮包肉”**

将肉馅儿放在豆腐皮上，卷成条状，蒸熟即可。

4-54◆沙坪

4-53◆沙坪

[liã^{35}tou^{55}xu^{55}] **“亮豆腐”**

即带馅儿的油豆腐。制作亮豆腐时，先将油豆腐掏一个小洞，把剁碎的瘦肉塞进小洞里，再放进蒸笼里蒸熟即可。

[ɕie^{35}tsʰũ^{55}ɣei^{55}tʰa^{55}] **“椿芽”**

家常野菜，即香椿的嫩芽。先要用沸水焯一下，去掉苦涩的味道。椿芽炒鸡蛋也是土家族待客的佳肴。

4-56◆石堤

[tsʰũ^{21}tɕĩ^{35}tʰu^{53}sɿ^{55}] **“松菌”**

学名松乳菇，是一种生长在马尾松下的野生菌。土家族常用来跟猪肉、豆腐等炖着吃。松菌也可以用植物油炸制成“菌油”，菌油多用来做菜或煮面条。

4-55◆石堤

伍·农工百艺

龙山土家族主要聚居在山区，农耕文化历史悠久，里耶战国—秦代古城一号井中出土的木制、铁制农具就是见证。山区有田有地，可以栽种稻谷、玉米、红薯等粮食作物，还可以栽种烤烟、百合、药材等经济作物。山上有油茶、油桐、漆树等经济林，盛产油桐、油茶、生漆等。以往土家族多是一家一户的小农经济，自给自足的生产模式影响和制约着人们的生产生活。农业及与生产生活息息相关的手工业相对发达。建木房子有木匠，架桥修路有石匠，加工油茶、油桐有油匠，打造铁器有铁匠，制作砖瓦有瓦匠，织土布有机匠，织西兰卡普有织女，染布有染匠……农工百艺样样齐全。随着经济社会的发展，有的行当消失了，有的行当虽仍然存在，但传统工艺却为机械所取代，这是因为现代文明给人们生活带来便捷的同时，也对传统文化产生了巨大的冲击。

各行各业都有自己的行规习俗，如建造木房子、架桥修路的木匠和石匠都要敬鲁班师傅，忌讳他人从工具上跨过。木匠和石匠进雇主家做工时若遇家中有“四眼孕妇”，就要“隔四眼”，即动工之前要在地上画“田”字符，并用锤子击打三下，击打的同时要念咒语，据说如此孕妇就不会影响匠人的手艺发挥，同时也可避免工作中的响动引

发孕妇流产。猎人有祭拜 [mei^{21}sã^{21}p^{h}u^{21}sa^{21}]“梅山菩萨猎神”的习俗，祭祀的地点一般选在围猎组织者的屋边或古树下、悬崖边，祭祀方式也较简单，立几块石头或用瓦片竖一小屋，压上一些纸钱即可。上山打猎之前要祭拜一下，以求梅山菩萨保佑，打猎归来仍要拜祭，并献上所获猎物，以示酬谢。里耶镇比耳村的篾匠在外做工时，相互之间的交流多用带有隐语性质的行话，如“做工”称为 [k^{h}ai^{55}pa^{21}tsɿ^{35}]，“吃饭”称为 [ts^{h}ai^{53}jĩ^{21}sɿ^{21}]，“吃肉”称为 [ts^{h}ai^{53}xu^{55}lau^{55}]。

人们多以 [pei^{35}kũ^{55}tɕiɛ^{21}]“请白工”的方式开展生产、生活互帮互助。请白工即在生产、生活急需劳动力时请人帮忙，不用给报酬，主人家只需提供饮食和住宿即可。不论是请工匠还是请人帮工，多有讲究，一般要请 [kẽ^{55}p^{h}ã^{21}ts^{h}a^{35}]“根盘好”的人，所谓根盘好是指品行端正、儿孙满堂的人，而品行不端、没有儿子或丧偶的人是 [kẽ^{55}p^{h}ã^{21}ts^{h}a^{55}xo^{55}]“根盘不好”的人，这类人不宜参与建房子等活动。土家族善待匠人，感谢所有给予帮助的人，家庭中稍大的事情如插秧割稻、建房修路、修朝门、起牛栏，全都要办开工酒和圆工酒，开工酒有款待工匠、宴请亲友之意，圆工酒则主要是酬谢感恩。

一 农事

[sei^{21}k^{h}ei^{53}] **“田”**

水田，指周围有隆起的田埂，能蓄水的耕地，一般用来种植水稻。

[jiã^{55}t^{h}iã^{21}] **“秧田”**

培育水稻秧苗的田。

5-1◆尖岩

[xã³⁵tʰu⁵³jiou³⁵miau²¹] "旱土育苗"

传统栽种水稻是采用水田育秧的。20世纪70年代起，当地农村推广旱土薄膜覆盖育苗技术。具体做法是：先做秧畦，催芽播种后，将竹条等弯成弓形，分插于畦的两边，然后再在上面覆盖薄膜，秧苗生长所需的温度可通过薄膜的揭与盖来调控。旱土育苗技术不仅用于水稻育秧，也用于玉米、烟叶、蔬菜等的育苗。

5-3◆万龙

[pʰei³⁵tʰi⁵⁵] "地"

旱地，又叫 [zo⁵³]，指土壤表面不蓄水的土地。旱地一般只能种植杂粮、油菜、花生等作物。

5-4◆龙车

5-5◆脉

[pa^{53}za^{21}] “偏坡”

即坡地，又叫 [pa^{53}tsa^{21}]，龙山县境山高坡陡，山坡上的田地多依山势开辟成梯田。

[k^{h}a^{55}t^{h}iɛ^{55}] “犁”

耕田翻土的农具。由 [k^{h}a^{55}t^{h}iɛ^{55}]“犁铧”、[li^{35}k^{h}o^{55}t^{h}ũ^{55}k^{h}u^{35}k^{h}uei^{55}]“犁辕”、[li^{35}tɕiã^{55}]“犁箭”、[li^{21}ti^{53}]“犁底”、[tsɿ^{53}wũ^{35}tɕ^{h}i^{55}]“猪鼻子”、[wu^{35}tɕi^{21}k^{h}a^{21}]“牛打脚”、[lã^{35}k^{h}u^{55}]“牛轭”、[t^{h}uã^{21}tɕ^{h}iã^{21}]“牛八字圈”、[lã^{55}tiɛ^{55}]“牛缆索”等部分组成。耕作时用牛力牵引。

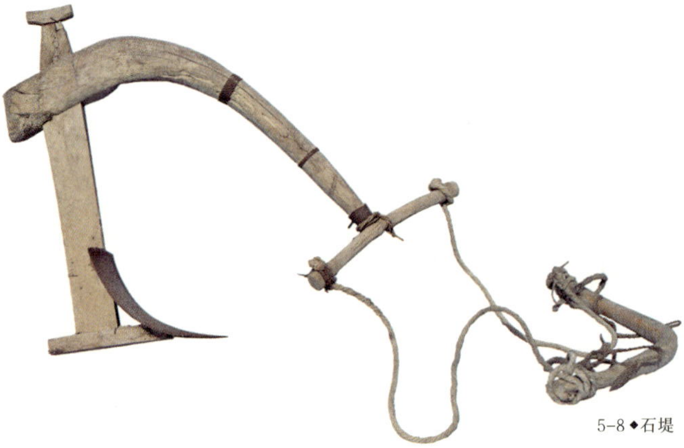

5-8◆石堤

5-6◆黎明

5-9◆农车

[sei^{21}k^{h}ei^{53}tɕ^{h}iɛ^{21}]“耕田”

用犁把稻田翻松。当地人种田讲究精耕细作，山区自然条件差，稻田一般要犁三遍、耙三遍，有的甚至多达五遍。反复地耕耙，可使泥土变得更细，更有利于蓄水。山区的稻田多是靠天的田，俗称[mei^{35}t^{h}a^{53}ts^{h}ei^{21}sei^{21}k^{h}ei^{53}]“雷公田”，平时无水耕作，待下大雨时，即使在半夜，农家也要打起灯笼火把，连夜冒雨抢犁。秋收之后，田仍要翻耕，许多地方都有不让板田过冬的习俗。

[sei^{21}k^{h}ei^{53}p^{h}a^{35}]“耙田”

用[p^{h}a^{35}]“耙”将田中的大土块耙散，使田平整。

[p^{h}ei^{35}t^{h}i^{55}tɕ^{h}iɛ^{21}]“耕地”

用犁把旱地翻松，又叫[zo^{53}tɕ^{h}iɛ^{21}]。

5-7◆联星

5-10◆石堤

[p^ha^{35}] “耙”

耕作的农具。耙的下部为耙齿，是接触耕地的部分，上部为耙架，是方便把握的部分。从材质看，耙有的是全铁制的，有的是纯木的，有的是铁木结合，即耙齿是铁制的，耙架为木制的。耙一般用于整理稻田。

[$ji\tilde{a}^{55}p^hi\varepsilon^{53}$] “扯秧”

将稻秧从秧田拔出。扯秧时，连根拔出。水田育秧需将拔出的秧苗根部洗净，再移栽；旱土育秧则是带土移栽到稻田里。

5-13◆万龙

[$ji\tilde{a}^{55}sei^{55}ni\varepsilon^{55}k^hei^{55}t^hi^{55}$] “秧盆”

栽秧的盆子，木制农具，是一个上大下小的呈梯形的器物。当地汉语称“灰船”。灰船仅在栽秧时用。栽秧时，将拌好尿水的灰装在里面，摆放在插秧人的身边，插秧时先将秧的根部在灰船里蘸裹一下，然后插入田里。用这种方法插的秧，转青快，长势好，在没有普及化肥的年代多用。

5-15◆联星

5-11◆黎明

[t^{h}iã^{21}kã^{21}ta^{35}] “搭田埂”

给稻田做蓄水的埂子。当地汉语称“搭田坎”。在耙最后一遍稻田时进行。搭田埂是用钉耙将田里的泥捞起，傍着田边土坎做成埂子。做好的田埂有利于稻田蓄水。农家多将田埂利用起来，在上面种些豇豆或绿豆。

5-12◆齐心

[tẽ^{55}p^{h}a^{21}] “钉耙”

一种农具。钉耙有四齿的，也有六齿的，耙齿部分是铁制的，装有长木把儿，主要用来搭田埂、清除牛粪等。

[jiã^{55}sei^{53}] “栽秧”

将稻秧栽到稻田里。传统栽秧姿势是一手分秧，一手插秧，脚向后退。推广科学种田技术后，栽秧多拉绳子，可以每一行都拉，也可以间隔四五株的距离拉一次绳子，拉绳子可使稻秧整齐，疏密有序，有利于稻秧的通风和采光。拉绳子栽秧有往前栽的，也有后退栽的。

5-14◆黎明

5-16◆燎

[xɨ^{21}lo^{55}xa^{21}po^{21}li^{53}ka^{55}] “挖土锣鼓”

一种劳作助兴的形式。众人劳动时，两人在前面一边敲锣打鼓，一边吟唱歌谣，为大家鼓劲，以提高劳动效率。挖土锣鼓旧时多用于挖地、薅草等需要请帮工的农事，集体化时多用于众多劳力协同劳作的场合。挖土锣鼓吟唱的歌谣称《挖土锣鼓歌》，其唱词有固定的程式，分为歌头（亦称引子）、请神、扬歌、送神四部分，扬歌为其主体部分。

[pu^{21}ts^{h}ɿ^{21}wu^{35}] “烧草木灰”

通过焚烧杂草来制作农家肥。烧草木灰要选择天晴地干时进行。

5-17◆石堤

[xuei^{21}liau^{35}ji^{35}] “撒肥料”

[xuei^{21}liau^{35}] 土家语仅指“化肥”，可用于做底肥和追肥。

5-18◆黎明

5-19◆龙车

5-20◆万龙

[xã²¹xã⁵³tʰau⁵⁵] **"掏行"**

开沟做畦。栽种旱地作物之前，要将大块的土地做成畦，同时开出排水沟。

[li⁵³pʰu³⁵] **"薅草"**

用薅锄为农作物锄草，需在晴天进行。薅草不仅可铲除杂草，而且也能翻松土地，促进农作物生长。

[lu⁵³kʰo⁵⁵tɕʰi⁵⁵kʰo²¹] **"断颠"**

给烤烟打顶。[lu⁵³kʰo⁵⁵tɕʰi⁵⁵] 指“植物的顶端”，[kʰo²¹] 是“使断”的意思。断颠是栽种烤烟过程中一项非常重要的工作。当烤烟植株的主干现蕾后，须将主干顶端的花蕾或花序及其以下若干片小叶一同去除，不然会影响烟叶的品质和产量。断颠的同时还要注意 [tsʰa³⁵xa²¹] “打杈去掉烟株上的分枝”，因为烟杈也能开花结果，若不及时打掉，将消耗大量养分。

[kʰau⁵³jiã⁵⁵tʰi³⁵] **"编烤烟"**

将采摘的烟叶用绳子捆扎在竹棍上，以方便烘烤。

5-21◆石堤

5-22◆石堤

5-23◆万龙

[niɛ^{35}pi^{55}tʰi^{55}xa^{55}tsʰɿ^{21}] "驱鸟用的"

吓唬鸟雀啄食庄稼的假人。[niɛ^{35}pi^{55}] 即"鸟", [tʰi^{55}xa^{55}] 即"吓唬", [tsʰɿ^{21}] 是名词后缀。旧时的假人一般用稻草扎制。现在做得较为简单, 多是将旧衣服穿在用竹竿绑成的架子上, 有的还给假人戴上草帽。

[li^{35}pu^{55}ŋa^{55}] "割稻谷"

一般用镰刀割, 通常三四株稻谷成一把, 割后要摆放整齐, 以方便后面打稻谷。

5-26◆洗车河

[ta^{53}tũ^{55}] "打谷桶"

手工脱粒工具, 为梯形体大木桶, 又叫 [sua^{35}tʰũ^{53}] "刷桶"。其上有便于手拉的桶耳, 下底有便于移动桶的槽杆。打稻谷时, 手握稻束朝桶内壁拍打, 使脱粒的稻谷落入桶中。

[li^{35}pu^{55}xa^{21}] "打谷子"

指收获稻谷, 包括收割、脱粒等; 也指给稻谷脱粒。现在许多地方打谷子已实现现代化, 用收割机或电动脱粒机完成, 但当地山区由于地理环境制约, 仍有许多地方采用传统的收割、脱粒方式。

5-24◆万龙

5-25◆石堤

5-27◆石堤

[$ts^hau^{21}tou^{21}$]“槽斗”

手工脱粒工具。木制，呈长方形，大小只有打谷桶的一半。槽斗的一头多摆放一个稍弯的小木梯，以帮助脱粒。打稻谷时，手握稻束朝木梯上拍打。用槽斗打稻谷一般都要用布做成帷子，将槽斗的三面围起来，以免谷粒溅出去。槽斗只在山高路窄的山区使用。

[$li\tilde{a}^{35}k^ha^{21}$]“连枷”

手工脱粒的工具，由一个长柄和一组平排的木条构成，多用来拍打黄豆、油菜等。又称 [$li\tilde{a}^{35}ka^{21}$]。劳作时，上下挥动长柄，平排的木条则绕轴转动，击打作物，使籽粒从壳中脱落。

5-30◆石堤

5-28◆石堤

[$pau^{55}ku^{55}k^ho^{21}$]“拗苞谷”

将成熟的玉米棒从玉米秆上掰下来。

[$tɕ^hi^{35}pu^{55}xa^{21}$]“打豆子”

用连枷拍打黄豆秸秆，使黄豆与[$tɕ^hi^{35}pu^{55}a^{55}p^hi^{21}$]“豆荚”分离开来。一般是在场院中进行，因为豆秸从地里拔出来后需晾干再打。

5-29◆里耶

5-31◆燎原

[$ts^hai^{35}ts\eta^{53}xa^{21}$] **“打油菜籽”**

用连枷或棒槌拍打油菜的秸秆，使油菜籽从油菜荚里分离出来。打油菜籽是在地里进行的，一般在地里铺上竹簟或塑料布，直接在上面拍打。

5-32◆联星

[$pau^{55}ku^{55}s\eta^{21}$] **“抹苞谷”**

把玉米粒从 [$pau^{55}ku^{55}a^{55}p^hei^{21}$] “玉米棒”上搓下来。一般是用手直接搓，也可用两个玉米棒对搓。现在很多地方都使用脱粒机脱粒，不过机器脱粒多脱不干净，还得辅以人工。

5-33◆万龙

[li^{35}pu^{55}la^{21}la^{55}] “晒谷子”

将脱粒后的稻谷晾晒在场院里。晒稻谷时，人们常用谷耙将稻谷理成一条条小小的垄沟。

[ku^{35}p^{h}a^{55}k^{h}a^{21}mũ^{21}] “草树”

将捆扎好的稻草把有序地码放在木杆或树的周围而形成的稻草垛，又称[ts^{h}au^{53}so^{55}k^{h}a^{21}mũ^{21}]。当地农村普遍采用这种方式存放稻草。草树的上下略细，底部多是虚空的，顶部扎紧，以防止漏进雨水。[ku^{35}p^{h}a^{55}ku^{21}]“上草树”之前，要充分晒干捆扎好的稻草把，以防霉烂。这样存放的稻草，主要用于冬天做牛饲料和垫猪圈、牛圈。

5-34◆万龙

5-35◆石堤

[$p^hu^{55}k^hei^{55}$] **“薅锄”**

除草锄地用的锄头。锄刃接触地面的一头较宽，便于铲除杂草。

5-36◆石堤

[$ka^{53}ts^hu^{21}$] **“挖锄”**

翻地用的锄头。[ka^{53}] 即“挖”。长木柄，锄刃面呈长条形。

[$kau^{35}ts^hu^{21}pi^{35}$] **“镐锄”**

一种可单手使用的小锄头。多用于给幼苗松土。

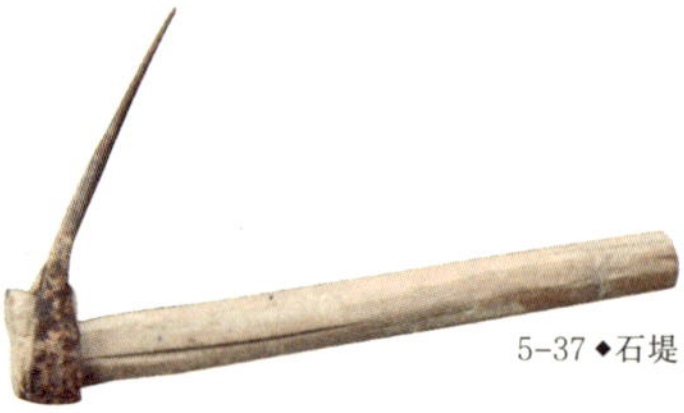

5-37◆石堤

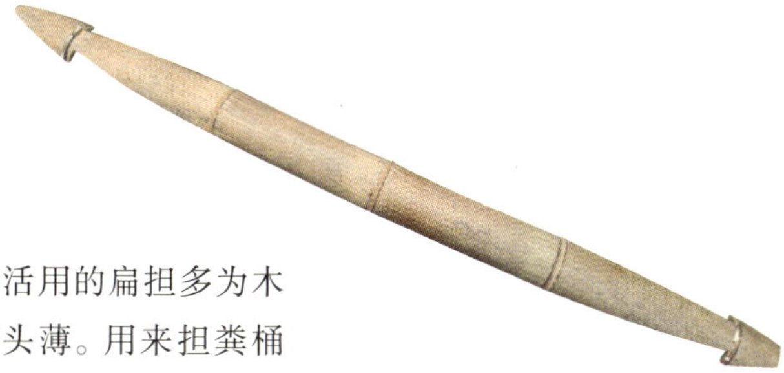

5-38◆里耶

[piã^{53}tã^{21}] **“扁担”**

挑担的工具，用竹子或木头做成。干活用的扁担多为木制的，加工木扁担时，务必使中间厚，两头薄。用来担粪桶的扁担多做得平直，两头各拴有两颗竹钉，以防止粪桶系子滑落。用来挑箩筐的扁担两头稍翘，没有竹钉。

5-39◆石堤

[tã^{35}kou^{55}] **“担钩”**

拴在扁担两头的铁钩，多用来挑撮箕。

[ɕiau^{55}tɕʰi^{55}tʰa^{55}] **“撮箕”**

用竹篾编成的器具。编制时，先将一根杂木条弯成“U”字形，做撮箕的梁，再用篾条紧密编制而成。撮箕的功用较多，大且粗糙的多用于撮土，小巧精致的多用来洗菜、洗衣、撮粮食等。

5-40◆石堤

[tʰa^{35}kʰei^{55}] **“簸箕”**

用竹篾编成的器具，形似筐箩，圆形，低帮，用于簸粮食、晾晒谷物等。使用时，先将谷物放在簸箕里，然后上下簸动，使谷物扬起来 [xa^{35}] “簸”去灰尘或杂物。

5-41◆石堤

5-42◆石堤

5-43◆石堤

[ɕiɛ^{21}tsʰɿ^{21}] **“筛子”**

用竹篾编成的、孔眼较小的圆形器具，可以把细碎的东西漏下去，较粗的留在上面，以达到分选的目的。筛子多用来筛大米或粉状物。

[tsʰu^{55}sai^{55}] **“粗筛”**

一种孔眼较大的筛子，多用于筛除稻谷里的碎稻草等。

[la^{35}tsʰa^{55}] **“扎篓”**

背篓的一种，又称 [zũ^{55}tʰi^{55}]。篓身高约1.2米，下部与普通背篓差不多粗细，但口较大，篓身上部呈喇叭状，多用来背粮食、木炭等。在山高坡陡、道路狭窄挑担无法行走的山区，扎篓使用得很普遍。

5-46◆万龙

[niɛ^{55}lã^{55}tsʰu^{55}tsʰɿ^{21}] **“种子篓篓”**

竹篾编成的器具。多用来盛放种子，使用时挎在腰间。

5-47◆联星

5-44◆联星

[lo^{21}k^{h}uã^{21}] **“箩筐”**

用竹篾编成的器具，方底圆口，主要用于盛粮食。箩筐一般要安上棕绳子，以方便用扁担挑。

5-45◆石堤

[wo^{21}sa^{21}] **“背篓”**

背在背上装东西的篓子。篓子上装有两根 [la^{21}p^{h}a^{21}] “系子背带”，背篓和系子均由竹篾编成。[wo^{21}sa^{21}] 是背篓的一种，做工较粗糙，体积较大，一般用来背柴火或粮食。

[su^{53}k^{h}u^{55}] **“柴刀”**

伐木砍柴的工具。刀身为铁制，刀背较厚，安有短木柄。

5-48◆石堤

[xua^{35}liã^{21}] **“镰刀”**

收割稻谷用的农具。由刀身和木柄构成，刀口带有小锯齿。[xua^{35}liã^{21}] 一词借自汉语，本字为“伐镰”。

5-49◆联星

[t^{h}ũ^{21}pu^{21}li^{55}kou^{55}ts^{h}ɿ^{21}] **“桐子刀”**

抠取油桐籽的工具。刀身宽约一指，前端有小钩。当地盛产油桐，油桐收获回来后将之堆成堆沤放，待油桐壳沤烂了，就用桐子刀将油桐籽剥出来。

5-50◆联星

5-52◆民主

5-51◆捞车

[$ts^hei^{53}tsɿ^{55}$] **“风车（扇车）”**

用于扬弃谷物杂质的工具，又称[$xũ^{55}ts^hei^{55}$]。风车由风鼓、摇把、车斗、漏粮斗、出风口等部件组成。加工粮食时，使劲地摇动摇把，鼓起风，使秕谷、糠皮、碎屑等从出风口扬出，饱满的谷粒、米粒则从漏斗直接滚下，落入接在漏斗口的箩筐里。无论用碾子碾米还是用打米机打米都得用风车车净。

[$pu^{53}sei^{55}$] **“晒簟”**

晒粮食的竹席子。由宽竹篾编成，平时卷起存放。用晒簟晒的粮食干净，无泥土砂石。

5-53◆联星

5-54◆捞车

[ku^{35}p^{h}a^{55}] **“谷耙”**

用来翻谷物的器具。木制，装有长木柄。

[miã^{21}xua^{21}p^{h}iɛ^{53}p^{h}iɛ^{53}] **“棉花箅箅”**

晒棉花的竹帘子。由竹块和竹篾编制而成，其大小如晒簟，但篾条之间的间隙稀疏如箅子。

5-55◆万龙

[sei^{21}t^{h}iau^{21}t^{h}ũ^{21}] **“粪桶”**

装粪便施肥的农具。粪桶由桶身和桶夹组成，一般用扁担挑。

5-56◆联星

5-57◆冉家

[ni^{21}suei^{21}tɕiã^{35}] **“泥水匠”**

从事建砖房子、砌灶等工作的工匠。泥水匠的主要工具有石锤、泥刀、灰铲、灰桶等。旧时，砌墙讲究灰浆的调制，或黄泥加稻草，或桐油、石灰加草纸，现在的灰浆已全部为水泥替代。

[ni^{21}tau^{55}] **“泥刀”**

泥水匠的工具。铁制，形状似小铲子，用来砍断砖块、涂抹泥灰等。

5-58◆万龙

[tsã^{35}tsɿ^{53}] **“錾子”**

凿石头用的小凿子。

5-59◆石堤

5-61◆捞车

[ɣa^{21}pa^{21}ka^{21}kʰa^{55}pʰu^{55}xa^{21}po^{21}ɕi^{35}] **“石雕”**

在石头上雕刻图案、花纹或将石头雕刻成工艺品。石雕从原料加工到成品完成大致需要经过坯料成型、制品成型、雕刻图案、磨光等工序。旧时石雕工艺全是手工操作，如今裁料、雕刻等工序多用机械。

5-60◆里耶

[wua^{53}tɕiã^{21}] **“瓦匠”**

烧制砖瓦的工匠。传统砖瓦制作要经过取泥、炼泥、制坯、装窑、烧窑、冷却等工序。以往这些工序全为手工操作，如今炼泥将黏土加入适量的水后让牛在泥上反复踩踏使之变软变黏、制坯的工序已为机器所替代。

5-62◆三个堡

5-63◆三个堡

[wua^{53}zɿ^{55}] **“做瓦”**

制作瓦坯。手工做瓦坯用瓦桶，将瓦桶搁放在木架上，外面罩一块瓦布，将切割好的瓦泥贴在瓦布上，一手转动瓦桶，一手拍打瓦泥，当瓦泥变得均匀光滑时，将瓦桶连同瓦坯一起取下，放在地上，取出瓦桶，留下瓦坯晾晒。待瓦坯晾干后，轻拍桶状的瓦坯，使分离成四块。现在当地不再用手工制瓦，取而代之的是用制瓦机。

[wua^{53}t^{h}ũ^{53}] **“瓦桶”**

手工制瓦坯的模具。瓦桶是一个木制的无底无盖的桶，桶身由若干片木块组成，木块与木块之间是用绳索连接的，桶可以开合，桶的外壁钉有四条等分的木条瓦坯分割条。

5-64◆联星

[pa^{21}tsɿ^{35}so^{53}tshɿ^{21}] **“割泥刀”**

手工做砖坯、瓦坯时使用的切泥工具。割泥刀呈梯形，由木架和钢丝两部分组成。木架便于把握，钢丝用来切割泥。

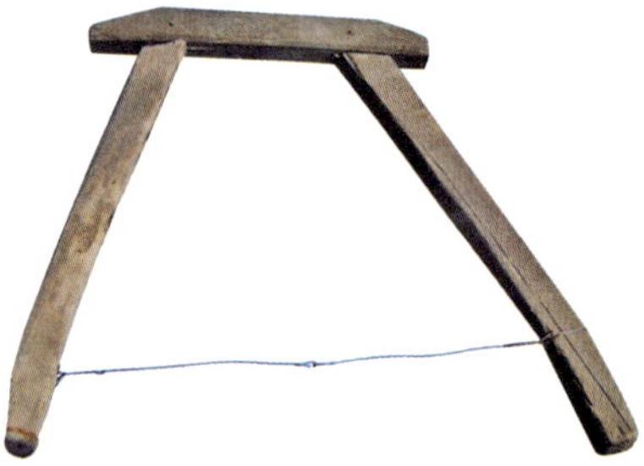

5-65◆联星

5-66◆三个堡

[jiau^{21}tsʅ^{21}ts^{h}u^{53}] “装窑”

将晾晒好的瓦坯按一定规则装进瓦窑，做烧瓦的准备。装窑时，瓦坯要叠放整齐，装一层要在上面撒一些煤粉，以便烧窑时火力分布均匀、充分。

5-67◆三个堡

[wua^{53}wu^{35}] “烧瓦”

将瓦坯烧制成青瓦的过程。以往烧瓦多用木柴，现在全都用煤。瓦窑点火后要一直添煤以保持旺火，直至瓦被烧得通红透亮，瓦窑的烟囱冒青烟了才能封窑熄火。

5-68◆西拉部

5-69◆西拉部

[mei^{35}tu^{53}]“墨斗”

传统木工的工具。墨斗由墨仓、线轮、墨线（包括线锥）、墨签四部分构成，作用是在待加工的木材上画直线。

[mei^{35}ɕiã^{55}tã^{21}]“弹墨线”

将濡墨后的墨线一端用线锥固定，在需要的位置上拉出墨线（须拉直绷紧），再提起中段弹一下即可。墨签蘸墨可用来画短直线或做标记，墨盒可用作吊垂线，衡量吊线是否垂直与平整。

[t^{h}uei^{55}p^{h}o^{21}]“推刨”

木工用来推平木料的工具，由刨床和刨刀组成。使用时，把握住刨床上的把柄，将推刨用力往前推，以刨刀刮平木料。

5-72◆石堤

[mu^{35}ma^{53}]“木马”

木匠用具，是专用来搁置加工木料的支架。木马的两根木头交叉呈“×”形，“×”的中心装有一根长木柄。使用时，木柄与“×”的下端着地，“×”的上端安放木料，一般是两个木马一同架起，木马上可安放[ma^{53}pã^{53}]“马板”，也可直接架加工的木头。

5-71◆万龙

[wu^{53}tsuã^{21}] "舞钻"

木匠用来钻孔的工具，由钻架和钻头两部分组成。钻架有一长一短两根横木和一条竖轴：长横木套在轴上，两端缚以从轴顶穿过的绳索或皮带；短横木较粗重，主要起固定钻头的作用。钻眼时，先转动长横木，使绳索或皮带打绞，从而产生下钻的力量，借助这股力就可钻眼了。

5-70◆联星

5-73◆石堤

[au^{55}k^{h}ei^{55}] "斧头"

砍竹、木用的工具。铁制，呈楔形，装有木柄。

[tsua^{35}xu^{53}] "啄斧"

木工用来打眼的工具。铁制，形状似单侧的镐，尖头一端为斧刃，装有木柄。建木房子时，凿柱头、木枋上的榫眼多使用这种啄斧。

5-74◆联星

[k^{h}ɨ^{35}] "锯子"

切割木料的工具，由锯条和锯架组成。锯条是一条有齿的钢片，锯架呈"工"字形，起固定锯片和方便把握的作用。

5-75◆西拉部

5-76◆比耳

[miɛ^{35}tau^{55}]"**篾刀**"

用来剖竹子或加工竹篾的工具。铁制，直刃。

5-77◆比耳

[jĩ^{21}tau^{21}] **"匀刀"**

可将篾片或篾条切割得粗细均匀、光滑的工具。铁制，呈三角形，有短柄，刀刃在刀尖部分。使用时，将两把匀刀刀尖朝下固定在木头底座上，呈上宽下窄的角度，将待加工的篾片或篾丝放在两把匀刀之间，直着拉出即可。

5-81◆比耳

5-78◆比耳

[mu^{53}niɛ^{21}kua^{35}tau^{55}] **"刮刀"**

用来刮竹篾使之变得光滑的工具。铁制，呈直角，双刃直角的两边为刃。

[mu^{53}niɛ^{21}sa^{55}] **"剖篾"**

篾匠用篾刀将竹子分解成篾片。剖篾最能显示篾工的功夫，一根小小的竹块，在篾工手里可以剖成六至八层竹篾。

[xu^{21}tɕ^{h}ĩ^{21}tsuã^{35}] “胡琴钻”

篾匠用来钻孔的工具。其形状及工作原理与木工的舞钻相似，不过，胡琴钻是捆在腰上的，钻孔的动作很像拉胡琴。据说，这种工具是里耶镇比耳村的篾匠师傅研发出来的。

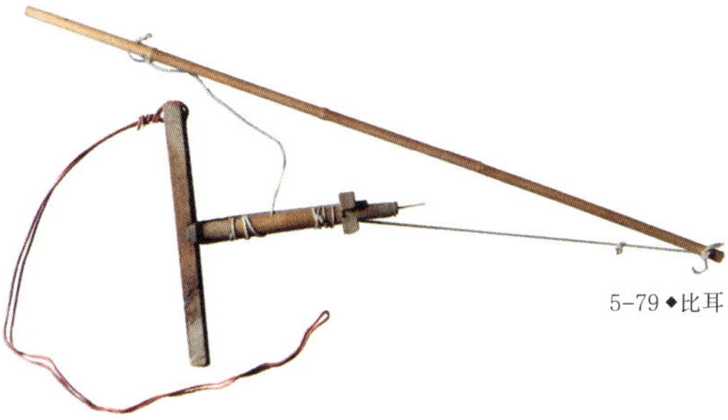

5-79◆比耳

5-80◆比耳

[t^{h}a^{35}k^{h}ei^{55}t^{h}a^{55}] “织簸箕”

先分别织出簸箕底和支撑簸箕的底架，然后再将它们用竹篾合起来编簸箕口。

5-82◆比耳

5-83◆民

[tsu^{21}tiau^{55}] **“竹雕”**

在竹子上雕刻形象、花纹，或将竹子雕刻成工艺品的艺术。竹雕一般选用竹龄三年以上的楠竹，雕刻之前须将竹料进行消毒处理，以防竹雕作品被虫蛀。当地工匠擅长通过雕刻将土家吊脚楼、摆手堂、凉亭桥等建筑微缩成一件件工艺品。

5-84◆捞车

[mu^{21}tiau^{55}] **“木雕”**

在木头上雕刻形象、花纹的艺术，也指用木头雕刻成的工艺品。木雕一般选用质地细密坚韧、不易变形的树木，如楠木、樟木、红木、紫檀、银杏等。雕刻的主要技法有圆雕、浮雕、镂雕等。木雕被广泛应用于建筑构件或家具器物上。

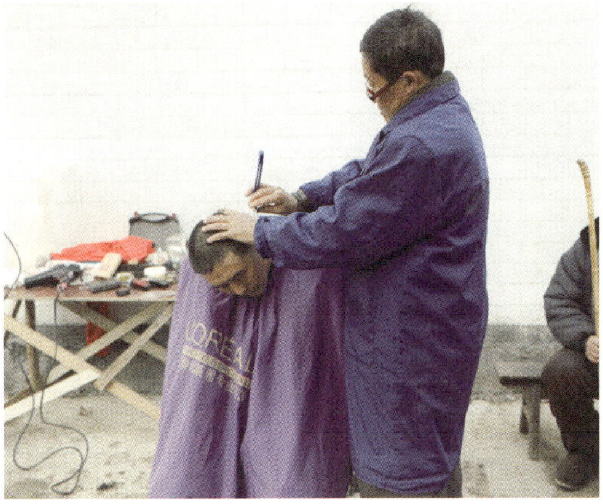

5-85◆联星

[kʰo^{55}pa^{55}tʰi^{55}ma^{55}] “剃头匠”

[kʰo^{55}pa^{55}] 即“头”，[sa^{35}tɕʰi^{55}] 即“头发”，又称为 [sa^{35}tɕʰi^{55}tʰi^{55}ma^{55}]。乡村的剃头匠一般不开设店铺，旧时多是走乡串寨上门理发，如今则多在赶集时临时设点给人理发。

[xo^{35}tʰa^{55}tsʰɿ^{21}] “织布机”

手工织布的机器，由机架、脚踏提综装置等部分组成。

5-87◆捞车

5-86◆燎原

[miã^{21}xua^{21}tʰã^{21}] “弹棉花”

弹匠用工具使棉花变蓬松的过程。旧时弹棉花、压棉絮等工序均为手工，现在均为机器所替代。

[xo^{35}tʰa^{55}] “织布”

工匠操作手工织布机，使纱线交叉穿过，变成布。旧时有绩麻纺纱的习俗，但一般不是自己织布，而是请织布的工匠上门来织。龙山手工织布历史悠久，历史上县域所织土布曾作为贡品进贡朝廷。

5-88◆捞车

5-89◆联星

[ts^{h}a^{55}] “纺车”

手工纺纱纺线的工具，由木架、锭子、转轮、摇把等部件组成。

[ts^{h}ei^{21}tsɿ^{55}la^{53}jiɛ^{55}] “牵线”

提取织花经线，是制作土家织锦的一道工序。在空旷的地上立五个木桩（一端立一个，另一端立四个，中间间隔十几米），再将多个线筒置于可分线的线柱下（一般不少于16个），并排列成一条直线，然后往返回复地将线从线筒上拉出，依次缠绕在木桩上。此工序要求起端线的排列顺序不能改变，缠绕时用“花叉叉八字套”分组，牵好的线即为上机的经线。

5-90◆捞车

[t^{h}a^{55}tɕi^{55}t^{h}a^{21}] “织机”

一种古老的木质腰式斜织机，用来织土家织锦。织机由机头、滚板、综杆、竹筘、梭罗、踩棍、滚棍、挑子、撑子、布鸽等部件组成。织机的传动原理是竹竿带动绳索，由绳索带动布鸽，由布鸽及绳索带动综杆提综。织机为纯手工操作，动力来自操作者脚的力量，经线的绷紧张力靠腰部的力量，纬线的喂进和打紧全凭双手。

[k^{h}ou^{35}tsuã^{55}] “装筘”

制作土家织锦的一道工序，指将牵好的经线在织机上按顺序分组，用挑子依次将经线挑入筘眼的过程。

5-92◆捞车

5-93◆捞车

[$k^{h}a^{55}p^{h}u^{55}t^{h}a^{55}$] “织花”

织土家织锦。[$k^{h}a^{55}p^{h}u^{55}$] 即“花”，[$t^{h}a^{55}$] 即“织”。土家织锦采用“通经断纬”的方法挑织，主要工艺有：纺捻线、染色、倒线、牵线、装箝、滚线、捡综、翻篙、捡花、捆杆上机、织布边、挑花织锦。土家织锦采用的是反织法，即挑织图案全是从织物的反面完成的，织花时，织工操作的是织物的反面，反面线头遍布，看似杂乱无章，织就的是五彩斑斓的正面。

5-91◆捞车

[sɿ^{55}lã^{55}$k^{h}a^{55}p^{h}u^{55}$] “西兰卡普”

[sɿ^{55}lã^{55}] 即“被子”，西兰卡普本义为土花铺盖，现多用来指土家织锦。土家织锦的经线为棉线，纬线为棉线或丝线，花纹大多呈几何图案，用色讲究对比鲜明。织锦的风格与经线的颜色有关：经线为黑、蓝色则显得素朴典雅，经线为红色则显得五彩斑斓。旧时土家织锦仅用来做被面，现多用作壁挂、背包、床罩、沙发套等。图 5-94 为传统图案“双斜二十四钩”。

5-95◆洗车河

5-94◆捞车

5-97◆伴住

5-96◆洗车河

[tsʰɿ^{55}kʰei^{55}tʰa^{55}ã^{55}kʰa^{55}po^{21}ɕi^{35}] “剪纸”

用剪刀将纸剪成各种各样的图案。剪纸是当地较为流行的一种艺术形式。土家族传统剪纸一是用于剪制服饰、鞋帽上的刺绣底样，旧时集市上有人专门剪花样卖；二是用于梯玛法事场地的布置，所剪图案称为 [kʰa^{21}tsʰa^{21}] “梯玛剪”，多代表法事中所敬之神。图 5-96 为集市卖的花样，图 5-97 为 [kʰa^{21}tsʰa^{21}]。

[tsʰo^{21}ɕiɛ^{35}sã^{35}] “上鞋”

将做好的 [tsʰo^{21}ɕiɛ^{21}li^{53}pʰi^{55}] “鞋底” 和 [tsʰo^{21}ɕiɛ^{21}miã^{35}tsɿ^{55}] “鞋面” 用鞋绳缝在一起。缝合时，鞋绳要拉紧，针脚要收好。鞋上好之后，还要用皮刀将鞋底的毛边切整齐。上鞋是做布鞋的关键环节，鞋型的美观、鞋的结实程度都与上鞋技术有关。

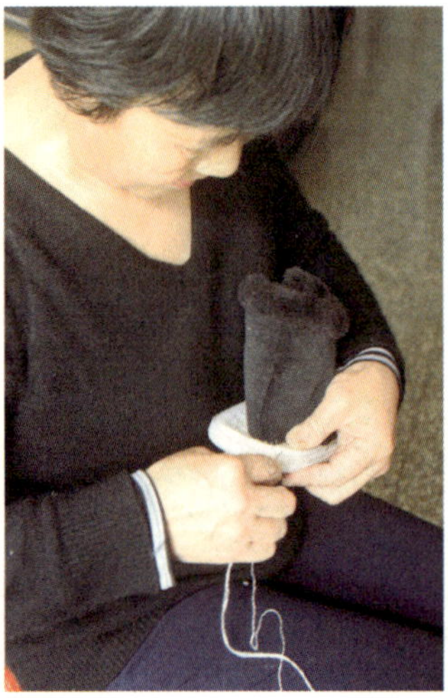

5-98◆民安

[pʰi^{21}tau^{21}] “皮刀”

专用于切鞋底毛边的器具。刀片垂直方向装有便于把握的木柄。

5-99◆联星

5-100◆洗车河

5-102◆洗车河

[ɕiɛ⁵³tso⁵⁵pʰu³⁵]“铁匠铺”

铁匠的作坊，一般置有火炉、风箱、砧子、淬火水池、锵板、打磨机等。

[tsʰei²¹xu²¹]“淬火”

打铁的一道工序。[tsʰei²¹]即“水”，[xu²¹]即“吃”，土家语直译为“吃水”，把加工的铁器加热到一定温度后放入水中急速冷却，以增加硬度和强度。

[ɕiɛ⁵³ti²¹]“打铁”

传统锻造工艺。将烧红的铁块通过手工打造成各种器物。打铁多需两人合作，一般是师傅负责握小锤、钳铁器，徒弟抡大锤。锻打和淬火是打铁的基本工序，磨、铣、凿等工序则根据打造器物的具体情况来选用。当地的铁匠主要打造农具和生活用具，以往打铁为纯手工作业，如今鼓风机取代了手拉风箱，汽锤替代了部分机械式的锻打，大大降低了铁匠的劳动强度，提高了生产效率。

5-101◆洗车河

5-105◆洗车

[$p^{h}ai^{21}ts$ɿ^{21}] “牌子”

挂在商店外面的招牌，主要用来指示店铺的名称或经销的货物。

[$tɕ^{h}i^{53}$] “秤”

杆秤，是利用杠杆平衡原理来称重量的简易衡器。杆秤由秤杆、秤钩、秤砣、秤索子秤毫等部分组成，有的杆秤还装有秤盘。秤杆是杆秤的主体部分，木制，镶有计量的秤星，秤钩、秤砣、秤盘等为金属制成，秤索子多由绳索制成。杆秤在民间交易中使用得很普遍。

5-107◆石堤

5-106◆石堤

[$ɕi^{21}k^{h}o^{21}$] “升子”

量粮食的器具，容量为斗的十分之一。升子由五块木块组成：底子为正方形，周围四块为梯形，木块之间用榫卯连接，上口大于升底。

5-108◆联星

5-103◆里耶

5-104◆洗车河

[tiã^{35}p^{h}u^{35}] **“店铺”**

指商店，又称 [tiã^{35}tsɿ^{53}] “店子”。店铺是坐商在固定地点营业的商人进行贸易活动的场所。

[jiɛ^{21}lu^{21}niɛ^{21}t^{h}ã^{55}tsɿ^{53}] **“货摊”**

设在街边路旁、市场空地的简易售货处，有的售货处也是加工制作处，又称 [t^{h}ã^{55}t^{h}ã^{55}] “摊摊”。这类摊子是没有门面的，一般是早上摆出，晚上或货售完了收摊。

[p^{h}o^{53}] **“斗”**

量粮食的器具。斗的制作与升子相同，只是上口小，底子大。斗的两边多装有木制的耳，以方便端抬。斗是传统容量单位，一斗为十升，十斗为一石。

5-109◆里耶

[zei^{35}t^{h}i^{21}tsɿ^{21}] **“酒提子”**

舀酒的器具，有长把儿。乡下的酒提子多用竹子制成。

5-110◆捞车

5-111◆联星

[kã^{55}tsɿ^{21}]“杆子”

梭镖。一种投掷武器，可以在中近距离内射中猎物。有的杆子头为铁制，有的整个杆子为铁制。

[wuã^{35}k^{h}a^{55}]“守牛”

牧牛，即把牛放到有草的地方吃食、活动，又可称为 [wu^{35}k^{h}a^{55}]。土家语中 [wuã^{35}] 是“水牛”，[wu^{35}] 即“黄牛”，牧放的对象不同说法有所不同。

5-113◆石堤

5-112◆联星

[ka^{35}tsɿ^{53}]“夹子”

捕获野兽的器具。铁制，可开合，夹口呈锯齿状，内装有弹簧。夹子要安放在野兽经常出没的地方，安放时，将夹子扳开，拴在树桩上，当野兽踏到夹子触动弹簧装置时，铁夹就会迅速合拢夹住野兽的脚。

5-114◆联星

[wuã^{35}sɿ^{55}sɿ^{55}kua^{35}ts^{h}ɿ^{21}]“牛篦子”

给牛刮虱子的器具。牛篦子一端装有短柄，短柄上装有铁圈，铁圈上侧为一块带齿的铁片。使用时，用带齿的一端在牛的身上来回梳刮，以去除虱子等寄生虫。

[zo^{35}k^{h}a^{55}]“守羊”

把羊放到有草的地方吃食、活动。

5-115◆石堤

5-116◆石堤

5-117◆洗车河

[za^{21}p^{h}o^{55}] **“放鸡”**

一般指将鸡从笼里放出来。当地农村养鸡多有将鸡关进笼的习惯，晚上关，早上放。

[sũ^{35}zɿ^{53}] **“渔网”**

捕鱼器具。旧时结网用麻绳，结好的网要经过上猪血浆、放锅里蒸等工序后才能使用。

[zɿ^{55}mo^{21}wu^{55}] **“冷却”**

将蒸煮好的制酒原料从蒸炉中撮出来，分放到多个大撮箕中，晾凉。从蒸炉里取出来的原料温度相当高，不可马上拌酒曲，否则会破坏酒曲的发酵作用。

5-120◆洗车河

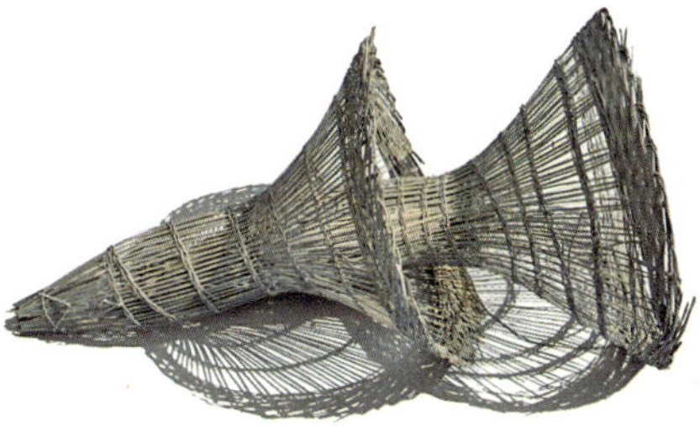

5-118◆联星

[sũ^{35}tsa^{55}lũ^{21}] **“篆”**

竹篾编成的捕鱼器具。形似大喇叭，适用于小溪捕鱼。一般是在小溪里砌一拦水坝，依溪床从宽到窄，在溪水汇集处留一口子，将篆装上，顺水流进入篆中的鱼是无法逃脱的。

5-119◆洗车河

[zei^{35}k^{h}au^{53}ts^{h}ɿ^{21}] **“酒炉”**

通过蒸馏的方式使酒和酒糟分离的蒸馏炉。酒炉由大锅和炉筒两部分组成。当地农村多有家庭酿酒的习惯。酿酒以糯米、玉米为原料，酿制的产品称“米酒”或“苞谷酒”。酿制要经过淘洗、蒸煮、冷却、拌曲、打坯、发酵、蒸馏等工序。如今乡村小作坊的烤酒师傅仍沿用传统的微生物发酵方式来酿酒。

[tɕ^{h}iou^{35}tsɿ^{55}a^{35}la^{55}] **“拌酒曲”**

将酒曲撒在稍微冷却的制酒原料上，再用器具拌匀。

[p^{h}ei^{55}xa^{21}] **“打坯”**

将拌好酒曲的制酒原料堆成堆，并在上面覆盖一层酒糟，做发酵的准备。

5-121◆洗车河

5-122◆洗车河

5-123◆长光

[$ts^{h}a^{21}tsɿ^{21}pu^{35}li^{55}k^{h}u^{55}$] **“炕茶子”**

烘烤油茶的种子。炕茶子用 [$ts^{h}\tilde{u}^{35}k^{h}\tilde{a}^{55}$]“冲炕”，冲炕的结构与北方取暖的炕相似，上面置有箅子，下面烧火供热。炕茶子时，要将油茶子均匀地倒在箅子上，并不时地翻动。

[tsa^{35}] **“榨”**

榨取植物油的工具。传统油坊的榨高约三米，由榨槽、支架组成，榨槽是两根长约三米的粗大木头，用来摆放枯饼和楔子。支架是承放榨槽的木头架子，分立于榨槽的两头，每个支架均由四根大木头连接而成。

5-125◆长光

5-124◆长光

[$ts^{h}a^{21}tsɿ^{21}pu^{35}li^{55}ni\tilde{a}^{53}$] **“碾茶子”**

使用碾子将油茶子碾成粉末。碾子由碾槽、碾磙子和碾架三部分组成。碾茶子时，先把炕干的油茶子倒入碾槽，然后驾上牛，挥鞭驱牛，牛走磙动，磙子在碾槽里不断地对油茶子磨碾，直至碾成粉末。

[$ts^{h}a^{21}k^{h}u^{21}p^{h}ei^{53}$] **“包枯”**

将蒸熟的枯粉踩踏包扎做成“枯油饼”。包枯用油圈和稻草。先把稻草捆成束，展开放在油圈内，倒入蒸熟的枯粉，趁热踩平后用手包扎。

5-126◆长光

5-127◆长光

[sei^{21}sɿ^{55}xa^{21}]“打油”

将包好的枯竖着排列于榨槽内，榨口装上木楔子（多少视油枯数量而定），几人合作，用油槌不断地撞击木楔子，将油挤榨出来，直至将枯榨干。

[mi^{53}ma^{53}t^{h}ũ^{53}]“蜂桶”

养蜜蜂的器具，又叫 [ma^{53}t^{h}ũ^{55}]。蜂桶为一大木桶，靠近口子处凿有多个方便蜜蜂出入的小孔，使用时，桶口朝下倒置于平坦处。土家族养蜂多把蜂桶放在蜜源好的悬崖边。

[ts^{h}ei^{35}ts^{h}ei^{55}ɣa^{21}]“取蜂蜜”

将蜜蜂的巢脾从蜂桶里拿出来，这是制作蜂蜜的第一步。传统养蜂一年只取一次蜂蜜，时间一般在深秋。取蜂蜜多在傍晚进行，先将倒置的蜂桶竖起来，盖上一个簸箕，然后不停地敲击蜂桶外壁，驱赶蜜蜂，使蜜蜂飞到覆盖在桶上的簸箕里，当蜜蜂差不多全飞到簸箕上了，再将簸箕移放至别处，然后才可以取巢脾。巢脾不可全取完，要留约三分之一的给蜜蜂过冬。取蜂蜜时，取蜜者须戴上防护罩和手套，扎紧袖口和裤脚口，以防蜜蜂蜇。

5-128◆石堤

5-129◆石堤

5-130◆石堤

5-131◆石堤

[kã^{55}pa^{55}] “巢脾（干板）”

蜂桶里数张垂直搁置的板状物，又叫[kã^{55}jiɛ^{21}tsɿ^{21}] “干页子”。它们是蜜蜂辛勤劳动的产物，蜂蜜储藏在巢脾的最上部。

[tsʰei^{35}tsʰei^{55}xɨ^{21}] “滤蜂蜜”

将取出的巢脾放在大盆里捣烂，再放到网兜里过滤，过滤时可轻轻用手挤压，直至滤干。旧时，过滤的网兜是用棕片做的，现在多用塑料或钢丝网布做成。

[wua^{53}tɕiã^{53}] “捡瓦”

将房顶上原有的瓦重新翻盖。翻盖时，要将破损的拿掉，疏密不一的摆放均匀。以捡瓦为业的人称捡瓦匠，不过在农村捡瓦的活儿大多是农家自己做的。

5-132◆比耳

5-133◆沙湾

[tɕi^{21}k^{h}u^{21}su^{55}niɛ^{21}ɕi^{55}ts^{h}o^{53}k^{h}ei^{53}] **"草鞋板凳"**

打草鞋用的矮长凳子。凳子的一头装有拴草鞋绳子编草鞋的经线的架子，打草鞋时，人骑坐在凳子上。

[tɕi^{21}k^{h}u^{21}jiau^{55}kei^{55}] **"草鞋腰钩"** | [tɕi^{21}k^{h}u^{21}pã^{35}pã^{55}] **"草鞋棒棒"**

打草鞋的工具。草鞋腰钩为一个呈直角的钩状物。打草鞋者无论用不用草鞋板凳，草鞋腰钩都是必不可少的工具。草鞋棒棒为一根短木棍，主要起固定经线的作用。席地而坐打草鞋时，先将草鞋腰钩系在腰间，再用双脚脚趾夹住草鞋棒棒，将搓好的草绳系在草鞋腰钩和草鞋棒棒上，形成四根编制草鞋的经线，然后在经线上编制，从草鞋鼻子编起，编完草鞋底再安草鞋耳子，最后用剩下的经线将草鞋鼻子和草鞋耳子连接起来，一只草鞋就完成了。

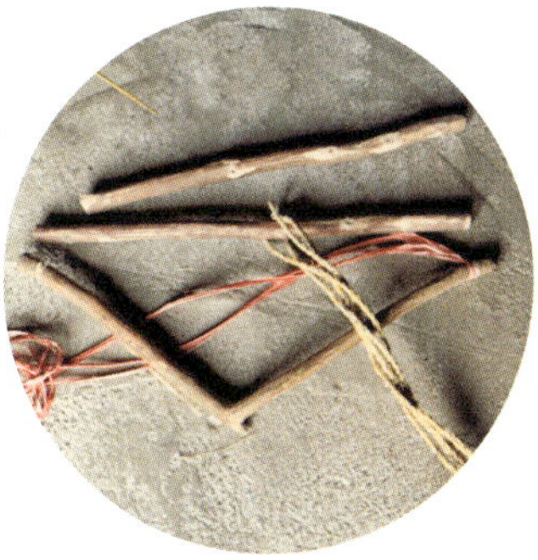

5-134◆西吴

5-135◆西吴

陆·日常活动

土家族崇尚克勤克俭，生活起居多是自给自足。农村地区多抽自己栽种的草烟，喝自家采摘的茶叶，红白喜事的宴席也多在家操办。当地农村都有赶集的习惯，集市多数是五天一次，赶集土家语称 [$ts^{h}ã^{21}kã^{53}$]“赶场”。人们赶集多是有买有卖，互通有无，逢场天乡场上往往热闹非凡。

当地人热情好客，素有省己待客的说法。家中若有来客，主人会先端上一碗热腾腾的蜂蜜泡糖馓，然后千方百计地使客人吃好喝好。吃饭时要请客人坐上座，有的人家还会将大片的鱼肉藏在客人的饭碗里，以示热情。喝酒用碗，喜给客人敬酒、夹菜，主人一般在客人吃完后才放碗筷，以示礼貌。在过节或菜肴较丰盛时，晚辈要选择靠近饭锅的地方坐，以方便给他人盛饭。

当地的娱乐活动比较丰富，当地很流行棋牌游戏，棋类游戏主要有“打三棋”“五行棋”“五子飞”等，流行的牌类游戏主要是“上大人”和“麻将”。小孩子家常玩的游戏有 [$ku^{21}li^{55}ku^{55}jiɛ^{55}$]“捉迷藏”、[$ts^{h}a^{55}tso^{35}$]“翻花绳”、[$jiã^{55}tɕi^{55}k^{h}ei^{53}po^{21}ta^{53}k^{h}uã^{53}$]“斗

鸡”、[za^{21}xa^{21}]“踢毽子”等。随着学校教育的普及，“丢手绢”“老鹰抓小鸡”“跳竹竿”等游戏进入到孩子们的世界，而一些传统的土家族游戏如 [lau^{55}t^{h}o^{21}xua^{35}]“发老坨”、[wuã^{21}lũ^{21}wuã^{21}lũ^{21}ts^{h}ei^{55}ts^{h}ei^{55}]“玩龙玩龙车车”等游戏却逐渐淡出孩子们的生活。土家族吹打乐有“咚咚喹、木叶、牛角、树皮号、水喇叭、打溜子”等，传统的舞蹈戏剧有“摆手舞、铜铃舞、茅古斯”等。他们爱唱山歌，爱打三棒鼓，红白喜事多喜欢用它们来助兴。现在，一些具有民族特色的文娱形式已列入国家和地方非物质文化遗产保护项目。

土家族相信神灵，相信梯玛巫师、相信世界上存在着一种不为人所知的神秘力量，信仰中主要有祖先崇拜、自然崇拜、英雄崇拜、图腾崇拜等。一般来说，逢年过节要大敬祖先，初一十五还要进行小敬。“舍巴日”要祭土王或八部大王，旧时村村寨寨都设神堂，敬奉的祭品为猪头、豆腐、粑粑等。此外，还敬灶神、土地神、四官神保护家禽家畜的神、梅山菩萨猎神等，修建房屋、架桥修路时要祭拜鲁班。

6-1◆牙

[zei^{35}xu^{21}] “喝酒”

土家人秉性豪爽，喜欢大碗喝酒，大片吃肉。酒多是农家自酿的“苞谷酒”或“米酒”，酒里往往加放刺梨、枸杞等。有客人来时敬酒是必需的，客人喝得越多，主人越高兴。[zei^{35}xu^{21}]也指赴喜宴，即参加亲朋好友为婚嫁、新房落成等喜事而举办的宴席。

[ka^{21}sei^{21}k^{h}u^{55}li^{55}wuã^{53}] “挽粑粑鬏”

粑粑鬏是旧时土家族地区已婚妇女的一种发式。挽粑粑鬏先要将长发梳在脑后，用绳子束住根部，然后挽成一个饼状发髻，再用簪子固定。粑粑鬏还可套上发网，也可插花或插金银首饰。

6-6◆石堤

6-7◆石堤

6-2◆联星

6-4◆石堤

[$ts^hau^{53}jiã^{55}xu^{21}$] **“抽草烟”**

有用烟斗抽的，也有直接用纸卷成筒抽的。旧时抽旱烟点火多用 [$xo^{53}liã^{21}$] “火镰”和 [$xo^{53}liã^{21}ŋai^{21}$] “火石” 取火，现一般用打火机。

[$jiã^{55}t^hũ^{21}$] **“烟袋”**

抽烟的器具，指旱烟袋，又称 [$jiã^{55}t^hu^{21}$]。烟袋由 [$jiã^{55}t^hũ^{21}k^ho^{55}pa^{55}$] “烟锅”、[$jiã^{55}t^hũ^{21}kã^{55}kã^{55}$] “烟杆”、[$jiã^{55}t^hũ^{21}tsa^{35}tɕ^hi^{55}$] “烟嘴” 等部件构成。烟杆有长有短，短的多为竹兜制作，长的多为硬木，装铜质烟锅和烟嘴。旧时老人喜用烟杆讲究的长烟袋，烟杆上多悬挂山羊角、野猪牙等饰物，系有装烟丝的袋子和掏烟灰的钩儿。

6-3◆联星

6-5◆里耶

[$ts^hei^{21}jiã^{55}t^hu^{21}$] **“水烟袋”**

一种烟具，多用黄铜制成。其结构是根据“隔水吸烟”的原理设计的，由烟管、吸管、水斗、烟仓、通针、手把等构成，一般系整体铸成。

6-8◆民安

[xã^{21}xua^{35}li^{21}]“聊天儿”

直译为“讲闲话”。广场、凉亭桥都是人们闲聊的好地方。

6-9◆洗车河

[ts^{h}ã^{21}kã^{53}]“赶场”

赶集。当地人逢场之日才去赶场，他们将自家的土特产拿到集市上去卖，再买回需要的商品。一些商贩也是在赶场日去经商，每逢赶场日，他们便携带货物在集市上摆摊设点，一天换一个地方，一年多固定在某几个集市间辗转销售，这种经商方式称为[tsuã^{35}tsuã^{55}ts^{h}ã^{21}kã^{53}]“赶转转场”。

[jiɛ^{21}pã^{35}]“办饭”

当地农村平日里多在火坑里用鼎罐煮饭，过年过节或家中人多才在灶上做饭。有红白喜事时多用甑子蒸饭。

6-11◆石堤

6-12◆西拉部

6-10◆联星

[ts^{h}ã^{21}] “场”

集市。一般五天一场，极少数重要的集市三天一场，如龙山县的里耶镇。附近集市的赶场日错开安排。赶场之日称“赶场天”，亦称“逢场”，未赶场之日称“冷场天”。场不仅是交易的场所，也有各式各样的服务，如理发、补锅、修伞等。

[sɿ^{55}pa^{55}tsa^{35}] “洗衣服”

又称 [la^{35}tiɛ^{55}tsa^{35}] “洗尿片”。土家族多喜欢在河里或井边洗衣服。清洗时多将衣物放在平整的石头上用洗衣棒捶打，边捶边翻动衣物，挤出脏水，再放入水中清洗，反复几次，直至干净。

6-13◆洗车河

6-14◆联星

[$tɕ^hi^{21}ɕia^{35}$]"下棋"

土家族地区流行的棋类游戏主要有[$so^{55}pu^{55}xa^{21}$]"打三棋"、[$wũ^{55}pu^{55}za^{55}$]"五子飞"等。这些棋类的棋盘简单易画，棋子可信手拈来。闲暇之时，人们画上棋盘，捡来石子儿或木棍儿，就可杀上几盘。

[$so^{55}pu^{55}xa^{21}$]"打三棋"

一种棋类游戏。[$so^{55}pu^{55}$]即"三个"，[xa^{21}]即"打"。两人对弈，各执十二子，对弈分布子、动子两个阶段。无论哪一阶段都追求"打三"，即将三个子置于某一直线的交叉点上，每打一次三就可吃掉对方的一个子。一方仅剩两子无法"打三"时即为输。

6-15◆捞车

[$wũ^{55}pu^{55}za^{55}$]"五子飞"

一种棋类游戏。[$wũ^{55}pu^{55}$]即"五个"，[za^{55}]即"飞"。棋盘由四个画有"米"字形的方块组成。对弈时，棋子沿直线走，可进可退。在一条直线上用两个子夹住对方一个子就可将之拿掉，换上自己的子。将对方的子全拿掉的一方为赢家。

6-16◆联星

[tɕĩ^{55}mu^{21}suei^{53}xo^{53}t^{h}u^{53}]“金木水火土”

一种棋类游戏。棋盘如两个长方形交叉重叠而成的十字架。对弈时，双方各持四子。走棋时需念“金、木、水、火、土”的口诀。若对方某子正好落在“土”字的点上，就可把该子“吃”掉。将对方棋子吃完者为赢家。

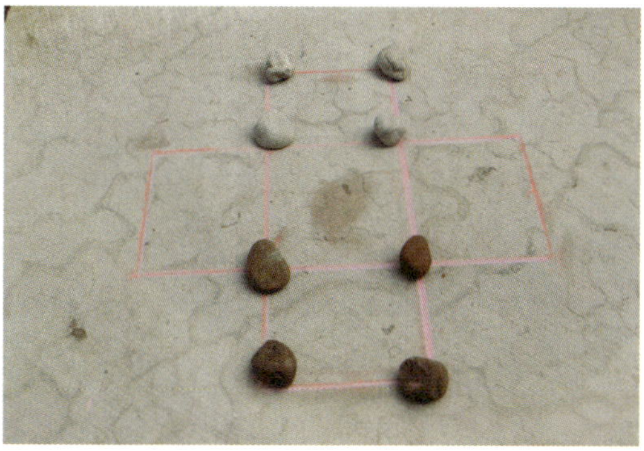

6-17◆联星

[sã^{35}ta^{55}zẽ^{21}xa^{21}]“打上大人”

当地流行的一种纸牌游戏。因牌面上有“上大人”等艺术化的汉字而得名。纸牌长约 9 厘米，宽 3 厘米。由可排列成“上大人（红）、丘乙巳（黑）、化三千（红）、七十士（黑）、尔小生（红）、八九子（黑）、佳作仁（红）、可知礼（黑）”等 8 句话 24 字组成，每字 4 张牌，共 96 张牌，故又称“96”牌。纸牌分素牌和荤牌，“上大人、丘乙巳、化三千”等 9 字的 36 张牌为荤牌，其余的 60 张为素牌。游戏时，以先“和”和“符”多者为赢家。“上大人”参打的人数较灵活，可四人，也可三人或两人。四人打的叫“四家飞”或“克十符”，三人的叫“三家硬”，两人的叫“打二十符”。

6-18◆联星

6-19◆石堤

6-20◆洗车河

[pã^{35}ko^{55}za^{21}pi^{55}pei^{53}]“老鹰抓小鸡”

儿童游戏。游戏为多人玩，一人扮老鹰，一人扮母鸡，其余的扮小鸡。游戏时，小鸡依次在母鸡后牵着衣襟排成一队，老鹰站在母鸡对面。母鸡要设法护住小鸡，老鹰则要设法抓住排在队伍末尾的小鸡，抓住了则开始下一轮游戏。

[p^{h}a^{35}p^{h}a^{55}la^{35}]“丢手绢”

传统儿童游戏。土家语直译为“丢帕帕”。

6-21◆洗车河

6-22◆亨章

6-24◆燎原

[sou^{53}tɕĩ^{21}pã^{55}] **"扳手劲"**

即掰腕子，是两人比赛臂力、腕力的游戏。比赛时多采用右手互握、胳膊肘着台面的姿势，将对方手腕扳倒在台面上者为胜。

[jiã^{55}tɕi^{21}k^{h}ei^{53}po^{21}ta^{53}k^{h}uã^{53}] **"斗鸡"**

两人或多人玩的儿童游戏。游戏时，向前盘起一条腿，并用双手抓住小腿或脚腕，然后用单脚一蹦一跳地去撞别人盘起的腿。冲撞中，盘起的腿落地者为输。

[kã^{35}tsɿ^{53}ti^{53}] **"抵杠"**

一种二人比臂力的游戏。游戏器械为一根长 1.5 米左右的竹杠。游戏时，双方将竹杠放在胯下，并用两手握住杠的一头。当裁判发出"开始"令后，各自用力向前推杠，重心产生偏差倒地或失去抗衡能力者为负。平时玩抵杠游戏时，杠也可以放在膝盖、腹部、肩窝等处。

6-23◆亨章

6-25◆燎原

6-26◆燎原

[lo^{21}t^{h}o^{21}xa^{21}]“打陀螺”

儿童游戏。陀螺上圆下尖，呈圆锥体，多用硬木做成。打陀螺需要一根鞭子，一般是用一根木棍绑上一把棕叶或棕绳做成。打陀螺时，先用鞭子上的棕绳将陀螺的上部一圈一圈地缠紧，然后微蹲并使劲拉绳放开陀螺，陀螺落地后便飞速转动，再用鞭子不停地抽打陀螺，陀螺就会不停地转动下去。一个陀螺可以一人打，也可两人合打，还可以两人各打一个陀螺进行比赛，比赛时让自己的陀螺转动并冲撞对方，撞停对方而自己的陀螺仍在转动者为胜。

[ɕiɛ^{53}tɕ^{h}iã^{55}tɕ^{h}iã^{55}kei^{21}ts^{h}ɿ^{35}]“滚铁环”

儿童游戏。用铁丝做一个圈，然后再做一个长柄的铁钩子，推着这个铁丝圈滚着走。要让铁环在铁钩子的管束下滚动起来有一定难度，需要一定的技巧。旧时，乡下孩子多滚藤圈，藤圈是用藤条扎就的环，大的藤圈直径近一米，玩法跟滚铁环相同。

6-29◆燎原

[ts^{h}a^{53}tso^{35}]“翻花绳”

一种二人玩的游戏。[ts^{h}a^{53}tso^{35}]是汉语词土家语的说法，本字为“捉叉”，当地汉语称“翻茶盘”。将一根绳子结成绳套，一人用双手手指将绳套编成一种花样，另一人用手指接过来，翻成另一种花样，相互交替编翻，直到一方不能再编翻下去为止。

6-27◆燎原

6-28◆石堤

[tsʰɿ^{21}zɿ^{53}]“嗤日”

一种类似“锤头剪刀布”的手法游戏。由二至三人玩。游戏时，参与者要一齐发出[tsʰɿ^{21}]的声音，并同时伸出一根手指。五根手指的名称在土家语中也可指称别的事物：[zo^{55}tsʰɿ^{55}]“大拇指”亦指土地公公，[za^{21}pa^{21}]“食指”亦指公鸡，[kã^{55}pʰei^{55}]“中指”亦指棍子，[tso^{35}kʰu^{55}]“无名指”亦指野猫豹猫，[tʰiɛ^{53}pʰei^{21}]“小指”亦指虫子。游戏按“土地公公管公鸡、棍子、野猫，公鸡啄虫子，棍子打野猫，野猫咬公鸡，虫子钻土地公公”等物物相克的规则决定胜负。

[tɕiɛ^{35}mi^{53}tʰi^{21}kʰu^{35}tʰu^{55}]“倒手指”

一种二人玩的手法游戏。游戏时，游戏双方须轮次弯曲自己的一根手指，以双方最后一根未弯曲的手指定输赢。如甲方剩的是食指，乙方剩的是小指，则甲方胜，因为土家语中食指亦指公鸡，小指亦指虫子，按游戏规则，公鸡是啄虫子的。

[ɣa^{21}pu^{21}li^{55}tso^{35}]“抓子”

传统儿童游戏，即拾子儿。至少需两人玩，玩具是五个小石子儿，基本玩法是将石子抛向空中，然后用同一只手去接（可用手背接，也可用手掌接，还可用半握拳的姿势接，用什么方式接石子儿需按游戏步骤进行），未接住时则算游戏失败，然后轮到另一人玩。

6-30◆洗车河

6-31◆洗车河

[k^{h}ã^{53}k^{h}ã^{21}p^{h}ai^{21}kei^{21}ts^{h}ɿ^{35}]“玩坎坎牌”

一种类似“拍洋画”的儿童游戏。坎坎牌是一种圆形的硬纸板，一面印有文字，另一面印有图案。游戏时，乙方将自己的一块坎坎牌放在地上，甲方手持自己的坎坎牌朝乙方的拍去，若甲方的坎坎牌落地后能掀翻乙方的，乙方的坎坎牌就归甲方所有。

[tɕĩ^{55}t^{h}iau^{35}]“跳皮筋儿”

[tɕĩ^{55}t^{h}iau^{35}]是汉语词土家语的说法，本字为“跳筋”。女童尤其喜爱这种游戏。游戏时，由两人拉着十来米长的橡皮筋的两端，其余的人则在皮筋的中间依次轮流地跳。可单人跳，也可双人跳，跳的时候也可边跳边念儿歌。跳的动作有固定的模式和套路，跳错步伐者出局。

6-34◆洗车河

6-32◆洗车河

[xuã^{55}pau^{55}xa^{21}]“打翻包”

儿童游戏。游戏规则与玩坎坎牌基本相同，只是拍打的是[pau^{55}]“包”。“包”是用废纸折成的有一定厚度的正方块。打翻包不仅需要力量和技巧，而且也很讲究折“包”，“包”的好坏往往影响到比赛的结果。

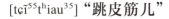

[za^{21}xa^{21}]“踢毽子”

当地汉语称“打鸡”，是一项20世纪开展得比较多的游戏。毽子土家语称为[za^{21}]“鸡”，以鸡毛毽为多，也有用纸或青草扎制的。踢法有盘路踢、拐踢、蹦踢等。踢时须用脚接住毽子，使毽子不落地。比赛一般按所踢数量的多少分胜负。

6-35◆洗车河

6-33◆捞车

[tsʰei^{21}ka^{53}su^{55}xa^{21}]“打水漂儿”

一种老少皆宜的游戏。游戏时，游戏者大致沿水平方向向水面投掷薄石子儿或瓦片，使之在水面上弹跳前进，最后落入水中。

[nia^{55}tsʰau^{53}sɿ^{21}kei^{21}tsʰɿ^{55}]“玩黏草籽”

一种四人玩的儿童游戏。游戏时，每人伸出一条腿，交叉盘成“井”字形，然后用另一条站立的腿进行顺时针绕圈单腿跳，边跳边念“黏草籽”的儿歌，儿歌念毕，四人同时蹲下，游戏结束。

6-37◆燎原

[kʰa^{21}tɕi^{55}tʰu^{55}]“踩高脚马”

高脚马由两根长度相同的木棍绑上踏板制成，踏板绑在木棍离地面高约 30 厘米处。踩高脚马时，双手握木棍，两脚踩在踏板上，靠手的力量一步一步地前进或后退。踩高脚马也可以用来比赛，有比速度的，也有比相互冲撞的力量的，后一种比赛以将对方撞下高脚马者为胜。

6-36◆燎原

6-38◆天桥

[kʰei^{35}ɕi^{21}] **“荡秋千”**

当地汉语称“打秋”。旧时过年过节时常荡秋千。秋千由三脚架、桡骨横木、篾缆、踏板等组成，多是临时扎就的。秋千可单人荡，也可双人荡。

6-43◆石堤

6-39◆洗车河

[tsʰɿ^{53}kʰei^{53}tʰa^{21}xuei^{55}tɕi^{55}] **“纸飞机”**

一种用纸张折叠的玩具飞机。

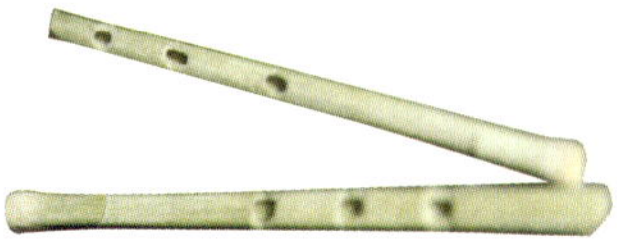

6-42◆石堤

[tũ^{21}tũ^{21}kʰuei^{55}] **“咚咚喹”**

土家传统单簧竖吹乐器。乐器由一节直径约 1 厘米，长约 15 厘米的小竹子制作，竹子上面凿有簧片和音孔（有三音孔的，也有四音孔的，音孔数目不同，所吹奏的音域有差异）。咚咚喹音质明亮、清脆，可吹奏出悠扬动听的曲调。

[tũ^{21}tũ^{21}kʰuei^{55}miɛ^{35}] **“吹咚咚喹”**

吹咚咚喹时，管身竖置，口含管首簧片，吹气鼓簧发声，用手指按压音孔，以形成旋律。咚咚喹有单管和双管吹奏形式，吹双管者，左右手各持一根咚咚喹，双管奏同一首曲牌。擅长吹奏者，可将打音、倚音、颤音、和声等技巧运用于曲调中。流行的传统曲牌有“咚咚喹”“巴列咚”“呆嘟哩”“乃哟乃”等。

[$k^ha^{21}p^hu^{21}t^ha^{55}mi\varepsilon^{55}$] “吹木叶”

吹树叶使之发出优美动听的曲调。吹木叶在土家族地区很流行，不论男女老少，随手摘一片树叶放在嘴上，就可以吹出优美动听的曲调。

6-41◆联星

6-40◆联星

[$t^h\tilde{a}^{21}k\tilde{u}^{55}$] “弹弓”

用弹力发射弹丸的弓。一般用树木的枝丫制作，呈“Y”形，“Y”的上端两头系上皮筋，皮筋中段系一包裹弹丸的皮块。弹弓威力与皮筋的拉力有关，皮筋拉力越大，其威力也就越大。

[$t\text{ɕ}ia^{53}xo^{53}xa^{21}$] “打溜子”

为打击乐合奏，由四人分持钹、马锣、大锣演奏。打溜子多用于民族节日、嫁娶、贺寿等喜庆场合。流行的传统曲牌有“八哥洗澡”“锦鸡出山”“喜鹊闹梅”“燕拍翅”等。

6-44◆联星

6-45◆灭贼

6-47◆里耶

[ɕiã^{53}tɕ^{h}i^{21}] “唢呐”

吹管乐器的一种，是吹打乐中的主要乐器。管身木制，呈圆锥形，上端装有带哨子的铜管，下端套着一个铜制的喇叭。唢呐适用性较广，既可以用于婚嫁、祝寿等喜庆场合，也可用于丧事场合。

[li^{53}jiɛ^{21}tau^{35}tɕ^{h}ĩ^{21}] “里耶道情”

流传于里耶一带的单口说唱形式。表演时，艺人左手抱鼓筒、执云板，右手敲击鼓筒并做手势。鼓筒比常见的渔鼓筒略小。旧时里耶道情仅在茶楼酒肆里演出，演唱内容多为话本故事。

6-46◆民安

[$\text{sã}^{55}\text{pã}^{35}\text{ku}^{53}$] “三棒鼓”

一种曲艺形式，又称 [$\text{xua}^{55}\text{ku}^{53}$]“花鼓”，主要流行于龙山县的北部。三棒鼓表演至少需三人，一人击鼓，一人打锣，一人抛刀耍棍。表演时，击鼓打锣者演唱，唱词一节四句，多为“五五七五”字句的结构。演唱多用当地汉语方言，也偶有用土家语的。三棒鼓道具简单，表演形式灵活，语言诙谐有趣，深受群众喜爱，常用于时事政治的宣传或红白事的“助兴”。

[$\text{lũ}^{55}\text{k}^{h}\text{u}^{55}\text{lo}^{55}\text{tɕ}^{h}\text{i}^{55}\text{tɕ}^{h}\text{i}^{21}$] “铜铃舞”

一种由梯玛做法事的动作发展而来的舞蹈。铜铃舞主要有两种形式，一种是由梯玛表演，如图 6-48。表演时，梯玛手握八宝铜铃，边摇铃边舞蹈，同时唱梯玛神歌，舞蹈动作有上马、骑马、踩十字、踩八卦、踩罡步等，属土家族宗教祭祀舞蹈。另一种则是群众性的文艺表演，如图 6-49。

6-49◆洗车河

6-48◆洗车河

6-50◆农车

6-51◆洗车河

6-52◆洗车河

[sei^{53}pa^{55}zɿ^{55}]“舍巴日”

土家族传统祭祀文化活动。当地汉语称“摆手”或“跳摆手舞”。舍巴日时，土家族主要以跳摆手舞和唱摆手歌的形式祭祀祖先和向祖先祈福。摆手有大小之分，[jiɛ^{21}t^{h}i^{55}xei^{55}]“大摆手”由数村或数乡联合举行，历时半月，表演者载歌载舞，主要祭祀八部大神；[sei^{53}pa^{55}zɿ^{55}]“小摆手”则在一个村寨里进行，时间为三至五天，表演者只舞不歌，主要祭祀土司土官。舞前要举行隆重的祭祀仪式；舞时，由一人或数人司鼓、敲锣，众男女则围成圆圈随锣鼓节奏舞蹈。摆手舞的动作主要取材于生产劳动、生活。其形式有单摆、双摆、回旋摆，最大特点是手与脚成顺向同时动作，俗称“甩同边手”。小摆手活动中还穿插表演“茅古斯”“打溜子”“咚咚喹”等。各地舍巴日举行的时间不一，有的在正月，也有的在三月或五月。

图 6-50 为农车镇“大摆手”众人进发摆手堂祭祀八部大神的场景。图 6-52 为洗车河镇舍巴日中千人共跳摆手舞的“大团摆”场景。

6-53◆里耶

[ts^{h}o^{55}kei^{55}lũ^{21}wu^{53}]“舞板凳龙”

一种流行于里耶、洗车河地区具有一定武术技艺的传统舞蹈形式。原始的板凳龙舞者拿家用长凳舞，现在舞者道具为三条腿的长凳，长凳上缚有稻草扎就的草龙。舞板凳龙可单凳独舞，也可多凳同舞，多凳同舞类似龙灯的舞法；有一人在“龙”前耍宝戏龙，众舞者扮龙头、龙身和龙尾。无论何种舞法都配以锣鼓，舞者须踩着锣鼓点子，按一定的程式表演。板凳龙多在舍巴日、春节等民俗节庆活动中表演。

[k^{h}a^{21}t^{h}a^{53}p^{h}a^{21}miɛ^{35}ts^{h}ɿ^{21}]“树皮号”

土家祭祀活动中使用的吹奏乐器。多用椿树皮制作。吹树皮号可发出浑厚昂扬的“呜呜”声，多用以营造庄重肃穆的气氛。

6-55◆洗车河

6-54◆石堤

[mau^{21}ku^{21}sɿ^{55}] “茅古斯”

又称 [p^{h}a^{21}p^{h}a^{55}kei^{21}ts^{h}ɿ^{35}] “玩故事” 或 [ku^{35}sɿ^{55}p^{h}a^{21}p^{h}a^{55}] “故事” 。通常在传统祭祀活动[sei^{53}pa^{55}zɿ^{55}]“舍巴日”时穿插进行。表演者身着棕片或稻草扎制的衣服，头上用棕叶或稻草扎辫，手执木棍，装扮成远古的人类，表演人类早期的渔猎、农事生产、生活等场景。茅古斯表演时，有人物，有简单的情节和场次，有对白，有舞蹈，对白全用土家语，动作古朴粗犷。茅古斯被学者誉为“中国原始戏剧的活化石”。

6-56◆洗车河

[tsʰei²¹la²¹pa²¹] **“水喇叭”**

祭祀活动中使用的吹奏乐器，用号筒杆的茎干制作而成。吹水喇叭能发出清脆的“呜呜”声，用以营造祭祀活动的气氛。

[wu³⁵kʰei⁵³miɛ³⁵] **“吹牛角”**

[wu³⁵kʰei⁵³]“牛角”是土家族祭祀和歌舞活动中使用的吹奏乐器。祭祀、梯玛法事、摆手舞、八宝铜铃舞中都要吹牛角。传统牛角吹奏曲牌有“高音唔哩”“低音唔哩”“快唔哩”“慢唔哩”等。用来吹奏的牛角为水牛角，声音低沉雄浑。

6-57◆双坪

[miɛ³⁵ko⁵⁵tsʰã³⁵] **“唱山歌”**

土家族喜欢唱山歌，到处都可听到人们吟唱山歌，或独唱，或对唱，唱现成的歌谣称为唱“冷歌”，即兴编唱的称为唱“热歌”。山歌内容涵盖了土家族社会生活的方方面面——生产生活、爱情、民俗仪式、历史传说、时事政治等。

6-58◆民

6-60◆联星

[zo^{53}ts^{h}ɿ^{21}t^{h}a^{21}] “土地堂”

敬奉土地神的地方。旧时土家族山寨均立有土地堂，土地堂大多很简陋，多是在村头寨尾田边地角，用三块石板搭成一小屋，里面供奉土地公公、土地婆婆神像。如今由众人捐资建造的就较为排场。土家族认为土地神是家庭、村寨的保护神，每月初一、十五，每遇逢年过节、杀猪宰羊、婚丧喜庆时，都须敬土地神。农历二月初二土地神生日时，祭祀更为隆重，家家户户都到土地堂前杀鸡血祭。

6-59◆联星

[zo^{53}ts^{h}ɿ^{21}] “土地菩萨”

又称 [t^{h}u^{53}ti^{21}p^{h}u^{21}sa^{21}]。土家族认为土地神有 [t^{h}u^{53}ti^{21}kũ^{55}kũ^{55}] “土地公公” 和 [t^{h}u^{53}ti^{21} p^{h}o^{21}p^{h}o^{21}] “土地婆婆” 两位。

6-61◆石堤

[$p^{h}o^{21}p^{h}o^{55}ma^{21}ma^{55}$] **“帕帕嫲嫲”**

土家族孩子的保护神，又称 [$p^{h}a^{21}p^{h}a^{55}ma^{21}ma^{55}$]，有的地方也称 [$ma^{21}ma^{55}$]。生孩子后要剪一张帕帕嫲嫲的纸像，贴在碗柜上方或置有火坑的屋子的墙壁上，以祈求她保佑孩子健康平安。小儿若有病痛，则要在神像前焚香烧纸敬帕帕嫲嫲。敬时，需将孩子的衣物放在旁边，再将截断的香和少许蜜蜂的巢脾放在瓦片上，用燃烧的火炭使冒烟即可。

[$ji\varepsilon^{21}ts^{h}o^{21}$] **“神堂”**

现多称“摆手堂”或“舍巴堂”，是敬奉祖先的地方。神堂供奉的对象分两类：一类是土家先祖八部大神，一类是彭公爵主、向老官人、田大好汉等土司土官。神堂里多有供奉对象的塑像，神堂外大多是宽敞的平地，供跳摆手舞用。

6-63◆捞

[niε^{21}ts^{h}o^{21}]“神龛”

又说成[tɕia^{53}ɕiã^{55}]“家先”。神龛设在堂屋正中，多数人家是在离地面两米处依墙壁设置一块长方形或半圆形的台板。台板用来搁置蜡台和香炉，台板上方贴有“家先”（一张大红纸，正中竖行书写“天地国亲师位”，左边书写“九天司命太乙府君”，右边书写“×氏堂上历代祖先”），台板下方正中贴有“安神大吉”，两边多贴有“金炉不断千年火”“玉盏长明万岁灯”的对联，横批是“祖德流芳”。旧时有钱人家的神龛多为神柜。

6-62◆洗车河

[p^{h}ũ^{21}kũ^{55}tɕiau^{35}tsu^{53}]“彭公爵主”

[t^{h}iã^{21}xau^{53}xã^{35}]“田好汉”

[ɕiã^{35}lau^{53}kuã^{55}zẽ^{21}]“向老官人”

三位均是土家族敬奉的祖先。图6-65正中人物塑像为彭公爵主，其右侧的为田好汉，左侧的为向老官人。彭公爵主指土司王彭士愁五代时溪州太史，子孙为永顺、保靖土司，统领湘西八百年，向老官人是其文官，田好汉是其武官。

6-65◆联星

[pa^{21}pu^{35}ta^{35}sẽ^{21}]“八部大神”

土家族男性祖先神。又称[pa^{21}pu^{35}ta^{35}wuã^{21}]“八部大王”。相传八部大神是一母所生的兄弟八人，因他们在开拓湘西蛮荒之地时，建有功业而为后世子孙所祭。旧时，祭祀八部大神极为隆重，男女老少均着盛装，捶牛杀猪，血祭神灵。图6-64为农车镇摆手堂八部神殿里敬奉的八部大神，据说是排行第三的八部大神及其夫人。

6-64◆农车

6-66◆内溪

[miau^{35}] **“庙”**

指祭祀祖先的地方，如八部大王神庙，也指佛教场所。龙山县境内的佛教场所大多叫“寺”，而土家族一般都说成“庙”。

[ɕiã^{55}lũ^{21}po^{35}po^{55}] **“香炉”**

焚香的器具。用木头、陶瓷、金属等制作。香炉的形状没有统一的模式，一般人家的多为小铁罐、竹罐，寺庙里的多为长方形或圆形，四足或三足。

[t^{h}i^{55}ma^{53}] **“梯玛”**

从事原始宗教文化活动的巫师。[t^{h}i^{55}] 是“敬”的意思，[ma^{53}] 是词缀，指从事某活动的人。[t^{h}i^{55}ma^{53}] 直译为“敬神的人”，当地汉语称为“土老司”。旧时，梯玛掌管村寨的祭祀、还愿、求子、解难、治病、丧葬等活动，现在一些偏僻的山寨梯玛仍很活跃。图 6-70 为梯玛（非物质文化传承人）在演唱《土家族梯玛歌》。

6-69◆民主

6-70◆双坪

6-67◆桥上

6-68◆桥上

[pa^{35}pu^{55}ta^{35}sẽ^{21}miau^{35}] “八部大神庙”

祭祀八部大王的庙宇。龙山县里耶镇桥上村的八部大神庙里敬奉的对象有八部大神，也有彭公爵主、向老官人和田好汉，还有白虎和白马。

[sɿ^{35}tau^{35}] “司刀”

梯玛法器，是一个有柄的直径约 20 厘米的铁圈。圆圈上串有 12 枚小钱，摇动时，小钱“沙沙”作响。

6-71◆双坪

[ts^{h}ã^{21}tau^{55}] “长刀”

梯玛法器。铁制，呈长条形，无锋刃，有木柄，柄上系有缨。长刀多在起堂、祭坛、驱邪时使用。

6-72◆双坪

[lũ^{55}k^{h}o^{55}li^{55}] “八宝铜铃”

梯玛法器。虽名为八宝铜铃，但实际只有六颗铜铃：木柄的两端各系有三个鸡蛋大小的铜铃。木柄的一端刻有马头形木雕，上面系有五色布条。抖动铜铃，可“叮当”作响。

6-73◆双坪

6-74◆双坪

[$\mathrm{k^{h}o^{53}ts^{h}ɿ^{21}}$] “卦”

即珓，梯玛问卜用的法器。卦有大小两种：[$\mathrm{k^{h}o^{53}ts^{h}ɿ^{21}t^{h}au^{35}pa^{55}}$]“大卦”长七八寸，是将楠竹兜从中剖成两块而成的；[$\mathrm{k^{h}o^{53}ts^{h}ɿ^{21}pi^{35}pi^{55}}$]“小卦”宽约二指，长约三四寸，用竹兜或牛角制成。梯玛多场法事都须用卦来占卜，两块卦的竹心面均朝下的为阴卦，均朝上的为阳卦，这两种都称为逆卦，一上一下的则为顺卦，又称为福卦。出现顺卦意味着大吉大利。

[$\mathrm{xu^{21}}$] “符”

道士或梯玛画的一种图形或线条（有的夹有汉字）。旧称能驱鬼辟邪。

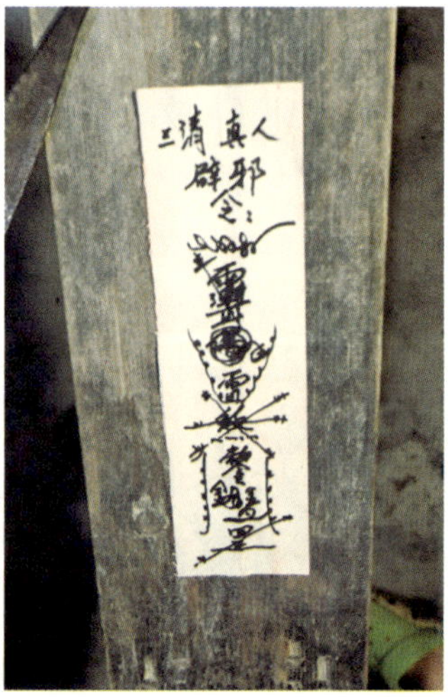

6-76◆伴住

6-75◆双坪

[$\mathrm{jiɛ^{21}p^{h}i^{21}}$] “梯玛神图”

梯玛做法事时的挂图，上面描画的是梯玛法事所祭祀的神系。梯玛神图分为大神图和小神图两种，大神图上绘有 132 个神像，小神图上绘有 55 个神像。神图反映了土家族的多神信仰。

[$\mathrm{t^{h}uẽ^{55}k^{h}ou^{53}}$] “吞口”

挂在门楣上用于驱邪镇魔的木雕。木雕似兽非兽，似人非人，最大的特点是嘴大面凶。

6-79◆捞车

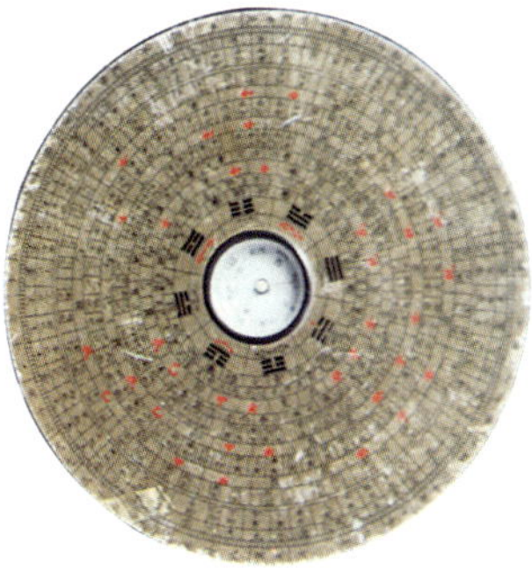

6-77◆灭贼

[lo²¹pʰã²¹] **“罗盘”**

风水先生或道士先生的操作工具，其基本作用是定向。罗盘由画有方位刻度的圆盘和装在中间的磁针构成，天上的星宿、地上以五行为代表的万事万物、天干地支等，在罗盘上都有显示。操作者通过磁针的转动，寻找最适合特定人或事的方位或时间。

6-78◆街上

[pa²¹kua³⁵tʰu²¹] **“八卦图”**

一般挂在门楣上方，据说有化解煞气的作用。

[tɕiã³⁵tsʰou⁵⁵] **“抽箭”**

用来治疗急性腹疼的一种土办法。具体做法是，将一把筷子或小木棍顶住腹部疼痛处，而后用口将筷子或小木棍一根根地慢慢抽出，放在一旁，抽完后，抽箭者还须用双手做捧物扔掉状，以示病痛随之祛除。

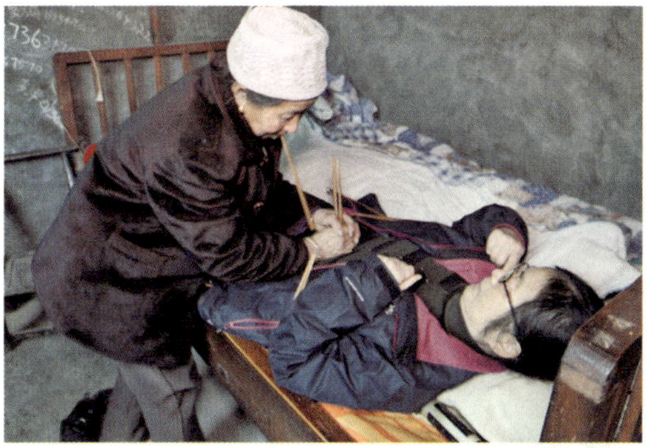

6-81◆石堤

[tɕiɛ³⁵xa²¹] **“打手”**

民间认为，根据事情发生的时间、地点用掐手指的方法可推算事件发展的趋势和结果。过去这种方法在湘西土家族地区使用得较为普遍，人们常以之推算丢失物品的去向。

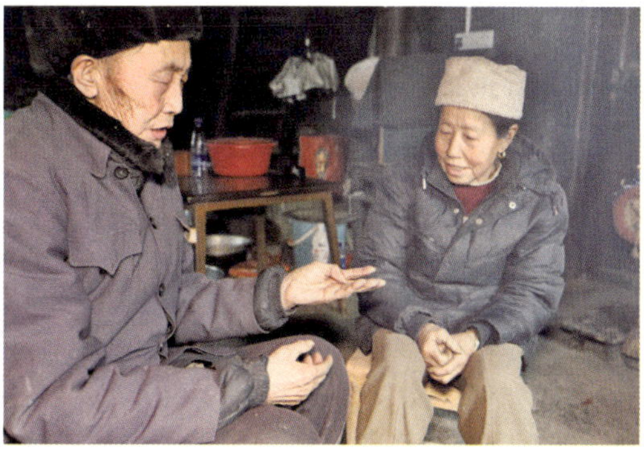

6-80◆石堤

柒·婚育丧葬

改土归流之前，土家族婚姻较为自由，青年男女以歌为媒，自由恋爱，父母同意就可以结婚。改土归流之后，土家族婚姻受汉文化影响较大，以遵父母之命、媒妁之言的婚姻形式居多。旧时盛行姑舅表亲通婚，也有开“扁担亲”的，还有“坐床兄亡弟收嫂，弟亡兄收弟媳”的习俗。

传统的土家族婚姻大致有 [tso^{53}sɿ^{55}liɛ^{21}]“问亲提亲”、[tso^{53}ni^{21}zẽ^{35}]“认亲”、[tso^{53}a^{21}]“娶亲”等程序。问亲一般需男方登三次女方家门，以显示对女方家的尊重。当女方同意婚事后，男方要带猪肉、酒、布等礼物到女方家认亲，拜见女方家的长辈亲戚。娶亲前，男方家要向女家 [sɿ^{21}xou^{21}pa^{21}tsɿ^{21}ko^{35}]“讨（女方的）生辰八字”，请先生看日子。新娘出嫁前两天为过礼日，这天男方家要给女方家送礼物，主要是酒和肉，出嫁前一天是戴花日，为女方家的正酒，亲友要为新娘戴花贺喜。男方下午发轿迎娶，当迎亲队伍进女方院子时，女方家多有“拦门”习俗，男方需经礼官一番“舌战”后方可进女方家。第二天，新娘着大红露水衣、露水鞋，胸佩铜镜，哭别祖宗、父母等，由胞兄（弟）背上轿（有的地方由 [tso^{53}jiɛ^{21}ma^{53}]“拖亲的人”拉上轿）。花轿至男家时，有人“拦轿隔煞”。新娘下轿后要从七星灯一托盘内置有七块豆腐，豆腐上点有蜡烛，并用筛子覆盖或火盆上跨过。而后进堂屋

拜堂。入夜有闹洞房的习俗，主要是以 [ko^{55}lo^{55}tɕi^{55}li^{21}] “讲锅罗句说韵文” 的形式向新娘讨要礼物。婚后三天新郎新娘 “回门” 。

女子孕育也有特定的习俗。家有孕妇，忌在家中动土、敲壁、挪动家具等，以免动胎气；旧时婚后多年不孕者，多请梯玛做法事求子，也有敬观音菩萨求子的；怀胎逾期不生时，需回娘家吃一顿饭，以求催生。孩子出生后，婴儿父亲要抱一只鸡去孩子外婆家报信，生男孩抱雄鸡，生女孩则抱母鸡；[sɿ^{55}li^{55}wũ^{21}ma^{21}] “产妇” 在月子里的忌讳较多，忌梳头、洗澡，忌吃白菜、鸭蛋、鸡头、鸡翅及酸辣的东西等；孩子出生后十天，外婆及亲友带糖馓、鸡、蛋、摇窝等物品去 [sɿ^{55}li^{55}pa^{53}] “看月看望产妇和婴儿，以示祝贺”，有的则是孩子满月的时候去探望，婆家 [la^{53}sɿ^{53}xa^{21}] “斟满月酒” 以示感谢。旧时，土家族有 [pei^{35}zɿ^{55}jiɛ^{55}] “躲百日” 的习俗，即孩子满百日的那天不能抱出门。

土家族重厚葬。境况稍好的，一般满六十岁就要置办寿木、寿衣，修坟墓。老人过世后，一般停棺七日，多做法事。有请土家梯玛做 [sũ^{35}mu^{55}tʰo^{53}] “宋姆妥治丧法事” 的，也有请道士做道场的。新亡人在社日祭奠，祭满三个社日后，改为清明祭奠。

一 婚事

7-2◆里耶

[tso^{53}sɿ^{53}liɛ^{21}]“问亲”

提亲。土家语 [tso^{53}] 即“亲”，指亲事。[sɿ^{53}liɛ^{21}] 即“问”，这里有说的意思。旧时媒人提亲，多拿一把红色油纸伞，登门三次。伞是提亲的信物：第一次登女方家门时，媒人将伞倒立于大门口，若女方将伞顺过来放，就意味着不拒绝提亲；第二次登门时，媒人将伞置于堂屋内火铺门口，若女方将之移放在火铺上，意味着亲事已得到女方家的应允；第三次登门时，媒人将伞放在火铺内房间的门口，若未遭拒绝，就意味着提亲之事将大功告成。

[mei^{21}zẽ^{21}]“媒人”

男女婚事的撮合者。媒人不仅要能说会道，而且必须品行良好，且自身要婚姻美满、儿女双全。媒人有男有女，男的称媒公，女的称媒婆。迎娶新娘时，媒人多拿着把红雨伞走在迎亲队伍的前面。

7-1◆燎原

[$s\tilde{a}^{55}ts^{h}a^{21}lu^{35}li^{53}$] “三茶六礼”

男方娶亲时送给女方的红包，包括给女方办喜宴的菜、饭、茶三厨的红包和由女方送给轿夫及 [$mi^{53}p^{h}a^{53}xa^{21}ma^{21}$] “打喜把者娶亲队伍前面打火把的人”的红包。送三茶六礼时，茶盘里往往还有别的礼物。

7-3◆燎原

[$t\c{c}ia^{35}li\tilde{a}^{21}$] “嫁奁”

嫁妆，女子出嫁时，从娘家带到夫家去的衣被、家具及其他用品。旧时的嫁妆主要有被子衣服、家具等。被子少则 4 床，多则 12 床，主被由女方家制作，其余的由女方亲戚 [$ta^{55}xua^{55}$] “打发送”。女方家只需准备棉絮和被面，被里则由男方家准备。衣服由男方家送来上衣的布料，女方家备裤子布料，请裁缝到家里缝制。木制家具由男方家出工钱和材料钱，打制的器物主要有衣柜、米柜、碗柜、桌椅板凳、洗脸架等，漆大红色。有的还陪嫁农具，富裕的人家有陪嫁田地的。如今嫁妆主要是被子、电器及一些日常用具，家具多由男方家准备。将全部嫁妆在戴花日摆放在女方家屋外街檐廊子上，谓之“亮妆”，就是借汉语的 [$li\tilde{a}^{35}tsu\tilde{a}^{55}$]。

[$t^{h}a^{55}ti\varepsilon^{55}ni\varepsilon^{21}ts\eta^{35}$] “哭嫁”

土家族传统婚嫁习俗，为新娘出嫁前举行的哭唱仪式活动。哭嫁一般从新娘出嫁前的半个月或一个月开始，有的甚至更早。开始多是断断续续的。出嫁的前一天晚上至上轿时，哭嫁达到高潮。哭唱的内容主要是准新娘感谢父母养育之恩、哥嫂弟妹的手足之情、少女时代即将逝去的悲伤和新生活来临前的不安等，亲友多是劝慰或训导。哭述之词均以歌的形式表达。现在女子出嫁一般不再哭嫁，哭嫁多存于民俗表演中。

7-4◆燎原

7-5◆燎原

7-6◆里耶

[tso^{53}a^{21}]“娶亲”

赴女方家迎娶新娘。迎娶新娘的队伍浩浩荡荡，一般有媒人、礼官、[ɛ^{35}ka^{55}]“二嘎端礼品的人”、抬花轿的、打喜把的、乐队、迎娶嫁妆的等。有的地方新郎要亲自去迎亲，有的地方新郎则不去，由 [mo^{55}mi^{55}]“摸米多为新郎的弟弟”代表。

[tu^{53}tsɿ^{55}k^{h}ei^{53}]“抬轿子”

抬花轿。花轿有四人抬的，也有八人抬的。旧时，交通不便，新娘多由花轿抬至新郎家。有的地方流行颠轿，即轿夫有意摇晃或颠簸轿子，使新娘坐立不安。现在迎娶新娘多用轿车，也有新娘选择坐花轿，以亲身体验传统婚姻习俗。

7-8◆燎原

7-7◆燎原

[$mi^{53}p^ha^{53}$] "喜把"

迎亲时拿的火把。按照习俗，迎娶新娘的队伍中需有两人拿喜把，两人提马灯，走在队伍的最前面。以前土家族娶亲，都是在天亮之前出发的，因而需打火把和马灯照明。现在娶亲，多数不是在天亮之前进行，也有在天亮之后进行的，但不论是在天亮之前还是天亮之后，喜把和马灯都成为娶亲必备的物件。

[$t^hai^{21}xo^{21}$] "抬盒"

迎亲时用来抬礼品的盒子，木制，有提梁。

7-9◆里耶

7-10◆燎原

7-11◆燎原

[lã^{21}mẽ^{21}]“拦门”

土家族婚俗，当男方迎娶的花轿到达女方家时，女方家摆放一张大桌子拦住娶亲的队伍，又称 [tso^{53}a^{21}ma^{21}tʰu^{21}]。大桌子上放有大红蜡烛一对，酒一壶、酒杯两个。男方礼官要迎上前，与女方的 [tso^{53}a^{21}ma^{21}tʰu^{21}ma^{21}]“拦门先生”互相道喜，烧香奠酒，而后互相盘问，问答均为吟诵的形式，语言风趣诙谐、押韵上口。其主要内容有“请接轿”“赞礼官”“盘古”“盘三茶六礼”等。拦门的规矩是盘问时应答不上的一方罚喝酒，最终若礼官输，须从桌下钻过，若拦门先生输，则搬开桌子让路。不过一般都是双方盘答应对尽兴而止，握手言欢，女家搬开桌子请迎娶的队伍进门。

[lu^{35}suei^{53}ji^{55}]“露水衣”

旧时土家族新娘的嫁衣，为红色低领的大襟衫，夹层，缀铜纽扣。出嫁时，头戴露水帕，上穿露水衣，下着红色曳地绣花露水裙，胸前饰银链和铜镜。据说如此穿戴具有辟邪驱鬼的作用。

7-12◆里耶

[mũ^{35}pʰa^{55}tʰiɛ^{55}]“戴盖头”

出嫁前将一块四方形红绸盖在头上。[mũ^{35}pʰa^{55}]“蒙帕”为当地汉语的说法，也称 [lu^{35}suei^{53}pʰa^{35}]“露水帕”，据说帕子起辟邪和遮羞作用。盖头在新娘即将离开娘家时戴上，入洞房后由新郎揭开。

7-13◆燎原

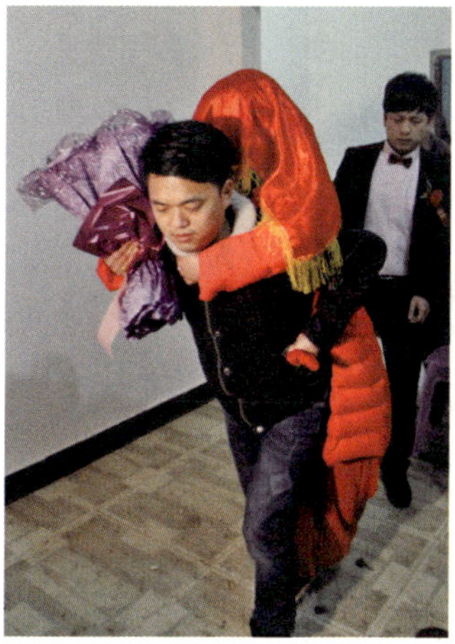

7-14◆燎原

[ɕĩ^{55}ku^{55}niã^{55}wo^{55}] **“背新娘”**

出嫁日将新娘从闺房背上花轿。传统的做法是：发轿之前，新娘穿戴完毕由新娘的兄弟将新娘背出闺房，放在堂屋的一个筛子上，待新娘跪拜告辞祖宗后，向身前身后各撒一把象征夫家娘家兴旺发达的筷子，再由兄弟背上花轿。背新娘时，兄弟手抓兜住新娘的背亲带，而不是用手直接接触新娘身体。背亲带为红色宽布带，一般为男方家所送。

[tou^{55}tsɿ^{55}ku^{21}] **“上轿”**

新娘由 [tso^{53}jiɛ^{21}ma^{53}]“拖亲的人”拉上轿。旧时，新娘入轿前还有用双脚蹬轿杆或踢轿子三脚的习俗，以示自己不愿出嫁，不舍得离开家人。

7-16◆燎原

7-15◆燎原

[ts^{h}o^{21}ɕiɛ^{35}a^{35}li^{55}] **“换鞋”**

新娘上花轿前在家门口换上新鞋，有不带走娘家泥土的意思。

[sa^{35}tɕ^{h}i^{55}kei^{35}] **“隔煞”**

当喜轿到达新郎家门口时，轿门不能马上打开，要举行隔煞仪式：由做法事的先生手捉一只雄鸡，咬断鸡冠，用鸡冠血涂于轿门，画上一个中间带“井”字的符号，并绕轿一周。有的则直接杀一只雄鸡，用鸡血淋于轿的四周。有的地方发轿前也要隔煞。当地民间认为，隔煞是因为新娘身上带有煞气，要通过法事才能祛除。

7-17◆燎原

7-18◆燎原

[sɿ^{35}ŋã^{53}kei^{35}] “隔四眼”

“四眼”指孕妇（因孕妇和腹里的胎儿共有四只眼睛，故称）。当地人认为，孕妇参与婚庆喜事会不吉利，但有身孕的人早期是不能一眼就看出来的，所以要想办法将四眼所带来的污秽、邪魅等不吉利的东西隔掉。具体做法是在男方家大门上方正中挂一个粗筛子，筛子上罩一块“盖裙”。当地民间认为，筛子有上百个眼，对四眼有威慑力。

[ku^{35}wo^{55}] “洗脸”

新娘入洞房后，夫妻共洗“和气脸”。洗脸后，水不倒掉，而是端到堂屋里，让家人洗个遍，以期全家和和睦睦。

7-19◆里耶

[mi^{53}p^{h}ũ^{21}a^{35}tsa^{55}] “跨火盆”

喜轿迎至男方家院子时，新娘下轿后要从烧有炭火的火盆上跨过，意味着烧去一切邪恶和不吉利的东西。有的地方新娘跨火盆后还要接着跨马鞍，有祈愿新娘一生平安的意思。

[xũ^{21}xuei^{35}] “红会”

结婚之日所摆的酒宴。当地农村一般都是在家置办酒席，因客人多场地窄，主人大多开“流水席”，来喝喜酒者可落座在任何宴桌空位，主人则一轮一轮地上菜开席。

7-22◆燎原

7-23◆燎原

7-20◆燎原

[pai^{35}t^{h}ã^{21}] "拜堂"

在堂屋里的神桌前进行的婚礼程序，多为一拜天地，二拜高堂，三为夫妻对拜。

[ts^{h}o^{21}ɕiɛ^{21}liɛ^{35}] "送鞋"

新娘从娘家带来鞋子送给男方长辈做见面礼。送鞋一般在结婚的当天。旧时，新娘多是挨家挨户地去拜访男方长辈，并送上自己亲手做的布鞋，长辈们接受新娘的礼物时，须给新娘打发钱物。现在，男方家多是将接受鞋的亲戚集中起来，举行较隆重的送鞋仪式，而布鞋也不再是亲手做的，多为商店购买的。

7-21◆燎原

[niɛ^{35}p^{h}u^{55}kẽ^{55}t^{h}u^{55}xa^{21}] "滚喜床"

在娶亲的当日，喜床铺好但新娘还未入洞房之前，找一个健康、聪明的小男孩儿在喜床上打几个滚，据说这样做能让新人生儿子。

[xuei^{21}mẽ^{21}] "回门"

新婚夫妇一起到女方家拜见父母、亲友等的活动。回门的时间大多是新婚后的第三天（各地时间不一，也有新婚后第二天回门的，不过最迟不能超过一个月内），当天去，当天回。回门时需带上猪腿、糖果、被子等礼物。

7-24◆燎原

7-25◆燎原

7-26◆双坪

[t^{h}i^{55}ma^{53}zɿ^{55}]“做梯玛”

夫妻婚后多年没有生育，当地人有请梯玛 [ta^{53}pã^{21}]“打扮施法术”的习俗。具体做法是 [pa^{55}pa^{55}pi^{35}ko^{53}]“讨伢粑粑”，即讨要梯玛做菩萨法事时充当敬神祭品的 [pa^{55}pa^{55}pi^{35}]“伢粑粑用糯米糍粑揉捏成的小人儿”，讨回后夫妻俩躲在房间里分食，据说吃后可以增强生育能力。同时，梯玛还会让其煎服一味叫“儿多母苦学名百部”的草药，据说这样就可以怀孕生子了。

[za^{21}wo^{53}ɣɨ^{21}]“报喜”

将婴儿出生的喜讯告诉给岳父母，又称 [ɕĩ^{35}tsei^{35}]“报信”。一般是在婴儿出生的第二天清早，婴儿的父亲抱着一只鸡去岳父母家报喜。抱的鸡有讲究：生男孩，抱公鸡；生女孩，抱母鸡。

[ts^{h}ei^{21}tsa^{53}]“洗澡”

给婴儿沐浴。旧时土家族地区有“洗三朝”的习俗。“三朝”指婴儿出生的第三日。洗三朝多由外婆主持。洗三朝时，堂屋大门上要挂米筛、桃树叶等，据说是为了驱逐鬼魅；用枫叶、寸金草、九里光等草药煎制汤水，外婆还要将铜钱、莲子、枣子、花生等放入澡盆中，意为“添盆”，以期女儿家孩子接踵而至。现多数人家都不做“洗三朝”的仪式，但会天天给婴儿洗澡。

7-28◆燎原

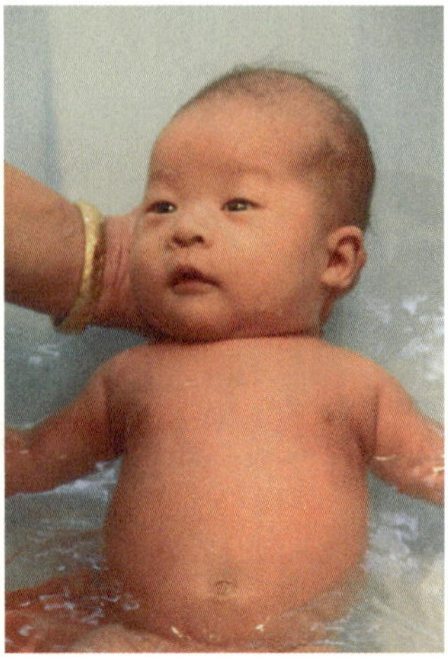

7-29◆燎原

7-27◆燎原

[$su^{35}mu^{55}tsei^{35}$] **“告祖”**

婴儿平安出生后，家人要举行简单的告祖仪式。在堂屋里的神龛供桌上摆上祭品，焚香、烧纸、祭拜，告慰祖宗自己已有后人了。

[$la^{53}sɿ^{53}xa^{21}$] **“斟满月酒”**

小孩满月时摆酒宴，庆贺婴儿出生。斟满月酒的当天，婴儿的外公外婆、舅父舅母等亲戚挑着大米、鸡、蛋、[$sa^{55}mi^{55}$]“馓米”、衣物、摇窝摇篮、布匹等礼物前来祝贺，主家的亲朋好友也送礼祝贺。主家多备甜酒红蛋感谢来客。

7-30◆燎原

7-31◆燎原

[tsʰei^{21}mũ^{35}tʰa^{21}mĩ^{21}tsɿ^{35}ɣa^{21}] “水井边取名字”

满月的当天，父母要背着婴儿去井边让人给孩子起名字。出行时，要拿一个点着的火把，端上馓米和红蛋，当遇见年纪较大、老成稳重的人时就请其给孩子取名。取名后，将馓米和红蛋送给赐名人吃，算是答谢。

[kʰa^{55}tʰi^{55}kʰei^{55}xua^{35}] “画额头”

母亲带刚满月的婴儿去外婆家时，要用锅烟灰在其额头画个“十”字，据说这样能避邪。出行时，母亲手里还要拿一条点燃的、用布片搓成的火绳，寓意有火给孩子引路、做伴。据说，婴儿额头画“十”字出行源于土家族害怕白虎作祟的心理，而额头画的“十”字是打虎匠的标志，白虎见后就不敢靠近。

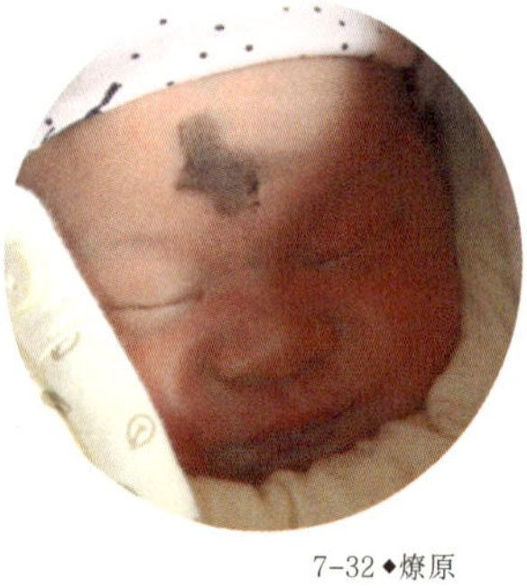

7-32◆燎原

[tsua^{21}ko^{55}pi^{55}lũ^{53}po^{21}] “留囟门头发”

土家族有剃胎头的习俗，多在婴儿满百日时进行。剃胎头时，囟门上的头发不剃，要留着，一直到 3-4 岁后方才能剃。

7-33◆农车

7-34◆联星

7-35◆联星

[tɕi^{35}pai^{35}] “寄拜”

幼童认他人或物为义父母，以便养育成人。寄拜多因幼童身体较弱，不好养育。寄拜一般要先请 [p^{h}o^{35}ka^{55}] “先生” 或 “梯玛” 推算孩子阴阳五行是否齐全，然后确定寄拜于人或物，通常的寄拜物有岩石、古树、水井等。寄拜于人的要选礼物给义父母，并请义父母赐名；寄拜于物的则要带祭品到寄拜物处焚香烧纸，并给寄拜物披红，然后给幼童取一个与寄拜物相关的名字，若日后另取学名，则须在学名中加一个与寄拜物相对应的偏旁。

[t^{h}ã^{55}tɕiã^{35}pei^{55}] “挡箭碑”

一块高约 60 厘米，宽约 40 厘米的长方形石板，又叫 [tsɿ^{53}lu^{35}pei^{55}] “指路碑” 。石板上方横向刻有“挡箭碑”或“指路碑”三字，纵向中间刻有笔画较粗的“开弓断弦”四字，两边刻有“上（左）走某处，下（右）走某处”等指明方向的文字。立挡箭碑多与孩子患病有关——当小孩出现莫名其妙的疼痛时，民间多认为是中了“阴箭”，即阴间的鬼魂射向人间的“箭”，要请梯玛化解。梯玛根据小孩病情，先用“移阴箭”的法术拔出阴箭，然后让孩子父母在三岔路口立一块挡箭碑，以防阴箭再次射来。立挡箭碑于岔路口，既可挡“阴箭”，也可为行人指明方向，含有行善积德的意思。

7-36◆捞车

[sẽ^{55}zɿ^{21}xo^{35}] “贺生日”

祝寿。若父母健在，即使儿孙满堂也不操办寿庆。父母去世后，满六十岁以后每十年操办一次寿庆。家境殷实的会宴请亲朋好友，并请乐队、花鼓等助兴。亲友们送寿礼，旧时还流行女婿家送寿匾。

7-37◆石堤

[se^{35}pʰu^{55}] "寿服"

逝者入殓时穿戴的衣物，包括 [tsuã^{55}lau^{55}sɿ^{55}pa^{55}]"寿衣（为长衫）"、[tsuã^{55}lau^{55}tɕiɛ^{35}tsu^{55}]"寿帕"、[tsu^{55}lau^{55}tsʰo^{21}ɕiɛ^{35}]"寿鞋"、[tsuã^{55}lau^{55}wua^{35}tsɿ^{55}]"寿袜"、[tsuã^{55}lau^{55}tsẽ^{55}tʰu^{21}]"寿枕"、[sou^{35}pi^{55}]"寿被"等。男女寿服在颜色和寿被的图案上有所区别：女性的为红色，男性的为黑色；男性寿被图案为龙，女性的为凤。给亡者穿寿服时，寿服外还须系一腰带，腰带为黑线做成，系多少根则根据亡者年龄而定（一岁一根线）。

[sã^{55}tʰã^{21}] "丧堂"

即灵堂，指停放灵柩供人悼唁的场所，乡下人多设在自家堂屋里。灵柩顺房屋进深方向搁置在两张长凳上，下面点有两盏长明灯，前面摆一祭桌，呈放遗像、灵位、香炉、烛台、祭品等，桌前置丧盆一个，供焚烧纸钱用。丧堂上方正中悬挂用白纸（高寿而亡故的老人也可用红纸）书写的"当大事"条幅，灵堂两边贴巨幅挽联。若是请道士做道场的话，须把所做道场的内容依次悬挂于"当大事"条幅的两旁。

7-38◆万龙

7-39◆万龙

[sã^{55}t^{h}ã^{21}k^{h}a^{55}] **“守丧堂”**

在灵堂里守夜。高寿老人的丧事在土家族看来是属于“白喜”，灵堂的气氛较为活跃，守丧堂时亲朋好友可以聚在一起聊天，也可以进行打牌、打麻将等娱乐活动。

[p^{h}ei^{55}ma^{21}tai^{35}ɕiau^{35}] **“披麻戴孝”**

治丧时，孝子披麻戴孝一般是从头往下披戴一块长长的白布（意为孝衣），并在腰间用麻系之。孙子辈（包括重孙）只是头戴白布孝帕，为区别辈分，孙辈的孝帕上缀红色布条，重孙辈的缀绿色布条。参与悼念的晚辈亲朋好友一般戴白布孝帕。

7-40◆万龙

7-41◆民主

7-42◆万龙

[k^{h}a^{21}k^{h}ã^{53}ts^{h}ɿ^{21}] **“棺罩”**

用来遮蔽灵柩的罩形纸扎棺罩，又称[k^{h}a^{21}tsau^{35}tsɿ^{55}]。多以竹篾作架，外面用纸裱糊，上面饰以花纹图案，亡者为男性的，罩顶扎白鹤一只，女性则扎莲花一朵。

[lẽ^{21}wu^{35}] **“灵屋”**

供亡者灵魂居住的屋子，用竹篾和彩纸制成。扎制时，先将竹篾捆扎成房屋构架，再糊上彩纸。灵屋只是治丧时用，出殡后就连同亡者生前的衣物一起烧掉。人们认为灵屋是亡者在阴间居住的房子，故灵屋多制作得较为精美。

[t^{h}ai^{21}sã^{21}xuã^{35}] **“抬丧饭”**

大葬日置办的丧宴。埋葬亡者的前一天称大葬日，丧家在这一天办正式的宴席，以感谢前来吊唁的亲朋好友及帮忙操办丧事的人。

7-45◆万龙

7-43◆万龙

[xo^{21}lo^{21}sã^{53}] “活络伞”

形状似华盖的纸扎祭奠物品。制作时，先将竹篾扎成伞的构架，然后糊上白纸，画上花纹图案。活络伞一般是出阁的女子送给亡故的父亲或母亲的祭奠物品，亡者家中有几个女儿就要准备几把活络伞。湘西农村“文革”前办丧事时纸扎祭奠物只用活络伞，不送花圈，现在两种都流行。

[t^{h}ã^{21}ko^{21}ts^{h}ã^{35}] “唱丧堂歌”

当地汉语称“唱孝歌”，多在大葬夜的后半夜进行。有单唱、对唱等形式。歌手唱丧堂歌时多是边唱边击鼓。传统丧堂歌的内容多是固定的，有送亡歌、二十四孝歌、十月怀胎歌等。

7-46◆万龙

7-44◆万龙

[sã^{55}ɕiã^{55}li^{53}] “三香礼”

亲友送给丧家的祭礼。一般要有猪头、公鸡、鱼三种东西，找不到鱼时可用纸剪条鱼来替代。旧时，出嫁的女儿还有做[tsɿ^{53}zo^{35}tɕi^{35}]“猪羊祭”的，即送宰杀好的整猪整羊。

[k^{h}a^{21}jiɛ^{21}lo^{21}mo^{21}tsuã^{35}tsuã^{55}xa^{21}] “打绕棺”

广义的打绕棺指道士做法事，狭义的仅指道士所做法事中的“绕棺”这一程序。绕棺时道士在前，孝子在后，众人沿着灵柩绕行。

7-47◆万龙

7-48◆万龙

[kʰa^{21}kʰei^{53}] **“抬棺”**

指出殡时抬棺材去墓地，抬棺一般为16人。

[tɕĩ^{53}lo^{53}] **“热墓穴”**

土家族说的汉语称“热井”。[lo^{53}] 即烧。将纸钱（旧时用芝麻秸秆）铺放在墓穴里焚烧，把墓穴烧热。

7-50◆万龙

7-49◆万龙

[ɣa^{21}pa^{21}ko^{53}] **“讨石头”**

[ɣa^{21}pa^{21}] 即石头，[ko^{53}] 即讨。当棺材即将抬至墓地时，孝子要将孝帕从头上解下来，铺在墓穴前的空地上，棺材抬至墓地就搁放在铺好的孝帕上，孝子则跪在棺材前痛哭，这种做法称“讨石头”。孝子讨石头的真正意义在于让参与安葬的人多搬快搬砌坟墓用的石头，使亡者尽早安葬。

[pa^{35}kua^{55}ɣa^{35}] **“画八卦”**

又说成 [pa^{35}kua^{35}xua^{35}] “画井”。在焚烧墓穴之后进行。先将墓穴内的灰摊匀，用小米或大米沿着墓穴的边缘画八卦和太极图，再在墓穴的中间部位书写“富贵双全”或“百子千孙”等吉言。

7-51◆万龙

7-52◆万龙

[$lo^{21}mi^{21}t^{h}a^{53}$] “接罗米”

在画完井后进行。当地汉语称“接衣禄米”。道士将画八卦剩下的米撒给孝子，孝子手扯衣襟或孝帕跪接。丧葬结束后，孝子将接的罗米带回家煮食，据说食了会健康、顺利。

[$tau^{35}ts^{h}ã^{21}pã^{53}wuẽ^{21}$] “道场版文”

记录丧家三代直系亲属所经历的丧事和所做道场以及做道场的掌堂师的文字。由道士用白纸条幅书写，悬挂于灵堂外，道场做完后焚烧。

[$pau^{55}xu^{55}tsei^{35}$] “折包袱”

包袱即亡者带往阴间的礼物。当地人认为亡者在阴间会遇见先前逝去的亲友，应该给他们带上礼物。包袱里包的是纸钱。折包袱时先用皮纸把一沓纸钱和一张拓好了的象征阴间银行印章的纸一同包好，然后在封口上写上“封”字，盖上印章。包袱有大有小，意味着亡者与逝去的亲友关系有亲有疏，礼物厚薄不等。包袱一般要折几十或上百个。折包袱者均为男性。

7-53◆万龙

7-54◆万龙

7-55◆民主

[su^{35}mu^{55}liɛ^{35}ɕiɛ^{55}]“送亡人”

梯玛治丧法事[su^{35}mu^{55}t^{h}o^{53}]中的一部分。土家语[su^{35}mu^{55}]即“祖先”，[liɛ^{35}]即“送”，[ɕiɛ^{55}]即“去”。送亡人的法事主要在亡者生前居住的房间进行，法事类似有故事情节的戏剧表演，梯玛在法事中既是法事的主持者，又扮演着亡者——背一个背篓，背篓里放着亡者生前的衣物，然后走进亡者生前居住的房间，一边抚摸亡者生前使用过的器物，一边吟唱梯玛歌，表现亡者舍不得离开家人的凄婉情感。临结束时，梯玛从房间走出，决绝而去，而尾随其后的孝男孝女则拉住其衣角，悲恸哭啼不让离去。

[pu^{53}ts^{h}ɿ^{55}tso^{35}]“捉魂”

捉魂就是在刚葬好的坟墓周围寻找活的蜘蛛或其他小昆虫，并将之捉拿，用纸包好，带回家中用升子装好置于碗柜上（也有放在神龛上的）。捉魂在安葬后的第三天进行，亡者家中的孝子均得参加。活动中将蜘蛛与魂魄这两种看似没有关系的事物关联起来的是土家语[pu^{53}ts^{h}ɿ^{55}]一词，土家语里[pu^{53}ts^{h}ɿ^{55}]有两个意思，一是指蜘蛛，一是指魂魄。关于捉魂的缘由民间有不同的解释：一说是捉亡者的魂魄，将亡者的魂魄请回到神龛上；另一说是捉生者的魂魄，即那些与亡者生前密切接触的人的魂魄，他们跟亡者关系非同一般，安葬亡者时魂魄留在了墓地，陪伴着亡者，故要将之捉回家去，这样大家才会平平安安。

7-56◆多谷

7-57◆万龙

7-58◆比寨

[mi^{53}sɿ^{35}]“送火”

带上祭品，在新安葬的坟墓前烧香焚纸称为送火。一般连续三日（有的地方安葬之日不要送火，有“捉魂”习俗的地方第三日也不要送火）。关于送火的缘由，民间有不同的说法：有人认为是以之抚慰亡者初入墓地的寂寥；也有人认为，亡者与生者遗留在坟地的魂魄夜晚要抽烟，需要火。

[tso^{53}sɿ^{55}k^{h}ei^{53}]“坟墓”

埋葬死人的穴及坟头。龙山土家族坟墓的穴都挖得较浅，上面多用石块垒成坟头。坟墓样式有四种：圆形、前方后圆形、椭圆形及长方形。刚垒好不久的坟头上往往插有一把旧雨伞，据说插雨伞是为了让亡者带着雨伞走自己的路去，伞意味着“散”，以期亡者不要干扰生者。

[ɕĩ^{55}tɕi^{55}]“生基”

立有墓碑圈有砌石的坟墓。生基可以在烧满社之后建造，也可以在生前修好。夫妻多修建合棺生基。生基的墓碑有三厢、五厢、七厢、九厢之分，数字越大碑的结构越复杂，越显豪华。旧时还有一种牌楼碑，属于结构复杂、雕刻精致的豪华墓碑。

7-59◆燎原

捌·节日

土家族一般过“赶年”，即比汉族提前一天过年（坡脚石堤彭姓土家族有提前两天过年的习俗）。年前主要是“忙年”，忙年可从冬至算起。岁过冬至，各家各户就忙着杀年猪、做腊肉。过小年时要进行 [su³⁵mu⁵³a²¹]“接祖宗”、[su³⁵mu⁵³tʰi⁵⁵]“敬祖宗”等祭祀活动。祭祀结束后，阖家关门闭户吃团年饭，团完年后开大门，称“开财门”。过年夜烧旺火，全家人围坐在火坑边守年，至凌晨鸡啼，各家争先放鞭炮“抢年”，然后争先恐后地赶往水井 [tʰu²¹suei²¹a⁵³ji²¹]“抢头水”。正月初一早上晚辈要给长辈拜年，孩子们也去村子里走家串户地给乡邻拜年，年轻夫妇备猪腿、馓米、糖酒等礼品去岳父母家拜年。正月初一人们还有上山背柴火回家的习俗，谓之“初一进柴（财）”。从初三开始举行舍巴日，到正月十五结束。现在县城及一些乡镇也有一些游艺活动，如龙灯、狮子灯、蚌壳灯、彩龙船、三棒鼓、九子鞭等。

过年时也有一些忌讳。如立春及立春前一日忌水，不可去水井背水、洗衣物；除夕夜忌在院子里晾晒衣物，怕阻挡接祖先回家的路；初一忌扫地，即使扫地也不能往

外扫，怕扫走了财气，等等。

土家族过节依农历进行。例如，二月初二为土地菩萨的生日，以期风调雨顺、平平安安；春社时要给去世未满三年的老人 [sei^{35}wu^{35}] “烧社”；清明多只在堂屋敬家先；“四月八”有土家族迁徙到达日的说法，也有牛的生日的说法。四月八要杀猪宰羊、打糍粑、推豆腐，如同过年一般；端午节有过小端午五月初四或初五的，也有过大端午五月十四或十五的，除了包粽子、喝雄黄酒、赛龙舟等跟汉族差不多的过法外，民间还有小端午烧麝治风湿和药匠上山采药的习俗；六月的辛卯日过“吃新”节，多用稻穗祭祖，宴请亲朋好友；过月半中元节多是在七月十四，家家备酒肉宴请亲朋，祭家先和已故的亲人；冬月初一，洛塔乡的土家族会设宴招待客人，并“祭冬月鬼”，以纪念祖先吴著冲。

随着人民生活水平的提高，人们对年节看得越来越淡，过法也愈发简单，一些习俗在一些地区已淡化或消失。

8-2◆捞车

$[la^{35}zu^{55}k^{h}u^{53}]$ “炕腊肉”

将猪肉吊挂在火坑上方的炕架上，以火坑生火做饭的烟火熏制腊肉。此外，还专门加烧柏树枝、香叶树枝、橘柚皮等，以增加腊肉的香味。

$[tuei^{35}tsɿ^{55}a^{35}]$ “写对子”

指写在纸、布或刻在竹木上的对偶语句，又称“对联”。有春联、喜联、寿联、挽联等。春节前，土家族地区的集市上有人专门书写和出售春联。

8-5◆联星

8-4◆石堤

[k^{h}ei^{53}la^{55}ɣi^{21}] **“扫扬尘”**

腊月二十四，扫除房子内外吊挂在天花板、搁板等处的尘埃。民间有灶神将一家人一年中的过错记在吊挂的扬尘上的说法，扫除了扬尘就意味着灶神记不住这家人的过错了。扫除扬尘后，还要 [k^{h}ei^{53}la^{55}sɿ^{35}]“送扬尘”和 [k^{h}ei^{53}la^{55}wu^{35}]“烧扬尘”，即将扫下的扬尘连同扫帚送到地里，并焚香烧纸。

[tso^{21}kũ^{21}p^{h}u^{21}sa^{21}t^{h}i^{55}] **“敬灶神”**

腊月二十三在灶上锅心点灯（灯油须用茶油或菜油），在灶门口烧香纸以敬灶神。灶神在土家人的心目中是一位秉公求实、刚正耿直的神灵，有 [tso^{21}k^{h}ũ^{21}p^{h}u^{21}sa^{21}tsuei^{35}tsɿ^{21}niɛ^{21}lo^{53}]“灶神是最直的人”的说法。敬灶神日，土家族忌踩灶台，忌在灶台前妄言或有其他不端的行为。

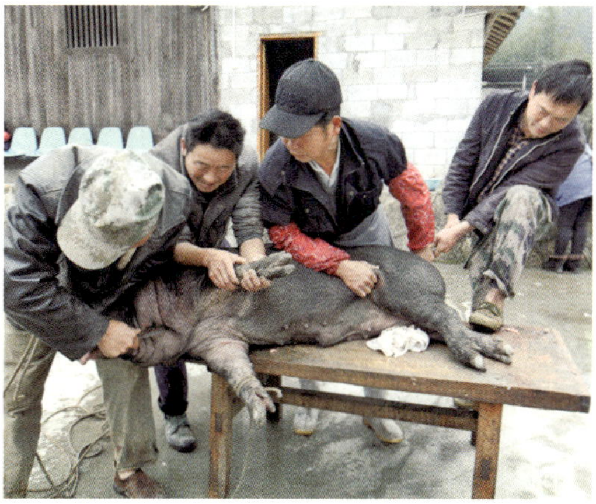

8-1◆石堤

[lũ^{35}k^{h}a^{53}tsɿ^{53}pu^{35}] **“杀年猪”**

冬至之后，就忙着杀年猪，炕腊肉，因为此时天气寒冷，做腊肉不容易坏。

8-3◆石堤

8-6◆捞车

[tuei^{35}tsɿ^{55}a^{55}la^{21}] “贴对子”

贴春联。当地无论城市还是农村，都有贴春联的习惯。一般是贴大红纸书写的对联，若家中有老人去世未满三年，则贴绿色对联。

8-7◆石堤

[pa^{53}mẽ^{21}tɕiã^{55}jĩ^{55}] “把门将军”

贴在大门上的神像。土家族认为，把门将军能卫宅院，保平安，贴在门上也喜庆。贴把门将军神像与贴春联多是同时进行。

[pa^{55}pa^{55}zɿ^{55}] “做粑粑”

将捣烂的糯米团趁热做成拳头大小的球状物，放在桌上压成圆饼状。做糯米团时，手要涂抹加放黄蜡的清油。抹油一是避免手沾粑粑，二是外皮裹了黄蜡清油的糍粑日后不容易被水泡坏。以前，农村的糍粑往往要吃到农历三四月间，而糍粑都是浸泡在水里储存的。

8-9◆石堤

[p^{h}o^{35}lũ^{53}pa^{55}pa^{55}] “粑粑娘娘”

特大号的糍粑，一般有普通糍粑的几倍大小，有的甚至是十几倍。做年粑粑时，都要做一个粑粑娘娘，用于过年祭祀祖先。

8-10◆石堤

[pa⁵⁵pa⁵⁵pu³⁵] “打粑粑”

将蒸熟的糯米等倒在粑粑槽内，用粑粑槌捣烂。粑粑即糍粑，是过年必备的食品。过年的糍粑土家语称 [lũ²¹ɕi²¹pa⁵⁵pa⁵⁵] “年粑粑”，有糯米糍粑、苞谷糍粑、高粱糍粑、小米糍粑等。在湘西，打粑粑一般在腊月二十七之前进行，不会在二十七之后进行。因此又有“打七不打八”的说法。旧时，多数人家打粑粑都打得较多，少则用几十斤糯米，多则几百斤。

8-8◆石堤

[sa⁵⁵mi⁵⁵] “馓米”

当地汉语称作“糖馓”。旧时做馓米多在腊月间。馓米的制作比较费事，先将糯米浸泡好沥干，放进甑子里蒸熟，趁热将之放在模具中做成薄饼，用炭火烘干。烘干后的糯米薄饼叫 [tsɿ²¹ka²¹] “生馓米”，生馓米炸好后才称为馓米。炸馓米多在腊月二十七八进行，炸时用茶油或菜油，锅具要稍大。油烧开后放生馓米，浮起来时要用器具稍往下压，这样炸出来的馓米会又大又圆。馓米制作时常将部分饭粒染成红、蓝等色，用上色的饭粒摆成花纹图案或文字。馓米可以生吃，也可用开水泡着吃。当地有产妇用生馓米煮饭吃的习俗，据说特别滋补身体。馓米既是土家族招待客人的食物，也是馈赠亲朋好友的礼物，娶亲嫁女、走亲访友的礼物中总少不了馓米。

8-11◆洗车河

8-12◆洗车河

8-13◆洗车河

8-14◆洗车河

[tiɛ^{55}xɨ^{55}zɿ^{55}]“做豆腐”

多在腊月二十五进行。将黄豆浸泡好，磨成浆，再用包袱过滤，使豆浆和豆渣分离，然后将豆浆烧开，舀放在豆腐桶里加放石膏，待豆浆变成豆腐脑后，将之舀进豆腐箱子里包好，压上几小时即成。

[xuã^{55}tɕiã^{55}]“翻卷”

一种用面粉做成的油炸小吃。做翻卷要先做坯：将面粉加入黑芝麻、鸡蛋、白糖、水揉成面团，用压面机压成薄面皮，并切成馄饨皮大小的块儿，再将两块面皮摞在一起，中间用刀划一道口，把面皮两头从口儿中穿过，拉成小花卷状，然后将坯放进油锅里炸至金黄色即可。翻卷酥脆香甜，旧时多只在春节前做。

[lũ^{21}kʰa^{55}niɛ^{55}jiɛ^{21}xa^{53}tsʰei^{55}]“年饭菜”

土家族的年饭菜是一年中最丰盛的。以肉食为主，有鸡、鱼、猪肉、羊肉等，其中猪肉加工的菜肴为最多，有粉蒸肉、扣肉、腊肉、香肠等。在菜的品种和数量上多喜欢凑成8、10、12等双数字。

8-15◆多谷

8-16◆多谷

[su^{35}mu^{53}a^{21}] **“接祖宗”**

吃年饭之前举行的迎接祖宗回家的祭祀活动。[su^{35}mu^{53}] 即“祖宗”，[a^{21}] 即“接”。过年时，有敬祖先八部大王的习俗，敬之前须先将他们接回家。接祖宗者为男性，他们手拿香纸和纸幡，到院子外的路口去迎接。迎接的仪式较特别：站定，先朝路口方向作三个揖，再朝家的方向走几步，作三个揖，然后转身朝路口站定，又作三个揖，再往家的方向走几步作三个揖，如此循环往复，直至认为已将祖宗引领进堂屋才作罢。

[su^{35}mu^{55}t^{h}i^{55}] **“敬祖宗”**

土家族说的汉语称“敬菩萨”。敬祖宗要在堂屋里进行，先在神龛前的供桌上摆上粑粑娘娘、刀头、豆腐等祭品，摆上九个碗、九个酒杯，并配上九双筷子和筷箱（敬的是八部大王八弟兄及其仆人）。同时，在供桌周围摆上猪腿、被子、首饰等象征生活富足的物品，然后叩头、奠酒、焚香、烧纸。敬祖宗不仅敬先祖八部大王，也敬自家祖先，以告慰祖先子孙后代生活得很好，并祈求祖先保佑。旧时敬祖宗的活动只能男性参加。

8-17◆多谷

8-18◆石堤

8-20◆石堤

[sɿ^{35}kuã^{55}sẽ^{21}]“四官神”

保佑六畜兴旺的神灵，又称 [sɿ^{35}kuã^{55}p^{h}u^{21}sa^{21}]“四官菩萨”。将四官神供奉在堂屋大门之后，平时不安放神位，只在每年除夕子时祭拜。祭拜时，先焚香烧纸，再将象征六畜的六个篾扎物件逐一沾裹供品，以祈来年六畜兴旺，无瘟疫之灾。

[t^{h}u^{21}suei^{21}a^{53}ji^{21}]“抢头水”

新年的凌晨抢背第一桶井水回家，也说成 [t^{h}u^{21}suei^{21}wo^{55}]“背头水”。抢头水在大年夜子时放爆竹“抢年”之后进行。人们认为谁在新年抢到了头水，谁家的运气就好，一年中做什么都会顺顺利利。背水时，背水者要拿三张纸钱、三炷香插在水井边，意味着给水井拜年。

[tɕ^{h}i^{53}tẽ^{55}]“贴纸钱”

[tẽ^{55}] 是“粘贴”的意思。大年三十，土家族要在大门、碗柜、桌子、鸡舍、猪栏以及一些主要农具上贴纸钱，表示过年也没有忘记那些帮助过自己的物件。一般贴一张，重要的器物上一般贴三张。大年初一的早上要给这些贴纸钱的物件 [a^{21}ts^{h}ei^{55}t^{h}i^{55}]“敬茶”：在贴纸钱处供刀头、馓米等祭品，并焚香、烧纸、祭奠，感谢神灵并祈求神灵的保护。

8-19◆石堤

8-21◆里耶

[lũ^{21}tẽ^{21}wu^{53}] “舞龙灯”

舞龙灯和舞狮子多在正月初一至十五进行。现在也出现在其他庆典活动中。

[sɿ^{55}tsɿ^{53}wu^{53}] “舞狮子”

又称 [sɿ^{55}tsɿ^{53}wuã^{21}] “玩狮子”。通常是双狮同舞，现也有三四只狮子群舞的。

8-22◆里耶

8-24◆民安

[sei^{35}jiɛ^{21}]“社饭”

在社日吃的饭食。主料为籼米和糯米，配料有蒿子、胡葱、腊肉等。社饭的煮制程序较复杂：先将蒿子和胡葱洗净切细，焙干，加入切成颗粒状的腊肉翻炒至香以备用；煮饭时，先煮籼米，煮至五成熟时，再按一定比例加入糯米，待糯米煮至半熟时，滗干米汤，倒入炒好的蒿子、胡葱、腊肉，搅拌均匀，盖上锅盖焖熟即可。旧时，社饭仅在社日煮制，以祭社神。

[sei^{35}wu^{35}]“烧社”

在社日祭奠亡灵的习俗。社，即社日，指立春后的第五个戊日。土家族有在社日祭拜已故老人新坟的习俗。老人亡故后第一年祭拜称为“头社”，次年称为“二社”，第三年称为“满社”。头社、二社祭拜的时间多在社日前，形式相对简单，一般是以在坟头杀鸡的方式祭拜。满社须在社日进行，家族之人都得参加，孝女孝婿须献活羊一只，酒礼若干，祭拜以在坟前杀羊活祭、众人就地煮食的方式进行（现在一般是在家煮食，只是将煮熟的羊头和内脏呈放在坟前）。满社过后，丧家的服孝期也就结束了。

8-23◆联星

8-25◆脉龙

8-26◆洗车河

[$tɕ^{h}ĩ^{55}mĩ^{55}ɕi^{21}$] **"清明吊吊"**

清明节祭奠先人时插在坟头的纸幡。旧时土家族地区清明多不上坟，现在许多地方也"挂亲"，即清明期间为亲人扫墓。挂亲的时间以清明为界，一般为"前三后四"，即清明的前三天或后四天。挂亲时，除坟头插清明吊吊外，还要在坟前摆放祭品，奠酒，焚香，烧纸，燃放爆竹。

[$k^{h}ei^{53}sɿ^{55}pa^{55}pa^{55}$] **"蒿子粑粑"**

用艾蒿和糯米为主要原料制成的食品。制作方法是：将艾蒿洗净煮烂（也可以用生的），放进糯米粉里揉成蒿子泥，将蒿子泥捏成一个个小团，包上馅儿，团成球形，然后用桐叶或猴栗叶包好（也可不用叶子包），放在锅里蒸熟即可。旧时，蒿子粑粑一般只在清明节食用。

[$lũ^{21}ts^{h}uã^{21}p^{h}a^{35}ɕi^{55}pi^{53}sai^{35}$] **"赛龙舟"**

有大河的地方端午节多举行赛龙舟活动。旧时的龙舟比赛多不定距离，而以一船从另一船的船头包超而过为胜者。

8-27◆洗车河

8-28◆洗车河

8-29◆洗车河

[$zo^{35}k^{h}ei^{53}pa^{55}pa^{55}$] “粽子”

土家语 [zo^{35}] 为“羊”，[$k^{h}ei^{53}$] 为“角”，[$zo^{35}k^{h}ei^{55}pa^{55}pa^{55}$] 直译就是“羊角粑粑”。土家族包的粽子呈山羊角状，无馅儿。包粽子时，先将箬竹叶卷成圆锥形，放入浸泡好的糯米，塞紧后用粽叶捆扎即可。包粽子的糯米浸泡时要加适量食用碱。吃粽子时多蘸白糖。

8-30◆报格

[a^{35}sɿ^{55}ka^{35}] “吃新”

吃新在农历六月的辛卯日进行，也称为“过吃新节”。吃新节当日，土家族地区有女儿回娘家拜节的习俗。过吃新节时，家家户户都做豆腐，做 [$so^{55}t^{h}o^{21}pa^{55}pa^{55}$]“粉粑粑”，采摘新鲜蔬菜，煮食嫩玉米（玉米若太嫩则用玉米叶包糯米粑粑），接亲友来家过节等。进餐前还要在堂屋举行祭拜仪式：将从稻田中摘来的嫩稻穗置于神龛上，摆上祭品，烧香、焚纸，跪拜以感谢祖先赐福，预祝当年丰收。

8-31◆洗车河

[so^{55}t^{h}o^{21}pa^{55}pa^{55}] “粉粑粑”

“粉粑粑”是当地汉语的叫法。粉粑粑的做法是：将糯米加适量籼米用石磨加工成米粉，再将米粉加水和成米粉团，包上馅儿，蒸熟即可。旧时，一般只在吃新节、七月半、八月十五等节日才做粉粑粑，多作为礼品馈赠给亲朋好友。

8-32◆里耶

[jiɛ^{35}pã^{55}k^{h}a^{55}] “过月半”

月半本指农历的七月十五，但土家族多过七月十四。按民间的说法，七月初一至十四，是先祖回家探望子孙的日子，这段时间忌任何人坐家中大门的门槛。过月半除了在堂屋里祭家先神位外，还要在房子周围焚香烧纸，祭所有逝去的亲人。烧纸钱时，多用石灰在地上画圆圈，烧在圈内，据说这样烧给故去亲人的“钱”就不会被孤魂野鬼抢走。

祥而生瑞古鎮畫
風光獨秀几重

玖·说唱表演

本章包括口彩禁忌、俗语谚语、歌谣、故事四部分。

口彩即吉利话。土家族过年过节，或逢婚嫁、建房子等喜事时，喜欢讲吉利话。禁忌指忌讳语。日常交际中遇到禁忌说法较多使用委婉表达，即用听说双方都能接受的语言指称一些有忌讳的或难以启齿的事物。这种语言使用习惯，表现了避凶求吉、避俗求雅的语言交际心理和语言运用智慧。

俗语谚语包括顺口溜、谚语、歇后语、谜语等。

土家族是一个擅长歌唱的民族，梯玛做法事时要诵唱梯玛神歌，祭祀祖先活动的

[sei^{35}pa^{55}zɿ^{55}]“舍巴日”有掌堂师诵唱舍巴词俗称摆手歌，姑娘出嫁唱哭嫁歌，吊唁亡者唱丧堂歌，给劳作之人鼓劲唱挖土锣鼓歌，还有涉及生活方方面面的山歌，充满母爱的摇篮曲，童趣盎然的儿歌……歌唱者或以歌咏史，或以歌传情，或自娱自乐。限于篇幅，我们仅收录少量童谣、摇篮曲和山歌。

20 世纪县域各地有戏班子演汉戏、木偶戏等，但都是用西南官话演唱的。

念儿歌、讲故事时，语流音变现象（脱落、增音、合音等）较常见，本章完全依据发音人的实际发音记录。

一口彩禁忌

1. [suã^{55}ti^{55}] “双的”

土家人喜欢双数，娶媳妇一般选择双数日子，认为好事成双，双喜临门。送礼金、买礼物喜欢带“六”的数字，有六就意味着六六大顺。过年做十二道菜，寓意月月发，正月初一做四道菜，寓意四季发财。

2. [tɕĩ^{35}ts^{h}ai^{21}] “进柴”

农历正月初一，土家族地区有到山里背柴回家的习俗。初一背柴进屋寓意新年进财。当地汉语方言“柴”和“财”都读 [ts^{h}ai^{21}]。

3. [wũ^{21}po^{21}tau^{35}] “没在了”

去世了。[wũ^{21}] 即“坐”，[po^{21}] 为表持续态的助词，[tau^{35}] 即否定词 [ta^{55}] 的完成体。

4. [zo^{35}sɿ^{21}kaɪ^{35}] “将要吃羊肉”

（人）将要离世。[zo^{35}sɿ^{21}] 即“羊肉”，[kaɪ^{35}] 为 [ka^{35}] “吃”的将行体。这种委婉表达源于龙山土家族地区办丧事要宰羊的习俗，将要吃羊肉就意味着有人将离世。

5. [sũ^{55}k^{h}oɪ^{55}xu^{21}] “将要回去了”

（老人）自己快要离世了。[sũ^{55}k^{h}oɪ^{55}] 为 [sũ^{55}k^{h}o^{55}] “回去”的将行体，[xu^{21}] 为助词。

6. [k^{h}a^{55}ɕi^{55}lã^{55}] “不好过”

[xũ^{53}nũ^{21}ts^{h}a^{35}ta^{55}] 浑身不舒服

生病。[k^{h}a^{55}] 即“过”，[ɕi^{55}lã^{55}] 即“不好”；[xũ^{53}nũ^{21}] 即“浑身”，[ts^{h}a^{35}] 即“好”，[ta^{55}] 为否定词“不”。

7. [la^{55}tɕi^{21}a^{35}tsa^{55}] “跨一脚”

寡妇再嫁。[la^{55}] 即“一”，[tɕi^{21}] 即“脚”，[a^{35}tsa^{55}] 即“跨”。

8. [sɿ^{21}ko^{35}xei^{53}liau^{53}] “被草戳了”

被蛇咬了。[sɿ^{21}] 即“草”，[ko^{35}] 为表被动的助词，[xei^{53}] 即“戳”，[liau^{53}] 为完成态助词。

9. [lo^{55}ko^{21}wũ^{35}tɕʰi^{55}li^{55}liau^{55}] “别人把她鼻子穿了”

未婚女子与人私通。[lo^{55}] 即“别人”，[ko^{21}] 即“她”，[wũ^{35}tɕʰi^{55}] 即“鼻子”，[li^{55}] 即“穿”。

10. [tsɿ^{53}pʰo^{53}] “放猪”

赶公猪使交配。[tsɿ^{53}] 即“猪”，[pʰo^{53}] 即“放”。

11. [tiɛ^{35}kʰa^{55}la^{55}ɣɨ^{35}] “来坏的”

来月经。[tiɛ^{35}kʰa^{55}la^{55}] 即“坏的”，[ɣɨ^{35}] 即“来”。又说成 [so^{53}tʰiou^{21}a^{35}li^{55}] “斢身上”，[so^{53}tʰiou^{21}] 身上，[a^{35}li^{55}] 斢：方言词，换，调换。

12. [tsʰo^{53}wũ^{21}] “坐到屋里”

坐月子。[tsʰo^{53}] 即“屋子”，[wũ^{21}] 即“坐”。又说成 [niã^{21}tsʰu^{35}wũ^{21}] “坐到凉处”，[niã^{21}tsʰu^{35}] 即“凉处”，指阴凉的地方。

13. [za^{21}sɿ^{21}ka^{35}] “吃鸡肉”

生孩子。这种说法与土家族地区坐月子时产妇吃鸡肉的习俗有关。

14. [wuã^{35}kʰa^{55}tsʰɿ^{21}lau^{55}tʰi^{21}] “得一个守牛的”

生了一个男孩。对农村人而言，生男孩就意味着有了个放牛娃。又说成 [ɕiã^{55}lũ^{55}po^{55}po^{55}lau^{55}tʰi^{21}]，[ɕiã^{55}lũ^{55}po^{55}po^{55}] 即香炉，生男孩也就意味着家里有了传承香火的人。

15. [zei^{35}tʰi^{55}kʰu^{55}lau^{55}tʰi^{21}] “得一个酒坛子”

生了一个女孩。这种说法与土家族的习俗有关：已婚的女儿探望父母时大多会送酒，生了女儿就意味着有酒喝。

二 俗语谚语

（一）顺口溜

ma^{21}ma^{55} niɛ^{55} piou^{35} tɕiɛ^{35} xo^{21}lai^{21} a^{21} tei^{53}ɕi^{21},
姑姑 的 女儿 手 用 取 可以

tɕiou^{35}tɕiou^{55} niɛ^{55} piou^{35} p^{h}u^{55} xɨ^{21}ts^{h}ei^{21}.
舅舅 的 女儿 买 不起

姑姑女伸手取，舅舅女买不起。（意为姑姑的女儿卑贱，舅舅的女儿高贵。这与旧时龙山舅之子可优先娶姑之女的习俗有关。）

p^{h}o^{55}tɕio^{55} wu^{53}tũ^{35} t^{h}iã^{21} tɕia^{21} k^{h}a^{21}wu^{55}so^{55} pa^{55}pa^{55} zei^{21} t^{h}a^{21}p^{h}a^{21}.
坡脚 五洞 田 姓 小米 粑粑 老鼠 皮

坡脚五洞姓田的，小米粑粑像老鼠皮。（用揶揄的口吻取笑五洞田姓人家吝啬小气。）

（彭万联讲述，2016.7.14）

（二）谚语

su^{35}ɕi^{55} k^{h}a^{55}p^{h}u^{55} tɕi^{21}p^{h}a^{21} ʦa^{55} niɛ^{55}lã^{55}niɛ^{55}p^{h}ai^{55} wo^{35}t^{h}a^{21} la^{35}.
板栗 花 脚板 踩 种子 外面 扔

脚踩板栗花，种子往外撒。（意为板栗花谢的时候，正是人们忙着播种的时候。）

lo^{53} ko^{55} zo^{53} xũ^{55} zo^{53} ko^{21} lo^{53} xũ^{55}.
人（强调助）地 哄 地（强调助）人 哄

人哄地，地哄人。（意为人们耕种不投入，地里就不产粮，就会没有粮食吃。）

tũ^{55} ts^{h}ei^{53} lau^{21}ts^{h}ɿ^{21} ɕi^{55} ts^{h}ei^{53} ʦei^{21}, [ts^{h}ei^{53}] 扯：闪电。闪电当地汉语说成“扯闪”
东 扯 太阳 西 扯 雨

lã^{21} ts^{h}ei^{53} pei^{21} ts^{h}ei^{53} ka^{21} mo^{21} sei^{35}.

南 扯 北 扯 干（结构助）死

东扯日头西扯雨，南扯北扯干到底。（意为闪电出现在东方会天晴，出现在西方会下雨，出现在南方或北方则会天旱。）

lau^{21}ts^{h}ɿ^{21} jiã^{21} sɿ^{21} tsu^{35} so^{55} niɛ^{55} to^{55} ji^{21} t^{h}a^{55}.

太阳 羊 时 出 三 天 都 看见 不

太阳羊（未）时现，三天不见面。（意为未时下午1点至3点才出太阳，意味着晴天是短暂的。）

so^{53}p^{h}ei^{21} pa^{21} ku^{21} lã^{53}ma^{53} ts^{h}ã^{35} xu^{21} so^{53}p^{h}ei^{21} pa^{21} ta^{21} lau^{21}ts^{h}ɿ^{21} lo^{53} t^{h}a^{35}.

雾 坡 上 懒人 唱 了 雾 坡 下 太阳 人 晒

雾上坡懒人唱歌，雾下坡太阳晒死人。（意为雾往山上走会下雨，雾往山下走会天晴。）

ts^{h}u^{55} sã^{55} ts^{h}u^{55} sɿ^{35} wo^{21}miau^{21}p^{h}ei^{35} jiɛ^{35}xuã^{35} ka^{35} liɛ^{55} su^{21}su^{21} ɕiɛ^{35}.

初 三 初 四 蛾眉夜 夜饭 吃 了 月亮 有

初三初四蛾眉夜，夜饭吃了已挂月。（描摹的是农历月初月牙初现的景观。）

jiɛ^{21} p^{h}u^{53}ts^{h}ɿ^{21} xa^{55}ts^{h}ei^{55} a^{55}zɿ^{55} ka^{21} to^{55}.

饭 少 菜 多 吃 要

sɿ^{55}pa^{55} p^{h}u^{53}ts^{h}ɿ^{21} mei^{21}p^{h}u^{21}la^{21} a^{55}zɿ^{55} p^{h}u^{21} to^{21}.

衣服 少 腰带 多 捆 要

饭少多吃菜，衣少多捆带。（本为土家族旧时生活艰难的真实写照，现多用来比喻遇事要多想办法或见机行事。）

k^{h}a^{55}p^{h}u^{55} pa^{53}ts^{h}a^{21} sei^{55} k^{h}o^{55}k^{h}ɨ^{55} lo^{21}ka^{21}ni^{55} pa^{53}ts^{h}a^{21} k^{h}a^{53} k^{h}o^{55}k^{h}ɨ^{55}.

花 好看 栽 难 老婆 好看 守 难

花好看难栽，老婆好看难守。（意为老婆长得好看，打主意的人多了，守住她很难。即美貌娇妻并非家庭之福。）

tɕ^{h}iɛ^{35}ka^{55} ɕĩ^{55}ŋa^{21} ts^{h}a^{35} xu^{21} lo^{35}pu^{55} ɕĩ^{55}ŋa^{21} ti^{35} xu^{21}.

疮 痒 好 了 眼睛 痒 痛 了

疮痒要好了，眼睛痒要痛了。（意为生疮的地方开始痒了，说明疮快要好了，而眼睛痒往往是眼睛疾患的开始。）

lo^{53} sei^{35} li^{53}k^{h}o^{55}lo^{55} sei^{35} ta^{55} wo^{53} sei^{35} niɛ^{21}p^{h}ũ^{21} sei^{35} ta^{55}.

人 死　心　　死 没　蛇　死　尾巴　死 没

人死心不死，蛇死尾不死。（比喻不甘心。）

ʨiɛ^{35}zɿ^{55} lũ^{21} ts^{h}a^{35} zei^{35} xu^{21} sɿ^{21} ka^{35}.

务农　年成 好　酒　喝 肉 吃

务农年成好，有酒喝有肉吃。（意为风调雨顺就会有好的生活。）

ʦɿ^{53} p^{h}u^{55} niɛ^{21}p^{h}ũ^{35} pa^{53} to^{21} ʦo^{53}sɿ^{53}liɛ^{21} niɛ^{21} pa^{53} to^{21}. [ʦo^{53}sɿ^{53}liɛ^{21}] 问亲：说媳妇

猪　买　尾巴　看 要　问亲　　母亲看 要

买猪要看猪尾巴，问亲要看丈母娘。（比喻做事时要参考与之有关的事物。）

lo^{53}xa^{21}ɣei^{55}ma^{55} ʦa^{35}tɕ^{h}i^{55} xo^{21}lai^{21} lo^{55} xa^{21},

会打人的人　嘴巴　用　人 打

lo^{53}xa^{21}ts^{h}ɿ^{55}ɣei^{55}ma^{55} tɕiɛ^{35} xo^{21}lai^{21} lo^{55} xa^{21}.

不会打人的人　手　用　人 打

会打人的用嘴打人，不会打人的用手打人。（意为教训别人奏效的往往是有艺术的语言，而不是拳脚。）

tsa^{35}tɕ^{h}i^{55} ts^{h}ei^{35}ts^{h}ei^{21} mei^{21} wo^{21}t^{h}u^{55} t^{h}a^{35}sei^{21}.

嘴巴　蜂糖　肚子　里头　刺

嘴巴上有蜂糖，肚子里有刺笼。（比喻嘴上说得很好，肚子里却怀着害人的坏主意。寓意近似汉语的“口蜜腹剑”。）

sa^{21} li^{21} tiɛ^{35} niã^{53}ti^{21} wũ^{21} xu^{21} miɛ^{35} niã^{53}ti^{21}.

话 说 想　一下　坐（将来助）吹　一下

说之前想一下，坐之前吹一下。（比喻说话做事要三思而后行。）

mi^{53} lo^{55} k^{h}a^{21} ts^{h}a^{35} to^{55} lo^{55} zɿ^{55} mei^{21} ts^{h}a^{35} to^{53}.

火 烧 柴　好　要　人 做 肚子 好 要

烧火柴要好，做人心要好。

（彭万联讲述，2016.7.14）

（三）歇后语

ji^{35}la^{55} lu^{55}ka^{21} t^{h}ai^{35}—ni^{35} to^{21} tiɛ^{55}po^{21} li^{21}.

舌头　骨头　没有　你 自己 由着　讲

舌头无骨——由你讲。（比喻话由人说。）

ji^{53}tsa^{21} t^{h}u^{21} a^{21} la^{35}—mã^{53} ŋa^{21} t^{h}i^{21}.

天坑　里 石头 扔　满（结构助）不能

天坑里扔石头——不得满。（比喻贪欲难以满足。）

k^{h}a^{55}ts^{h}a^{55}k^{h}u^{55} wo^{55} ni^{55}—sa^{21} ni^{55}.

草丛　　　蛇　找　事 找

草丛找蛇——找事。（寓意与汉语的“没事找事”近似。）

wuã^{35} sei^{21}ku^{55}li^{55} ka^{21} tɕ^{h}i^{35}pu^{55} ji^{55}—wũ^{21} t^{h}a^{55}.

牛　屁股　上　黄豆　撒　坐　不

牛屁股上撒豆子——不坐指（黄豆）不能在牛屁股上面生长。（比喻付出了努力但没有效果，寓意近似汉语的“瞎子点灯白费蜡”。）

lo^{35}tsɿ^{55} t^{h}iɛ^{53}t^{h}iɛ^{21} t^{h}i^{35}—sɿ^{53}tso^{21} t^{h}ai^{35}.

瞎子　油灯　点　用处 没有

瞎子点油灯——没有用。

tsɿ^{53} sei^{55}t^{h}u^{55} ka^{55} ts^{h}ei^{21} t^{h}u^{35}—a^{55}zɿ^{55}a^{55}mai^{55}.

猪　尸体　上　水　倒　添油加醋

死猪上倒水——添油加醋。

mei^{35} jiɛ^{53} po^{21} li^{53} tu^{21}—lo^{53} t^{h}i^{21}xa^{21}.

天　拉　着 地　盖　人　吓唬

扯天盖地——吓唬人。

sei^{21}ku^{21}li^{55} ka^{21} po^{55}tso^{55} tsɿ^{21}—pũ^{35}lũ^{55} k^{h}o^{55}k^{h}ɨ^{55}.

屁股　上　磨子　吊　动　难

屁股上吊磨子——难得动。

tso^{35}kʰu^{55} pʰa^{21}tɕʰiɛ^{35} za^{21} jiɪ^{55}—tsʰai^{35} zɿ^{55} tʰa^{21}. [jiɪ^{55}]：[ji^{55}]“关”的将行体

野猫 派 鸡 去关 好的 做 不

派野猫关鸡——不做好事。

（彭万联讲述，2016.7.14）

（四）谜语

ɕĩ^{35}ka^{53} kʰa^{21}mũ^{21} pu^{35}li^{55} tsɿ^{21},

绿 树 果子 结

pu^{35}li^{55} miã^{55}tsei^{55} lo^{53} ka^{21} kei^{21}.

果子 红 人 吃 怕

绿绿的树结果子，果子红了人怕吃。——辣椒

sẽ^{21}tsou^{21} ẽ^{21}tsɿ^{21} kʰu^{35}lo^{55}lo^{55},

神州 来 圆篓子

wu^{35} tei^{55}ɕi^{21} ta^{35} tʰa^{55}tʰi^{55}.

烧 可以 摔 不能

神州来了个圆篓子，烧得摔不得。——鼎罐

鼎罐是用生铁铸的饭锅，只在火塘上做饭时用。故谜面言“烧得摔不得”。

tsɿ^{55}kei^{55} xua^{35}liã^{21} la^{21} pʰa^{21} tsa^{53} po^{21},

前面 镰刀 一 把 抓 着

tʰa^{55}niɛ^{55} za^{35}kʰo^{55}pʰa^{55} la^{55} pʰa^{55} jiɛ^{53} po^{21},

后面 扫帚 一 把 拖 着

tsũ^{55}kã^{55} xei^{21} la^{21} pu^{21} kʰei^{53} po^{21}.

中间 鼓 一 个 挑 着

前头一把镰刀抓着，后头一把扫帚拖着，中间一个鼓挑着。——水牛

谜面将水牛角比作镰刀，尾巴比作扫帚，肚子比作鼓。

tɕiɛ^{35}la^{55}pʰi^{21} kʰuã^{55} tɕiɛ^{35}la^{55}pʰi^{21} ɣei^{21},

巴掌 宽 巴掌 长

sa^{21} pa^{55} jiɛ^{55} liɛ^{55} sa^{21} niɛ^{55} jiɛ^{55}.

你们 父亲 揩 了 你们 母亲 揩

巴掌宽，巴掌长，揩了你爹揩你娘。——洗脸毛巾

湘西农村有的地方有全家共用一条洗脸毛巾的习惯，故谜面言“揩了你爹揩你娘”。

tʰa^{35}kʰa^{55} ku^{21}li^{55}ku^{35}li^{55}，[tʰa^{35}kʰa^{55}]：坎，田野中像台阶形状的东西；[ku^{21}li^{55}ku^{35}li^{55}]：形容跳上跳下的样子

坎 上 下 上 下

mei^{21} pi^{55} xu^{35}li^{55}xu^{35}li^{55}，[xu^{35}li^{55}xu^{35}li^{55}]：形容（肚皮）一鼓一鼓的样子

肚子 小 鼓 下 鼓 下

ŋa^{35} tsʰai^{55} kʰa^{55}tɕʰiɛ^{21}ma^{21},

我 猜 青蛙

ni^{35} tsʰai^{55} lai^{53} ɕiɛ^{21}?

你 猜 什么 有

坎坎跳上跳下，肚皮一鼓一鼓，我猜是青蛙，你猜是什么？——青蛙

kʰa^{21}mũ^{21} ɕiɛ^{35} pũ^{35}lũ^{55} ta^{55},

树 有 动 没

tsʰei^{21} ɕiɛ^{35} to^{21} ta^{35},

水 有 流 没

sũ^{35} ɕiɛ^{35} pũ^{35}lũ^{55} ta^{55}.

鱼 有 动 没

有树不见动，有水不见流，有鱼不见游。——画儿

a^{55}xũ^{55} ka^{35} tei^{55}ɕi^{21},

生的 吃 可以

a^{55}tɕiɛ^{55} ka^{35} tei^{55}ɕi^{21},

熟的 吃 可以

li^{53}tʰi^{21} tʰu^{35} po^{55} ɣɨ^{35} tei^{55}ɕi^{21}.

地上 倒 着 走 可以

生的能吃，熟的能吃，倒在地上能行。——水

zuã^{35} niɛ^{55} lũ^{55} ta^{55} ta^{55}tɕi^{55},

水牛 两 头 一起 打架

la^{55}ts^{h}o^{55}la^{55}la^{55} xuã^{55}çi^{55}. [la^{55}]：一，[ts^{h}o^{55}]：房子，[la^{55}la^{55}]：词缀，[la^{55}ts^{h}o^{55}la^{55}la^{55}]：指一家人

一 家 一屋 欢喜

两头水牛打架，全家欢喜。——打糍粑

打糍粑一般是两人抡槌对杵，谜面用“两头水牛打架”作比，借指打糍粑这一活动。

niɛ^{21} mai^{55} wũ^{55}wũ^{55} mo^{21} tsɿ^{35},

娘 呢 嗡嗡 地 哭

pi^{35} mai^{55} zã^{53}zã^{53} mo^{21} wũ^{35}.

儿 呢 冉冉 地 长

娘呢嗡嗡地哭，儿呢冉冉地长。——纺纱

将纺车比作母亲，绕线的籰比作孩子，纺纱时，纺车嗡嗡作响，线籰则随纱线的缠绕慢慢变大。

（彭万联讲述，2016.7.14）

三 歌谣

（一）童谣

tũ^{21}tũ^{21}k^{h}uei^{55}
咚咚 喹

tũ^{21}tũ^{21}k^{h}uei^{55} ei^{21}，tũ^{21}tũ^{21}k^{h}uei^{55} ei^{21}，[tũ^{21}tũ^{21}k^{h}uei^{55}]：模拟吹奏乐器咚咚喹发出的声音
咚咚 喹 （衬）咚咚喹 （衬）

咚咚喹，咚咚喹，

jĩ^{53}suẽ^{21} kai^{55}sã^{21} kei^{21}ts^{h}ei^{21} jiau^{53}，[kei^{21}ts^{h}ei^{21}]：[kei^{21}ts^{h}ɿ^{21}]“玩”的将行体；[jiau^{53}]：[jiɛ^{53}]“到”的完成体
永顺 街上 去玩 到了

到永顺街上玩去了，

pau^{53}tɕĩ^{21} kai^{55}sã^{21} za^{21}xa^{21} ɕiau^{53}. [za^{21}xa^{21}] 打鸡：踢毽子；[ɕiau^{53}]：[ɕiɛ^{53}]“去”的完成体
保靖 街上 打鸡 去了

到保靖街上踢毽子去了。

li^{55} li^{55} la^{55} la^{21}，tũ^{21}tũ^{21}k^{h}uei^{53} ei^{21}，
哩 哩 拉 拉 咚咚 喹 （衬）

哩哩拉拉咚咚喹，

lũ^{21}t^{h}u^{21} kai^{53}sã^{21} ts^{h}ei^{21} xu^{21} ɕiau^{53} au^{21}，
隆头 街上 水 喝 去了（衬）

到隆头街上喝水去了，

tɕĩ^{55}tũ^{21}p^{h}o^{55} liɛ^{21} pa^{21} ku^{21} ɕiau^{53} au^{21}.
井洞坡 往 坡 上 去了（衬）

到井洞坡爬坡去了。

tũ^{21}tũ^{21}k^{h}uei^{53} ei^{21}，tũ^{21}tũ^{21}k^{h}uei^{53} ei^{21}，

咚咚 喹 （衬）咚咚 喹 （衬）

咚咚喹，咚咚喹，

pa^{55}liɛ^{21}tũ^{21}，pa^{55}liɛ^{21} ts^{h}a^{21}ts^{h}ʅ^{21} sʅ^{53}liɛ^{21}wũ^{21}. [pa^{55}liɛ^{21}tũ^{21}]：咚咚喹吹奏的声音，也是咚咚喹的曲牌名

巴 列 咚 巴列 嫂子 坐月子

巴列咚，巴列嫂子坐月子，

wũ^{21} liɛ^{55} ko^{53} to^{21} wũ^{21}，

坐 了 她 自己 坐

她自己坐，

za^{21}liɛ^{21} so^{55} pu^{55} t^{h}a^{35} po^{55} piɛ^{21}，

鸡 蛋 三 个 煎 着 先

先煎三个鸡蛋，

za^{21}pa^{21} lau^{55} ɕiɛ^{55} pua^{35} liɛ^{55} piɛ^{21}，[pua^{35}]：[pu^{35}]“杀”与助词 [a^{55}] 的合音

公鸡 一个 有 杀 了 先

再杀一个公鸡，

lau^{35}tsʅ^{55} mi^{35}niɛ^{55} ka^{55}kũ^{21} pa^{21}pu^{55} pa^{53} ti^{21} xu^{21}，

明天 后天 家公 家婆 看 来 了

明后天外公外婆要来看望，

wo^{21}t^{h}ũ^{21} a^{35} sʅ^{55} sʅ^{53}lã^{21}pi^{53} a^{21} a^{35} sʅ^{55} wua^{53} ti^{21} xu^{21}，[wua^{53}]：[wo^{53}]“背”与助词 [a^{55}] 的合音

摇窝 啊 送 小被子 啊 还 送 背 来 了

送摇篮，送被子，（摇篮被子都）背来，

xa^{53}liɛ^{21}pia^{55} ts^{h}ua^{53} ti^{21} xu^{21}，[pia^{55}]：[pi^{35}]“儿”与语气词 [a^{55}] 的合音；[ts^{h}ua^{53}] 为 [ts^{h}o^{53}]“引”与助词 [a^{55}] 的合音

狗儿 引 来 了

小狗要带来，

sa^{53}mi^{21} tsʅ^{21}ka^{21} za^{21} za^{21}liɛ^{21} xu^{35}ni^{55} k^{h}eia^{53} ti^{55} xu^{21}，[k^{h}eia^{53}]：[k^{h}ei^{53}]“挑”与助词 [a^{55}] 的合音

馓米 生馓米鸡 鸡蛋 都 挑 来 了

糖馓、鸡、鸡蛋全都挑来，

tsɿ^{53}tɕi^{21}p^{h}a^{35} wua^{55} ti^{55} xu^{21}.
猪腿　　　背　来　了

还有猪腿也要背来。

（彭翠荣唱，2016.7.16）

lau^{21}wua^{21}ts^{h}ɿ^{21} mei^{35}a^{55}tsei^{21}
天晴　　　下雨

lau^{21}wua^{21}ts^{h}ɿ^{21}，mei^{35}a^{55}tsei^{21}，[lau^{21}wua^{21}ts^{h}ɿ^{21}]、[mei^{35}a^{55}tsei^{21}] 原词形分别为 [lau^{21}ts^{h}ɿ^{21}]、[mei^{35}tsei^{21}]
出太阳　　　下雨

出太阳了，下雨了，

t^{h}iɛ^{55}pi^{55} la^{55}k^{h}u^{55} a^{55}sei^{21}?
对面　路上　谁

对面路上是谁呀？

ŋa^{55} ko^{55} tso^{35} mo^{21} li^{53} tɕ^{h}iɛ^{21}!
我　他　捉　着　地　耕

我把他抓过来耕地吧！

t^{h}iau^{21}tsɿ^{21} la^{21} k^{h}o^{55} piɛ^{21}，[t^{h}iau^{21}tsɿ^{21}]“条子”，赶牛用的细棍子
条子　　呢　拗　先

赶牛用的细棍子先（用手）折弯看，

lã^{35}k^{h}u^{55} la^{55} a^{55} piɛ^{21}.
牛轭　呢　取　先

牛轭呢先取来（把它们连接上）。

t^{h}uã^{21}tɕ^{h}iã^{21} tiɛ^{21} liau^{21}; [t^{h}uã^{21}tɕ^{h}iã^{21}]：牛轭上起连接作用的部件，是一个用棕绳或竹篾挽成的圈状物。
团圈　　　断　了

（但这时）团圈却断了；

wu^{35}pi^{55} li^{35}la^{55} wo^{35}t^{h}u^{55} p^{h}ei^{21} liau^{21}. [li^{35}la^{55}] 犁路：用犁耕地时犁后处留下的小沟

小牛　犁路　里面　趴　了

小牛（没拴住）就在犁路里趴下了。

（彭翠荣唱，2016.7.16）

mei^{35}mei^{35}k^{h}uai^{35}tsei^{21}ɕiɛ^{35}

天　快　下雨

mei^{35} mei^{35} k^{h}uai^{35} tseia^{21} ɕiɛ^{55}， [tseia^{21}]：[tsei^{21}]“下雨”与助词 [a^{55}] 的合音

天　天　快　下雨　来

老天老天快下雨，

ts^{h}ei^{21}lu^{21}li^{55}lu^{55} k^{h}uai^{35} toa^{21} ɕiɛ^{35}. [toa^{21}]：[to^{21}]“流”与助词 [a^{55}] 的合音

大雨大水　快　流　来

倾盆大雨下下来。

mei^{35} mei^{35} k^{h}uai^{35} tseia^{21} ɕiɛ^{55},

天　天　快　下雨　来

老天老天快下雨，

sũ^{35}pa^{55} lau^{55}ka^{21} k^{h}uai^{35} toa^{21} ɕiɛ^{35}.

鱼　大　快　流　来

大鱼顺水流下来。

a^{21}niɛ^{55} a^{21}pa^{55} k^{h}ã^{21}k^{h}u^{55} jiɛ^{21}zɿ^{55} lu^{21},

母亲　父亲　山里　做工　去了

父母山里做工去，

tsei^{21}sɿ^{21} tẽ^{53}p^{h}ũ^{21} xo^{21} ta^{35},

蓑衣　斗笠　拿　没

没拿蓑衣和斗笠，

k^{h}uai^{35} ɕiɛ^{21} tɕiɛ^{35}p^{h}oa^{55} ɕiɛ^{21}. [tɕiɛ^{35}p^{h}oa^{55}]：[tɕiɛ^{35}p^{h}o^{55}]“放工”与助词 [a^{55}] 的合音

快　　些　　放工　　来

快些收工回家来。

mei^{35}，mei^{35} k^{h}uai^{35} tsei^{21} a^{21} ɕiɛ^{55}，

天　　天　　快　　下雨（结构助）来

老天老天快下雨，

ts^{h}ei^{21}lu^{21}li^{55}lu^{55} k^{h}uai^{35} toa^{21} ɕiɛ^{35}. [ts^{h}ei^{21}lu^{21}li^{55}lu^{55}]：后三个音节均无意义，合起来为大雨大水

大雨大水　　快　　流　来

倾盆大雨下下来。

ts^{h}ei^{21}p^{h}ũ^{21} to^{21} mo^{21} mã^{53} po^{21}，

水塘　　流（结构助）满　着

快把塘里水流满，

sũ^{35} lũ^{55} ts^{h}a^{55}，sa^{53} lũ^{21} ts^{h}a^{35}.

鱼　养　好　　鸭　养　好

好养鱼来好养鸭。

（彭翠荣唱，2016.7.16）

to^{21} t^{h}iɛ^{35}to^{21}

打　铁　声

to^{21} t^{h}iɛ^{35} to^{21}，to^{21} t^{h}iɛ^{35} to^{21}，[to^{21}]：模拟打铁声

打　铁　打　　打　铁　打

打铁打，打铁打，

ɕiɛ^{55}tso^{55} p^{h}a^{21}p^{h}u^{55} k^{h}ei^{21} po^{21} tsau^{21}?

铁匠　　爷爷　　哪里 往　走了

铁匠爷爷哪儿去了？

wo^{21}sa^{21} wua^{53} lu^{21},
背篓　背　去了

背篓背走了，

su^{35}k^{h}u^{53}pia^{53} wua^{53} lu^{21}， [su^{35}k^{h}u^{53}pia^{53}]：[su^{35}k^{h}u^{53}pi^{53}] “小柴刀” 与助词 [a^{55}] 的合音
小柴刀　　背　去了

小柴刀也背走了，

xa^{53}liɛ^{21}pia^{35} ts^{h}oa^{53} lu^{21}.
小狗　　引　去了

小狗牵走了。

to^{21} t^{h}iɛ^{35} to^{21}，to^{21} t^{h}iɛ^{35} to^{21}，
打　铁　打　　打　铁　打

打铁打，打铁打，

ɕiɛ^{53}tso^{21} p^{h}a^{21}p^{h}u^{55} k^{h}a^{21} wo^{53} lu^{21},
铁匠　爷爷　柴　背　去了

铁匠爷爷背柴去了。

（彭翠荣唱，2016.7.16）

k^{h}ei^{35}k^{h}a^{21}k^{h}ei^{35}k^{h}a^{21} ẽ^{55}kei^{55}po^{55}k^{h}a^{21}
烟子　烟子　那边　往　熏

k^{h}ei^{35}k^{h}a^{21} k^{h}ei^{35}k^{h}a^{21} ẽ^{55}kei^{55} po^{55} k^{h}a^{21}， [k^{h}a^{21}]：动词 [k^{h}ei^{35}k^{h}a^{21}] “熏” 的省略
烟子　烟子　那边　往　熏

烟子烟子往那边熏，

sei^{21}sɿ^{21} la^{35} pu^{55} ẽ^{55}kei^{55} po^{55} la^{21}.
油　一　滴　那边　往　放

一滴油放那边。

k^{h}ei^{35}k^{h}a^{21} k^{h}ei^{35}k^{h}a^{21} ẽ^{55}kei^{55} po^{55} k^{h}a^{21},

烟子　烟子　那边　往　熏

　　烟子烟子往那边熏，

zei^{21}pi^{21} ts^{h}ɿ^{35} lai^{55} ẽ^{55}kei^{55} po^{55} tsau^{21}.

老鼠儿　现　了　那边　往　走了

　　老鼠儿出来走那边。

　　这首儿歌多在火塘生火烟熏人时念，据说念了烟就不会熏人了。

（彭翠荣唱，2016.7.16）

（二）摇篮曲

ɛ^{35}lo^{53}lo^{21}

哎罗罗

ɛ^{35}lo^{53}lo^{21}，ɛ^{35}lo^{53}lo^{21},

哎罗罗　哎罗罗

　　哎罗罗，哎罗罗，

a^{21}k^{h}o^{55}pi^{35}pi^{55} ni^{35} t^{h}a^{55} tsɿ^{21},

小小哥哥　你　不要　哭

　　小哥哥你不要哭，

a^{21}k^{h}o^{55} po^{53}li^{21} mei^{35}ti^{55} po^{21}.

哥哥　孩子　听话　着

　　小哥哥要听话。

ɛ^{35}lo^{53}lo^{21}，ɛ^{35}lo^{53}lo^{21},

哎罗罗　哎罗罗

　　哎罗罗，哎罗罗，

a^{21}k^{h}o^{55} wũ^{35} liau^{55} wu^{35} k^{h}a^{53} to^{21},
哥哥　长　了　牛　守　要

哥哥长大了要守牛，

wu^{55} la^{55} k^{h}a^{55} liɛ^{21} k^{h}a^{21} a^{55} wo^{21},
牛　一　守　了　柴（结构助）背

守个牛，背点柴，

ts^{h}u^{53} niɛ^{55} tɕ^{h}iɛ^{53}ɕi^{35}tiɛ^{55} zʅ^{55} t^{h}a^{55}to^{21}.
家里　的　什么　做　不要

家里什么都不要做。

ɛ^{35}lo^{53}lo^{21}, ɛ^{35}lo^{53}lo^{21},
哎罗罗　哎罗罗

哎啰啰，哎啰啰，

a^{35}ta^{55}pi^{35}pi^{55} ni^{35} tsʅ^{35} t^{h}a^{55}to^{21},
小小姐姐　你　哭　不要

小姐姐你不要哭，

a^{35}ta^{55}pi^{35}pi^{55} ni^{35} mei^{35}ti^{53} po^{21}.
小小姐姐　你　听话　着

小姐姐你听话。

ɛ^{35}lo^{53}lo^{21}, ɛ^{35}lo^{53}lo^{21},
哎罗罗　哎罗罗

哎罗罗，哎罗罗，

a^{35}ta^{55} wũ^{35} liau^{53} mai^{21} ts^{h}ei^{21}k^{h}u^{21} ts^{h}ei^{53} to^{21},
姐姐　长　了　呢　麻　绩　要

姐姐长大了要绩麻，

ts^{h}ei^{21}k^{h}u^{21} ts^{h}ei^{55} liau^{55} mai^{21} xo^{35} t^{h}a^{53} to^{21},
麻　绩　了　呢　布　织　要

绩麻了要织布，

xo^{35} t^{h}a^{55} liɛ^{55} sɿ^{55}pa^{55} a^{35}sɿ^{55} la^{21} to^{21}，
布 织 了 衣服 新 缝 要

织布就缝新衣服，

sɿ^{55}pa^{55} a^{35}sɿ^{55} ni^{35} po^{21} taɪ^{35} po^{53}，[taɪ^{35}]：[ta^{35}]“穿”的将行体
衣服 新 你 给 将穿 着

新衣服就给你穿。

这是两首摇篮曲。吟唱者根据孩子的性别，选择吟唱内容。

（彭翠荣唱，2016.7.16）

（三）民歌

a^{35}ta^{21} liɛ^{35} ka^{21}k^{h}a^{55}p^{h}u^{55}t^{h}a^{53}
姐在 楼 上 织 花

男唱：

a^{35}ta^{21} liɛ^{35} ka^{21} tɕiou^{21} k^{h}a^{55}p^{h}u^{55} t^{h}a^{53}，
姐姐 楼 上 就 花 织

姐在楼上忙织花，

ŋa^{35} sa^{55} ts^{h}o^{53} niɛ^{21} li^{53}xũ^{21} ka^{21}，[niɛ^{21}]：[t^{h}a^{55}niɛ^{55}]“后面”的省略
我 你们 屋 后 生土 挖

我在屋后把土挖，

ŋa^{35} tsei^{35} tɕiou^{35} ka^{21} lai^{21} li^{35} jiou^{35} a^{55}，“饿”本为 [li^{35}a^{55}]，因节奏缘故，其中插入 [jiou^{35}]“又”
我 口 又 干 来 肚 又 饿

口又干呢肚又饿，

wũ^{53}ka^{21} tɕiou^{21} la^{55} su^{55} sɿ^{35} ta^{21}.
中饭 就 一 碗 送 没

姐碗中饭没送我。

女唱:

a^{21}k^{h}o^{55} ni^{35} ts^{h}o^{53} niɛ^{21} li^{53}xũ^{21} ka^{53},
哥哥 你 屋 后 生土 挖

哥在屋后把土挖,

ni^{35} tsei^{35} jiou^{35} ka^{21} lai^{21} li^{35} jiou^{35} a^{53},
你 口 又 干 来 肚 又 饿

你自己口干肚饿,

ŋa^{35} nia^{55} a^{21}k^{h}o^{55} ma^{21} ni^{55} zẽ^{35} to^{21} ta^{35} mã^{21},
我 你 哥哥 呢 你 认 到 不 嘛

我们相互不认识,

ni^{35} tsei^{35}ka^{21} tɕiou^{55} ŋa^{55} tɕiau^{35} tɕ^{h}iɛ^{53}ɕi^{21} sa^{21}?
你 口干 就 我 跟 什么 事

跟我有什么关系?

男唱:

a^{35}ta^{55} ni^{35} ko^{55} tɕiou^{21} tsei^{35} mo^{55} paɪ^{53} ,
姐姐 你 他 就 告诉(结构助)将看

姐啊姐我告诉你,

a^{35}ta^{55} niɛ^{21} lo^{35}pu^{55} lo^{53} zẽ^{35} t^{h}a^{55},
姐姐 的 眼睛 人 认 不

姐的眼睛不认人,

a^{35}ni^{55} ti^{55}ka^{21} niɛ^{55} ɣɨ^{55} ta^{53}po^{21}ts^{h}a^{35} mã^{21},
我们 以前 两 个 相好 嘛

我们以前就相好,

lai^{55} jia^{55} ni^{35} ŋa^{55} tɕiou^{35} lo^{53} zẽ^{35} t^{h}a^{55}.
今天 啊 你 我 就 人 认 不

今你这么不认人。

女唱：

a^{21}k^{h}o^{55} a^{21}k^{h}o^{55} jiou^{35} ŋa^{35} ni^{55} tɕiɛ^{21}，

哥哥　哥哥　又　我　你　喊

哥哥哥哥叫声你，

ni^{35} a^{35}ta^{55} sa^{21} lia^{21} mei^{21} t^{h}a^{53} ɕiã^{21}，

你　姐姐　话　说　心　别　想

姐是有口没有心，

ŋa^{35} ni^{55} a^{21}k^{h}o^{55} mã^{55} tɕ^{h}iɛ^{35}tu^{55} to^{21} mei^{21} wo^{21}t^{h}u^{21} tiɛ^{35} mã^{55}，

我　你　哥哥　呢　什么时候　都　心　里　想　嘛

日也思来夜也想，

a^{35}ni^{55} niɛ^{55} ɣɨ^{55} tɕ^{h}iɛ^{35}tu^{55} ta^{55}xa^{21} jiɛ^{55} jio^{21}？

我们　两　个　什么时候　一起　到　啊

两人何时到一起？

（田义荣唱，2018.10.27）

四 故事

（一）王家两父子

wuã21 tɕia21kʰa21 pi53pa21 niã53 xu21
王 姓 子父 两 个

wuã21 tɕia21kʰa21 lai21 lo53pi35tsai53 a55zɿ21 tʰai35，ko35 tɕiou55 lo53pi35 la55 xu21 lã21.
王 姓 呢 儿子 多 没有 他 就 儿子 一 个 只

lo53pi35 lai55 xa53la55xa53tɕʰi35，sau21，sau21 ɕi21tʰai35，lai53 zɿ55 to55 ni35 ko21 ẽ55 tsa35tɕʰi55
儿子 呢 傻里傻气 苕 苕 得不得了 什么 做 都 你 他 硬 嘴巴

lai55 li21 mo21 tɕʰĩ55tsʰu21 po21 tʰi21xɨ21，ko35 to21 zɿ21 tsʰɿ21ɣei21，xã35tsɿ55 mã55 tɕi53to21 ta35.
呢 说 得 清楚 着 不能 他 自己做 不会 汉子 呢 几多 大

（有一个）姓王的人，只有一个儿子。他儿子傻里傻气的，蠢得不得了，什么都不会做，话也说不清楚。但是他儿子的个头很大。

ai55 la55 niɛ55，kei55tsei55 pʰo35pa55tsei21 ko21 tɕiɛ21 a21 liɛ55，tsau53 lai21 tɕiɛa21 lai55
那 一 天 他们 父亲 他 叫 啊 了 早 地 叫 了

a21kʰo53 a21，lai53 ã35 ta55xa21 pʰa55jiou55 tʰũ21jiou21sei21sɿ55 luɪ35，ni35 lai55 tsau53xuã21
哥哥 啊 今天 我们 一起 街上 桐油 去卖 你 呢 早饭

kʰuai35 tsu35 ɕiɛ55，tsau53xuã21 ka21 liɛ21，ai21 ẽ21kei21 pʰa55jiou21 po21 ɣɨ35 lai55. ni35 sɿ55
快 起 来 早饭 吃 了 哎 那里 街上 往 去 了 你 是

la35piɛ55 sau21 la21 au21，ni35 kei55li21kei35li21 tʰa55 li21，ŋa35 tɕʰiã35 kau53 la21 lai21 ni35
一点 苕 一直 啊 你 东讲西讲 别 讲 我 怎么 做 着 呢 你

tɕʰiã55 kau53. jiã21lai21 sau21la21sau21tɕʰi35 xã35 kau53 lo53 tɕiou35 niɛɪ53 la21. ai55 lo53pi21
怎么 做 原来 苕里苕气 那么 做 别人 就 会笑 啦 那 儿子

lai^{21} ts^{h}a^{35} ts^{h}a^{35} ts^{h}a^{35} a^{35}pa^{53} ŋa^{35} xã^{35} kau^{53}.
呢 好 好 好 父亲 我 那么 做

一天，他父亲早早地叫他：“哥哥啊，今天我们一起去街上卖桐油，你快起来，吃完早饭就到街上去。你人有点傻，（到了街上）别乱说话，我怎么做你就怎么做。像以前那样傻里傻气地做事，别人会笑话你的。”“好，好，好，父亲，我（就像你说的）那么去做。”（儿子答道）。

ai^{55}lɛ^{55} ta^{21}xa^{21} tsau^{53}xuã^{21} ka^{35} liɛ^{55}. ai^{55} sei^{21}sɿ^{21} zɿ^{21} ɕi^{21} xẽ^{53} so^{21}? lau^{55}wua^{21} ji^{35}
那么 一起 早饭 吃 了 那 桐油 多 得 很 吗 每人 一

p^{h}ĩ^{21}. ai^{55} sɿ^{21}tɕiɛ^{21} ai^{21} jiã^{21}jiou^{21}p^{h}ĩ^{21}, tɕiou^{21} sei^{21}sɿ^{55} p^{h}ĩ^{21}tsɿ^{21}, ji^{35} p^{h}ĩ^{21}, wo^{21}sa^{21} t^{h}u^{35}
瓶 那 时节 哎 洋油瓶 就 油 瓶子 一 瓶 背篓 里

ts^{h}u^{53} po^{21} wo^{21} ta^{55}xa^{21} ai^{55}lɛ^{55} p^{h}a^{55}jiou^{55} po^{21} ẽ^{21}tɕ^{h}iɛ^{35}. ai^{55} la^{55} niɛ^{55} lai^{55} la^{53}
装 着 背 一起 那么 街上 往 去 那 一 天 呢 路

la^{55}piɛ^{55} ɣɨ^{35} ɕi^{55}lã^{55}, p^{h}o^{35}p^{h}a^{55}ts^{h}ei^{55} lai^{21} pa^{21} ta^{21} sɿ^{21}tɕiɛ^{21} ji^{35} liou^{53}, p^{h}a^{55}jiou^{55} jiɛ^{55}
一点 走 难 父亲 呢 坡 下 时节 一 滑 街上 到

to^{55} jiɛ^{55} la^{21} xu^{21}, ji^{35} liou^{53} lai^{21}, jiã^{21}jiou^{21}p^{h}ĩ^{21} ko^{35} kẽ^{55}tu^{55}xa^{21} lu^{21}, po^{21}lo^{21}po^{21}lo^{21}
都 到 着 了 一 滑 呢 洋油瓶 它 栽跟头 去了 骨碌骨碌

ji^{35}sɿ^{55} pa^{53} pa^{53}za^{21} tɕi^{21}t^{h}a^{21} po^{21} kẽ^{55}tu^{55}xa^{21} lu^{21}, sei^{35}sɿ^{55} ko^{21} pei^{35} tɕi^{55} liau^{55}. ai^{55}lɛ^{55}
都 坡 偏坡 脚下 往 栽跟头 去了 油 它 泼 完 了 那么

lo^{53}pi^{35} t^{h}a^{55}niɛ^{21} lai^{21} pa^{53} po^{21} ɕi^{35}, au^{53}, a^{21}pa^{55} tsɿ^{55}kei^{55} xã^{35} kau^{53} a^{21} lu^{21}! ko^{35} ŋa^{55}
儿子 后头 呢 看 着 的 喔 父亲 前头 那么 搞 啊 去了 他 我

to^{21} mo^{21} ko^{35} tɕ^{h}iã^{55} kau^{53} la^{21} ŋa^{35} tɕ^{h}iã^{55} kau^{53} a^{21} lai^{21}. ko^{35} ko^{55} tɕiou^{55} t^{h}a^{55}niɛ^{55}
要（强调助）他 怎么 做 着 我 怎么 做 啊 呢 他 它 就 后头

lai^{21} kẽ^{55}tau^{21} tɕiou^{21} pai^{55}tsai^{55}xai^{55}, tai^{55}lai^{55} ko^{55} ko^{55} t^{h}u^{35} a^{55} lu^{21}, jiɛ^{53} kẽ^{55}tu^{55}xa^{21}
呢 跟到 就 使劲 哗啦 它 把 倒 啊 了 也 栽跟头

lu^{21}, xa^{21} lu^{21}, pa^{21}lu^{21}pa^{21}lu^{21} po^{21} sei^{21}sɿ^{21} ji^{35} p^{h}ĩ^{21} jiou^{35} pei^{21} tɕi^{53} liau^{21}. ai^{55}lɛ^{55}
了 栽 了 骨碌骨碌 地 油 一 瓶 又 泼 完 了 那么

p^{h}o^{35}p^{h}a^{55}ts^{h}ei^{55} lai^{55} ŋẽ^{35} ŋou^{35} liɛ^{55}, kau^{53}ts^{h}ɿ^{21} a^{21} t^{h}ai^{35}. kai^{55}sã^{21} jiou^{35} jiɛ^{53} la^{21} xu^{35}.
父亲 呢 硬 怄气（程度助）搞场（持续助）没有 街上 又 到 着 了

ai^{55}lɛ^{55} p^{h}a^{55}jiou^{55} po^{21} jiou^{35} ẽ^{21}tɕ^{h}iɛ^{35}.
那么 街上 往 又 走

（父子俩）一起吃过早饭。那桐油很多吗？不多，每人一桶。那时候的洋油瓶子就是油桶。油桶装在背篓里，背着往街上走去。那天，路不太好走，快到街上的时候是下坡，父亲脚一滑，油桶就从背篓里滚了出来，骨碌骨碌往山脚下滚去，油也全部泼出来了。儿子在后面看见了，心想：父亲在前面这么做啊！他（说过）他怎么做让我就怎么做。于是，儿子在后面马上使劲"哗啦"地一下把油桶倒了，（油桶）也栽跟头了，骨碌骨碌地滚（到山底下去了），一桶油也全泼完了。他父亲（看到这）十分生气，（但拿他）一点办法也没有，（再说）也快到街上了，就（只好继续）往街上走。

ẽ21tɕʰiɛ35 lai55 la35ɕiɛ55 liɛ55，tsa55 wũ53ka21 ta55tsei21 kaɪ35 wũ53ka21 lai21 tɕʰi35tɕʰi55
走　　了 一阵　了　中　中饭　好像　要吃 中饭　了　什么

to55 ka35 ta55. tɕiou35 miã35 la55 su55 ka35 la55.　pʰo35pʰa55tsʰei55 lai55 miã35 ka35 sɿ21tɕiɛ21 lai21，
都 吃 没　就　面　一 碗 吃 着　父亲　　呢　面　吃　时节　呢

piã55 ka35 lai55 ai55 sa21 la35 tũ55 ɕiã53　a21　lai21 lai21，　niɛ53 tsʰa35. kʰñ53kʰũ53，la35 lũ55
边　吃　呢 那　事　一　下　想　啊　了　呢　笑　好　哼 哼　一　下

la35 tũ55 niɛ53. niɛ55 la55 lai55 miã35 lai55 wũ55tɕʰi55 tũ21ka35 tɕʰi53liɛ21 lu21. a53jia21，
一　下 笑　笑 一　呢　面　呢　鼻子　孔　　进去　了　哎呀

tɕʰi55kʰu55tɕʰi55kʰu53 la35ɕiɛ55 kau53 lu21. lo53pi21 lai21 ko35 a21pa55 pa53 po21 ɕi35，a21pa53
叽咕叽咕　　一阵　搞　了　儿子　呢　他　父亲　看　着　的　父亲

tɕʰĩ21kũ21ka21kũ21 xã35　kau53 la21，ko35 ko55　tɕiou55 wũ55tɕʰi55 wo35tʰu55 lai55 miã35 tsu21
叽里咕噜　　那么 搞　着　他（强调助）就　鼻子　　里头　呢　面　塞

to21 tɕʰĩ21kũ21ka21kũ21 kau53，tɕʰiã35 kau53 lai21 to55 kau53 mo21　tsu35 tʰa55tʰi55. ai55lɛ55
到　叽里咕噜　　搞　怎么 搞　呢 都 搞　得　出　不能　那么

kei53tsai21 a21pa55 mau35xo53 liau21. wũ35tɕʰi55 ka55 lai55 tsa55 po55 mo21　xa21 mo35 ko55
他们　父亲　冒火　了　鼻子　上　呢　抓　着　得　打　得　他

sei21 la21 xu21.　kou53zɿ21ti21，ni35 tã55 kau53 niɛ21ɕi35 mã55 kau53 a21　tʰi55，pu35 tã55 kau53
死　着　了　狗日的　你 当 搞　的　呢 搞　啊 不能 不　当　搞

ɕi21 ni35 kau53 tei21ɕi21，lai53　ni35 kau53 a21　tʰi21　ni35 sei35. xa21 mo21 ko55 sei21 la21
的 你　搞　得　今天 你　搞　啊　不能 你 去死 打　得　他　死　着

xu21.lo55tiɛ55 a35ti55 miã35kuã55 li53 niɛ21 lo55tei55 to55 ẽ35 pu21ɕĩ35 liau55，ai53，tɕʰiã35 xã35
了　人家　那个　面馆　里　的　人家　都　硬 不信　了　哎　怎么 那么

xa^{21} lu^{21}? kei^{53} lo^{55}tiɛ^{55} ko^{21} mã^{21} tau^{35}li^{53} tɕiou^{35} xa^{53}t^{h}ai^{35}. xa^{21} lai^{55} p^{h}o^{35}p^{h}a^{55}ts^{h}ei^{21}
打 去了 他们 人家 他 呢 道理 就 不知道 打 呢 父亲

a^{21}, ni^{35} xã^{35} xa^{21} jiɛ^{53} k^{h}oŋ^{35}ti^{53}, ko^{35} sau^{21} liau^{21} sau^{21} ts^{h}ã^{21} liau^{55}, sei^{21}sɿ^{35} t^{h}u^{35}
啊 你 那么 打 也 空的 他 苕 了 苕 残 了 油 倒

niɛ^{55}ɕi^{55} jiɛ^{53} t^{h}u^{35} ts^{h}ã^{21} liau^{21}. jiã^{55}t^{h}ã^{21} lai^{21} jiã^{55}t^{h}ã^{21} lai^{21} ts^{h}u^{53} po^{21} sũ^{55}k^{h}o^{21} ti^{35}.
的 也 倒 残 了 蔫蔫 地 蔫蔫 地 家里 往 回 来

走了一阵子，（差不多到了）吃午饭的时候，（父子俩）午饭就吃一碗面条。父亲吃面条的时候想起刚才那事，（觉得）好笑。“哼哼”笑了一下，面条就吸进鼻孔去了。哎呀，（面条吸进鼻孔里）叽咕叽咕地弄了一阵子（也没出来）。儿子看着父亲那么做，于是，就往鼻孔里塞面条，也叽咕叽咕地弄，可怎么也弄不进去。他父亲看到（儿子这样）就来火了，揪住儿子的鼻子就打，（把他）打得个半死，（边打还边骂他儿子：）“蠢东西，你该做的做不好，不该做的倒会做。今天你做不好的话你就去死。”（看到父亲）把儿子打了个半死，那个面馆里的人也不明白：“怎么这么打呀？”他们不明白缘由，而父亲（心里）也清楚：打是白打的，他是傻子呀，油都倒完了，（也不能再装回来了）。父亲（只好）垂头丧气地往家里走去。

ts^{h}u^{53} jiɛ^{53} a^{21} lai^{55} xã^{55}tsu^{55}ka^{21} wũ^{21} po^{21}mo^{21}, sɿ^{55}sɿ^{55} to^{55} po^{21} ta^{35}. kei^{53}tsai^{21}
家里 到 啊 了 火床上 坐 着 气 都 出 没 他们

p^{h}a^{35}ni^{21} ai^{55} ko^{55} sɿ^{55}liɛ^{21}, ai^{21} ni^{35} tɕ^{h}i^{55}mo^{55} lai^{53} ji^{35}sɿ^{35} xɨ^{35} pa^{21} xuã^{55}ɕi^{53} ta^{35} mã^{21}?
妻子 那 他 问 哎 你 怎么 今天 都 那么大 欢喜 没 嘛

ai^{53} t^{h}a^{55} la^{35}ko^{55} li^{21}, kou^{53}zɿ^{21}ti^{21} ŋa^{35} tsɿ^{55}kei^{55} la^{53} liou^{55} wua^{55} lai^{55}, sei^{21}sɿ^{35} ji^{35} p^{h}ĩ^{21}
哎 别 那个 讲 狗日的 我 前头 路 滑 啊 了 油 一 瓶

pei^{35} a^{55} liau^{55} pei^{35} a^{55} lu^{21}. ko^{35} tɕiou^{55} t^{h}a^{55}niɛ^{55} kẽ^{55}tau^{55} t^{h}u^{35} a^{55} lu^{21}. ẽ^{55} ti^{55} lai^{21}
泼 啊 了 泼 啊 了 他 就 后头 跟到 倒 啊 了 那个 呢

ŋou^{35} ts^{h}a^{55} ɕi^{21}t^{h}ai^{55} jio^{55}. ni^{35} sau^{21} niɛ^{21}ɕi^{35} xã^{35} lũ^{55} liau^{55} lai^{21}, lau^{53}xo^{53} a^{21}! ai^{55}
怄 好 不得了 啊 你 苕 的 那么 生 了 呢 恼火 啊 那

pã^{35}xua^{21} t^{h}ai^{55} jia^{55}! ai^{55} ã^{35} niã^{55} xu^{21} t^{h}a^{55}niɛ^{55} niɛ^{53} k^{h}a^{55} k^{h}o^{21}k^{h}ɨ^{55}, tɕ^{h}iã^{35} kauɪ^{53} jio^{21}?
办法 没有 啊 那 我们 两 个 后头 日子 过 难 怎么 将搞 啊

sa^{21} tɕiou^{35} xã^{35}lã^{21}.
话 就 这样的

（父亲）回到家里，坐在火坑边上，一声不吭。他妻子问：“你今天怎么好像不太高兴？”

（父亲答道：）“别提了，我在前面滑了一下，一桶油全泼掉了，（那个蠢东西）就在后面马上（把另一桶油）倒掉了，可把我气死了。你生了这么（一个）傻儿子，伤脑筋啊！可那也没有办法啊！我们两个以后的日子难过啊！怎么办啊？”

（故事）就这样了。

（彭万联讲述，2016.7.14）

（二）陈二郎戏弄哥哥

tsʰẽ21ɛ35lã21 a21kʰo55 zʅ21lo21
陈二郎 哥哥 日弄

ai55tsu55 tsʰẽ21 tɕia21kʰa21 ai55tsʰai21 tsai35 sã55，tɕʰiã21ka55 niã53 xu21 ɕiɛ35，kei53tsai21
从前 陈 姓 那里 寨 上 弟兄 两 个 有 他们

a55ŋai21 lai21 tsuei35 lo55 zʅ35lũ55 xẽ53. ko35 ai55 la55 niɛ55 tʰa35mũ55la53ka21 ɣɨ35 a55 lai21，
弟弟 呢 最 人 日弄 肯 他 那 一 天 突然 走 啊 了

ko55ko55 ta55xa21，a21kʰo55 ta55xa21. a21kʰo55，a21kʰo55 a21，ã35 niã53 xu21 ta21 ẽ21kei21
哥哥 一起 哥哥 一起 哥哥 哥哥 啊 我们 两 个 一起 那里

tsʰẽ21li21 po21 ɣɨ35 jia21! tsʰẽ21li21 po21 ɣɨ35 lai53 zʅɪ53 jio21? ã35 niã55 xu55 ta55 ni35 mã21
城里 往 去 啊 城里 往 去 什么 将做 啊 我们 两 个 一起 你 呢

tsʰẽ21li21 ɣɨ35，lo53 ni55 tɕiɛ21ma21 to55 tʰai21. ŋa35 mã55 tsʰẽ21li21 ɣɨ35 lo53 ŋa55 tɕiɛ21ma21
城里 去 人 你 喊的人 都 没有 我 呢 城里 去 人 我 喊的人

xa35su55 tʰai55. a53zei21 sa21 li21，ã35 tɕʰiã55ka55 niã53 xu21 ta55tsei21 tsʰẽ21li21 la53 xei35 ɣɨ21
下数 没有 鬼 话 讲 我们 弟兄 两 个 一样 城里 路 那么 走

a21，ni35 mã55 tɕiɛ21ma21 ɕiɛ35，ŋa35 mã55 tɕiɛ21ma21 tʰai55？ ɣɨ35 mã55 ɣɨ35 a21！ ɣɨ35 a55
啊 你 呢 喊的人 有 我 呢 喊的人 没有 走 呢 走 啊 走 啊

ta55xa21 lai53 la55piɛ55 tu53 to21? lai53 tuɪ53 jio21? ŋo53 wũ53 tɕi21 tu53 to21. ŋo53 wũ53 tɕi21
一起 什么 一些 赌 要 什么 赌 啊 银子 五 两 赌 要 银子 五 两

tu53 mã21 ŋo53 wũ53 tɕi21 tu53 wua21.
赌 嘛 银子 五 两 赌 啊

从前，陈家寨上有两兄弟，弟弟（陈二郎）最喜欢戏弄人。一天，（弟弟）突然走来（对哥哥说）：“哥哥啊，哥哥，我们两个一起去城里吧！”“去城里做什么啊？”“我们俩一起（到城里去），你呢，到城里了，没有（一个）人（会）喊你，我呢，到城里了，喊（我）的人不计其数。”“你胡说，我们兄弟两个一样在城里走，有人喊你，却没有人喊我？（我不信），去就去啊！”“（那我们就）一起（去城里），（我们）要不要赌点什么？”“赌什么？”“赌五两银子。”“赌五两银子就赌五两银子吧。”

ai^{55}lɛ^{55} ta^{53}xa^{21} ti^{35} ɛ^{35} lau^{35}tsɿ^{55} xua^{21}lã^{21} ta^{53}tsei^{21}，tsau^{53} lai^{21} tsau^{53} tsau^{53}xuã^{21} ka^{35}

那么 一起 第 二 明天 早上 像 早（程度助）早 早饭 吃

lai^{55} ts^{h}ẽ^{21}li^{21} po^{21} ẽ^{21}tɕ^{h}iɛ^{35}. ts^{h}ẽ^{21}ɛ^{35}lã^{21} lai^{21} ko^{35} tɕiou^{21} a^{21}k^{h}o^{55}，ni^{35} tsɿ^{55}kei^{21} ɣɨ^{35}，

了 城里 往 去 陈二郎 呢 他 就 哥哥 你 前头 走

ŋa^{35} t^{h}a^{55}niɛ^{21} ɣɨɪ^{35}. ŋa^{35} tsɿ^{55}kei^{21} ɣɨ^{35} mã^{55} tsɿ^{55}kei^{21} ɣɨ^{35}，ni^{35} t^{h}a^{55}niɛ^{21} ɣɨ^{35} mã^{55} xuei^{35}

我 后头 走 我 前头 走 嘛 前头 走 你 后头 走 嘛 会

lo^{55} ẽ^{55} tɕiɛ^{21}ma^{21} ɕiɛ^{35} wo^{53}? ai^{55}lɛ^{55} a^{21}k^{h}o^{55} ɣɨ^{35} tsɿ^{55}kei^{21} ɣɨ^{35} la^{55}，a^{53}ŋai^{21} mã^{21}

人 硬 喊的人 有 啊 那么 哥哥 走 前头 走着 弟弟 呢

t^{h}a^{53}niɛ^{21} ɣɨ^{35} la^{55}. ai^{55}lɛ^{55} ɣɨ^{35} a^{55} lai^{21} ts^{h}ẽ^{21}li^{21} jiɛ^{53} la^{21} xu^{55}，lo^{55}tai^{55} tɕi^{53} ko^{35} ts^{h}ẽ^{21}ɛ^{35}lã^{21}

后面 走着 那么 走 啊 呢 城里 到 着 了 人家 几 个 陈二郎

tɕiɛ^{21} la^{21} xu^{55}，ts^{h}ẽ^{21}ɛ^{35}lã^{21} p^{h}o^{35}ka^{55}，ka^{53}tũ^{21} wũ^{21}，a^{21}ts^{h}ei^{55} xu^{21}. ko^{55}ko^{55} tsɿ^{55}kei^{21}

喊 着 了 陈二郎 先生 一会儿 坐 茶 喝 哥哥 前头

ɣɨ^{35} lai^{55} lo^{55}tei^{55} ko^{21} tɕiɛ^{21}ma^{21} t^{h}ai^{55}. jiɛ^{53} ɣɨ^{35} ɣɨ^{35} lai^{21} ẽ^{55}ti^{21}. ni^{35} ts^{h}ẽ^{21}ɛ^{35}lã^{21} ŋẽ^{35}

走 呢 人家 他 喊的人 没有 也 走 走 呢 这个 你 陈二郎 硬

tsa^{21}sɿ^{21} tei^{21}，lo^{55}tei^{55} ko^{21} tsẽ^{55}ti^{55} tɕiɛ^{21}ma^{21} ɕiɛ^{35}. ai^{55} jiou^{35} tsɿ^{55}kei^{53} po^{21} ɣɨ^{35} la^{55}，

厉害（程度助）人家 他 真的 喊的人 有 那 又 前头 往 走着

tsɿ^{55}kei^{53} ɣɨ^{35} a^{55} lai^{21}，lo^{55}tei^{55} jiou^{35} ko^{55} po^{53}li^{21}tsai^{21} lo^{53}ts^{h}ɿ^{55}pa^{55} xu^{35}ni^{55} ko^{55}，

前头 走 啊 了 人家 又 他 小孩儿 大人 都 他

ts^{h}ẽ^{21}ɛ^{35}lã^{21} p^{h}o^{35}ka^{53}，ka^{53}tũ^{21} wũ^{21}，a^{21}ts^{h}ei^{55} xu^{21}. ko^{35} jiou^{35} tsɿ^{21}kei^{21} tɕiɛ^{35}ma^{53} t^{h}ai^{55}.

陈二郎 先生 一会儿 坐 茶 喝 他 又 前头 喊的人 没有

ai^{55} ẽ^{35} ji^{35} t^{h}iã^{21} wo^{21} ts^{h}ẽ^{21}li^{21} to^{21} ɣɨ^{35} tɕi^{55} liau^{55}，ai^{55} to^{55} tɕiɛ^{21}ma^{21} t^{h}ai^{35} ko^{55}ko^{53}.

那 硬 一 天 啊 城里 都 走 完 了 那 都 喊的人 没有 哥哥

兄弟俩第二天早上，早早地吃完早饭，（就一起）往城里去。陈二郎（对哥哥说）：“哥哥，你走在前面，我走在后面。”（哥哥说）：“我走在前面就走在前面，你走在后面难道会有人喊

你啊？”随后，哥哥就在前面走，弟弟就走在后面。快到城里了，就有人开始喊陈二郎了：“陈二郎先生，坐一会儿，喝茶。”哥哥在前面走呢，却没有人喊他。走啊走，（哥哥想）：你陈二郎真是厉害，真的有人喊你呢。（他俩继续）往前面走，走到前面了，（路上的）大人小孩都（喊）：“陈二郎先生，坐一会儿，喝茶。”（哥哥）走在前面，没有（一个）人喊他。一整天啊，城里全都走遍了，（仍然）没有人喊哥哥（的名字）。

ε^{35}lã^{21} ko^{55}ko^{55} jiã^{55}t^{h}ã^{21} lai^{21} jiã^{55}t^{h}ã^{21} lai^{21} sũ^{55}k^{h}o^{21} ti^{35} a^{55}. ɣɨ^{35} a^{55} lai^{21} ts^{h}u^{53}.
二郎 哥哥 蔫蔫 地 蔫蔫 地 回家 来 啊 走 啊 了 家里

ai^{21} ko^{55}ko^{53} a^{21}, a^{21}k^{h}o^{53} ni^{35} tɕiɛ^{21}ma^{21} t^{h}ai^{35} mã^{53}, ŋa^{35} tɕiɛ^{21}ma^{21} kei^{53}ti^{21} mã^{21}. ɕiã^{35}
哎 哥哥 啊 哥哥 你 喊的人 没有 吧 我 喊的人 多的是 吧 先

ts^{h}ẽ^{21}li^{21} lai^{21} tɕ^{h}iã^{35} kau^{53} po^{21} ɕi^{35} lai^{55}？ ko^{35} jiau^{55}kã^{55} ka^{21} ts^{h}ẽ^{21}ε^{35}lã^{21} wũ^{21}, a^{21}ts^{h}ei^{21}
城里 呢 怎么 搞 着 的 呢 他 腰杆 上 陈二郎 坐 茶

xu^{21}, xuẽ^{21}pi^{21} xo^{21} xã^{35} ts^{h}ɿ^{55}tsɿ^{55} ka^{53} pu^{21} a^{35} po^{55} la^{21}. lo^{55}tei^{55} ko^{55} ts^{h}ẽ^{21}ε^{35}lã^{21} tɕiɛ^{21}
喝 粉笔 用 那么 字 几 个 写 着（持续助）人家 他 陈二郎 喊

niɛ^{21}ɕi^{35} pu^{21}sɿ^{55}, lo^{55}tei^{55} ko^{21} tɕiou^{35} ai^{55} ts^{h}ɿ^{55}ts^{h}ɿ^{55} niã^{35} niɛ^{55}ɕi^{21}. ai^{21} ko^{55}ko^{55} mã^{21}
的 不是 人家 他 就 那 字 念 的 那 哥哥 呢

xa^{53}t^{h}ai^{21}, tsɿ^{35}ɕiã^{21} ko^{35} t^{h}a^{55}niɛ^{21} ko^{35} tsɿ^{35}ɕiã^{21} ko^{35} tɕiɛ^{21} niɛ^{21}ɕi^{35}. ŋẽ^{35} ŋou^{35} sɿɪ^{53} jio^{21},
不知道 认为 他 后面 他 认为 他 喊 的 硬 怄 要死 啊

pei^{35}pei^{55} ti^{55} ko^{55} po^{21} ŋo^{55} wũ^{53} ts^{h}ɿ^{21} liɛ^{21} a^{21} lu^{21}, ai^{55}lɛ^{55} ko^{55}ko^{21} tɕiou^{35} su^{55} liau^{21}.
白白 地 他 给 银子 五 两 送 啊 了 那么 哥哥 就 输 了

tɕiou^{35} xã^{35}lã^{21}.
就 这样的

陈二郎的哥哥垂头丧气地走回家。走到家里（陈二郎说：）“哎，哥哥啊哥哥，没有人喊你吧，喊我的人多得是吧。”（哥哥无话可说，陈二郎）在城里是怎么（让这么多人喊他）的呢？（原来）他用粉笔在（自己）腰上写了“陈二郎坐，喝茶”那么几个字，（其实到城里）别人不是在喊他陈二郎的（名字），而是在念他（写的）那几个字。但他哥哥却不知道，认为（陈二郎）走在后面，（那些人都）是喊他的。（哥哥赌输了）气得要死，（就这样）白白地送给陈二郎五两银子。

（故事）就是这样的。

（彭万联讲述，2016.7.14）

（三）庆口桥

tɕĩ^{35}k^{h}ou^{53}tɕ^{h}iau^{21}
庆 口 桥

lũ^{21}t^{h}ou^{21} lai^{21} lũ^{21}sã^{55} po^{55} ɣɨ^{35} lai^{55} tɕĩ^{35}k^{h}ou^{55} la^{53}k^{h}a^{55} to^{21}，a^{55}ti^{55} jiou^{35}sɿ^{21} ta^{35}
隆头 从 龙山 往 走 呢 庆口 路过 要 那个 又是 大

lu^{55}，lo^{53} xũ^{53}xũ^{21}xũ^{53}xũ^{21}. ai^{55} sɿ^{21}tɕiɛ^{21} ts^{h}ẽ^{21}li^{21} po^{21} ku^{21} a^{21}. ji^{35}sɿ^{55} lo^{55}tei^{55}
路 人 熙熙攘攘 那 时节 城里 往 上 啊 就是 人家

li^{53}jiɛ^{21}so^{53} ji^{35}sɿ^{55} piã^{53}tã^{21} k^{h}ei^{53} po^{21} mo^{21} xã^{35} ɣɨ^{35} niɛ^{55}ɕi^{21}. tɕiou^{35} tɕĩ^{35}k^{h}ou^{21} ai^{55}ti^{55}
里耶人 都 扁担 挑 着 地 那么走 的 就 庆口 那个

jiã^{21}ku^{35} p^{h}a^{53}la^{21}xu^{21} la^{53} ɕiɛ^{35}，a^{35}ti^{55} jiã^{21}ku^{35} lai^{55} sẽ^{55} ɕi^{21}t^{h}ai^{35}，sã^{55} sɿ^{21} tɕi^{53} tsã^{35}
河 河谷 一 有 那个 河 呢 深 得不得了 三 十 几 丈

sẽ^{55} ɕiɛ^{35}. ẽ^{35} tɕ^{h}i^{35}tɕ^{h}i^{55} pã^{35}xua^{21} t^{h}ai^{55}，ni^{35} la^{53} zau^{53}tso^{21} t^{h}ai^{55}，zau^{53} to^{21} ẽ^{55}kei^{55}
深 有 硬 什么 办法 没有 你 路 绕的地方 没有 绕 都 那个

pau^{55}pau^{55} ka^{21} lai^{21} zau^{53} to^{21}，jĩ^{35} pã^{35}jiɛ^{55}lã^{21}tsũ^{55} lai^{55} a^{21} p^{h}iã^{55}p^{h}iã^{55} ti^{55} po^{21}，
包包 上 呢 绕 要 硬 中间 呢 还 偏偏 的 着

ji^{35}sã^{55}ji^{35}ɕia^{55} po^{21}. xã^{35}lã^{21} la^{53} to^{55} ɕiou^{55} po^{21} ta^{21}. xã^{35} zau^{53} la^{21}，ai^{55}lɛ^{55} mei^{21}
一上一下 的 那样的 路 都 修 着 没 那么绕 着 那么 呢

lũ^{21}sã^{55} po^{21} ɣɨ^{35} la^{55}.
龙山 往 走 着

从隆头去龙山（县城）要经过庆口，那是条大路，人熙熙攘攘的。那时候，里耶的人都是挑着扁担往城里走的。但在庆口那里有一条河，河谷有三十几丈，深得不得了。（人们经过那里的时候），没有办法（直接通过），连绕路的地方都没有，要绕都（只能）从山坡上绕，（山坡）中间还是陡陡的（斜坡），上上下下（十分困难）。（就因为）那样，路也没有（办法）修。（人们就只能）那么绕路，往龙山去。

ã^{35} kei^{21} to^{55}ku^{55} lai^{21} ɕiɛ^{35}ma^{21}tsai^{21} t^{h}au^{35}pa^{55} la^{53} xu^{21} ɕiɛ^{35}，p^{h}ũ^{21}ts^{h}ei^{21}p^{h}ã^{35}. ko^{35}
我们 这里 多谷 呢 有钱人 大 一 个 有 彭泽畔 他

lai^{55} ji^{35}sɿ^{55} ẽ^{55}kei^{55} sẽ^{55}ji^{55} zɿ^{55} a^{55}，tsã^{35} a^{21}，lũ^{21}t^{h}u^{21} lai^{21} tɕĩ^{35}k^{h}ou^{53} po^{55} a^{21} tɕĩ^{53} ɣɨ^{35}
呢 都 那里 生意 做 啊 账 取 隆头 从 庆口 往 啊 经常 走

la^{55}.　ma^{53} tɕi^{53} po^{21}，jĩ^{35} pu^{21} xuã^{55}piã^{55}. ko^{35} ts^{h}u^{53} ɕia^{55}wu^{21} ts^{h}a^{35} ɕi^{55}t^{h}ai^{55}，ko^{35} lai^{55}
着　马 骑 着　硬 不　方便　他 家里　家境　好　得不得了 他 呢

ko^{35} ko^{55} tsuẽ^{53}pi^{21} au^{55}ts^{h}ai^{21} tɕ^{h}iau^{21} lau^{55} ɕiou^{55}.
他（强调助）准备　那里　桥　一座 修

我们多谷这里有个很有钱的人，（叫）彭泽畔。他做生意，要取账，经常得从庆口走。（一般都是）骑马，（经过庆口都）很不方便。他家境非常好，（于是）准备（出钱）在（庆口）那里修一座桥。

tɕ^{h}iau^{21} ɕiou^{55} lai^{55} ẽ^{35} so^{55}p^{h}ai^{55}so^{55}niɛ^{55} tɕia^{35}sɿ^{55} liau^{55}. sa^{35}ko^{53} ai^{55}lɛ^{55} ts^{h}ã^{21}kũ^{21}
桥　修　呢 硬　三天三夜　开始　了　结果　那么　长工

ko^{35} ts^{h}ã^{21}kũ^{21} ji^{35} ɛ^{35} sɿ^{21} ko^{35} ɕiɛ^{35}，ts^{h}ã^{21}kũ^{21} ji^{21} ɛ^{35} sɿ^{21} ko^{21} p^{h}a^{21}tɕ^{h}iɛ^{35} a^{55} lai^{55}，
他　长工　一　二　十　个　有　长工　一　二　十　个　派　啊　了

ẽ^{21}kei^{21} sɿ^{35}tau^{55}pa^{55}ts^{h}u^{55} ŋai^{21}tɕiã^{21} ni^{55}ma^{53} ni^{55}，ɕiau^{55}kũ^{55} ni^{55}ma^{53} ni^{55}，ai^{55}lɛ^{55} ẽ^{21}kei^{21}
那里　四处　石匠　找的人 找　小工　找的人 找　那么　那里

jiɛ^{21}pã^{35}ma^{53} ni^{55}，xã^{35} lo^{53} pei^{35} pa^{55} t^{h}a^{35}ts^{h}ɿ^{55} ni^{55} a^{21} ti^{21}，tɕ^{h}i^{35} pa^{55} t^{h}iã^{55} xɨ^{35} niɛ^{55}
做饭的人 找　那么人　百　把　多　找　啊　来　七　八　天　十　天

lai^{21} pei^{35} pa^{55} t^{h}a^{55}ts^{h}ɿ^{21} xu^{35}ni^{55} au^{55} jiɛ^{55} tɕi^{21} liau^{21}. au^{55}ts^{h}ai^{21} jiou^{35} wo^{55}p^{h}ũ^{21} ta^{35}，
呢　百　把　多　都　那里 到　完　了　那里　又　窝棚　搭

tɕĩ^{35}k^{h}ou^{53} xu^{35}ni^{55} to^{55} lo^{53} tsu^{35}tsa^{21} tɕi^{35} liau^{55}，wũ^{21}tso^{21} t^{h}ai^{55} a^{55} lai^{21} tɕiou^{21}
庆口　都　都　人　驻扎　完　了　住的地方 没有啊　了　就

au^{55}ts^{h}ai^{21} wo^{55}p^{h}ũ^{21} ta^{21}，au^{55}ts^{h}ai^{21} tɕiã^{55}tɕiou^{55} po^{55} ɕiou^{55} la^{21}.　tɕia^{35}sɿ^{35} niɛ^{55} ai^{55} la^{55}
那里　窝棚　搭　那里　将就　着　修　着　开始　的　那　一

niɛ^{55} lai^{21}，ko^{35} wuã^{35} niɛ^{55} lũ^{55} tsɿ^{55} niɛ^{55} lũ^{55} a^{35} pu^{35} wo^{21}mo^{21}，zei^{35} a^{55} tɕi^{53} t^{h}ã^{21}，
天　呢　他　牛　两　头　猪　两　头　啊　杀　着　酒　啊　几　坛

au^{55} t^{h}uã^{21}tɕĩ^{35} niɛ^{55} lo^{53}tsai^{21} ɣɨ^{35} a^{55} lai^{21}，xu^{35}ni^{55} au^{55} ka^{35}，p^{h}au^{35}tsu^{55} p^{h}o^{55} po^{21}
那里 附近　的　人家　来　啊　了　都　那里 吃　爆竹　放　着

mo^{21}，lau^{35}zei^{55} ɕi^{55}t^{h}ai^{55}.　ai^{55} ɕiou^{55} a^{21} lai^{21} ti^{35} ɛ^{35} t^{h}iã^{55} tɕiou^{35} ai^{55}lɛ^{55} ɕiou^{55} la^{21} xu^{21}.
地　闹热　得不得了 那　修　啊　了　第 二 天　就　那么　修　着　了

ti^{35} ɛ^{35} t^{h}iã^{55} ɕiou^{55} lai^{55}，a^{21} a^{21}ma^{21} lai^{21} tɕiou^{21} a^{21} a^{21}，ai^{21} pa^{21}tsɿ^{55} ka^{53}ma^{21} p^{h}au^{21}ma^{21}
第　二　天　修　呢　岩取的人 呢　就　岩 取　哎　泥巴　挖的人 刨的人

lai^{21} tɕiou^{21} p^{h}au^{21}, ai^{55} tĩ^{21}t^{h}ã^{21} tĩ^{21}t^{h}ã^{21} tĩ^{21}t^{h}ã^{21} lai^{21}, ai^{55}ti^{55} tɕĩ^{35}k^{h}ou^{53} ai^{55} ji^{35} t^{h}iau^{21} to^{55}
呢 就 刨 那 叮当 叮当 叮当 地 那个 庆口 那 一 条 都

jĩ^{35} mei^{35}wũ^{21} la^{21} ta^{53}tsei^{21}. xã^{35}lã^{21} ai^{55} a^{21} ŋai^{21}tɕiã^{21}tsai^{53} lai^{21} tɕiou^{35} to^{35}tsɿ^{55} xa^{21}
硬 打雷 着 一样 那么的 那 岩 石匠们 呢 就 垛子 打

niɛ^{21}ɕi^{21}, to^{35}tsɿ^{53} a^{21}tẽ^{55}tẽ^{55} xo^{21}lai^{21} tɕ^{h}iau^{21} ɕiou^{55} po^{55} ɕi^{55}. xã^{35}lã^{21} pã^{35}niã^{21} t^{h}a^{35}ts^{h}ɿ^{55} kau^{53}
的 垛子 岩墩墩 用 桥 修 着 的 那么的 半年 多 搞

liau^{21}, a^{21}jia^{55} kau^{53} ko^{21} tɕiã^{35}ku^{55} ji^{21} ta^{55}. ji^{35} pã^{55} to^{55} kau^{53} t^{h}i^{21} t^{h}a^{55} niɛ^{55} to^{35}tsɿ^{53}.
了 还要 搞 他 见工 见 不 一 半 都 搞 得 不 还 垛子

ai^{21}, ai^{55}lɛ^{55} ko^{35} kau^{53}ts^{h}ɿ^{21} a^{21} t^{h}ai^{55}, jiou^{55} lo^{53} tɕia^{55}, jiou^{35} lo^{53} sɿ^{35} wu^{53} sɿ^{21} ko^{35}
哎 那么 他 搞场 啊 没有 又 人 加 又 人 四 五 十 个

tɕ^{h}ĩ^{53} a^{21} ti^{55}, a^{21}ti^{21} ɣɨ^{35} a^{55} lai^{21} kei^{21} lũ^{21}t^{h}u^{21} kai^{55}sã^{55} to^{55} lo^{53} tsa^{35} tɕi^{53} liau^{55}.
请 啊 来 那个 走 啊 了 这里 隆头 街上 都 人 扎 完 了

修桥（准备了）三天三夜，（然后）开始了。他（彭泽畔）有一二十个长工，（他把这）一二十个长工派去四处找石匠、小工和做饭的师傅，（总共要）找一百多人，（找了）七八天、十天的，这一百多人全到齐了。（整个）庆口全住满了，没有住的地方了，就在那里搭窝棚，将就着住在那里修（桥）。开工的那天，他杀了两头牛、两头猪，（又拿了）几坛子酒，附近的人都来了，都在那里吃饭，还放了爆竹，热闹得不得了。第二天就（开始）修桥。（这些人）采石头的采石头，刨土的刨土，叮叮当当的，庆口河（修桥的声音）就像打雷一样。石匠打垛子岩，（就是）那种用来修桥的石墩子。那样（打石墩子）弄了半年多，（也）不见工效，一半工程都还没有完成。彭泽畔没有办法，只好增加人手，又请来了四五十个工匠，（连）隆头街上都住满了。

ai^{55}lɛ^{55} ẽ^{21}kei^{21} ɕiou^{55} la^{21}, ɕiou^{55} la^{21} lai^{21}, ai^{55} wo^{21}t^{h}u^{21} lai^{21} ŋai^{21}tɕiã^{35} lai^{55}
那么 那里 修 着 修 着 呢 那 里面 呢 石匠 呢

ts^{h}u^{35}ɕi^{55} t^{h}ai^{55} niɛ^{55} ŋai^{21}tɕiã^{55} la^{55} xu^{21} ɕiɛ^{35}, ko^{55} pã^{55} t^{h}a^{55} tɕ^{h}ĩ^{53} a^{21} lai^{21} wo^{35}t^{h}u^{55}
出息 没有 的 石匠 一 个 有 他 帮 他 请 啊 了 里面

ɕiou^{55} la^{53}. a^{35}mei^{55} ko^{55} tɕ^{h}i^{55}tɕ^{h}i^{55} la^{55} xa^{21} t^{h}i^{35}, lo^{55}tei^{55} ko^{55} xu^{35}ni^{55} to^{55} a^{21} suã^{35} ta^{21},
修（结构助）那么 他 什么（强调助）打 不能 人家 他 都 都 还 算 不

jiou^{35} k^{h}o^{55}pa^{55} lai^{35}tsɿ^{55}, jiou^{35} ŋai^{53}tsɿ^{21}, su^{35} ɕi^{55}t^{h}ai^{55}, lo^{55} ko^{55} xo^{21}lai^{21} lo^{55} to^{21} suã^{35}
又 脑壳 癞子 又 矮子 猥琐 得不得了 人家 他 拿 人 都 算

ta^{55}. ko^{35} tɕiou^{55} jiɛ^{21} la^{21} ka^{35} ka^{55}xɨ^{21}, ko^{35} kũ^{55}tɕ^{h}iã^{21} t^{h}a^{55}to^{21}. ai^{55}lɛ^{55} ko^{35} ko^{55} ai^{55}
没 他 就 饭 一 吃 只是 他 工钱 不要 那么 他 他 那

wo^{35}t^{h}u^{55} kau^{53} la^{21}, ɣa^{21} xa^{21} lai^{21} ko^{35} la^{55} niɛ^{55} to^{55} ka^{53} niɛ^{55} xa^{21} to^{21} ai^{55}ti^{55}, ɣa^{21}
里面 搞 着 岩 打 了 他 一 天 都 几 天 打 要 那个 岩

ti^{55} ɣa^{21} tɕ^{h}i^{53} sã^{55} niɛ^{55}ɕi^{21} ai^{55} la^{35} pu^{55} xa^{21} t^{h}a^{55}t^{h}i^{55}. ko^{35} ka^{55} niɛ^{55} pu^{53}pu^{21} liau^{21}
打 岩 楔 上 的 那 一 个 打 不能 他 几 天 摸 了

ai^{55} ka^{21} wũ^{21} po^{21}, ai^{55} xa^{21} tɕia^{35} lai^{55} lai^{55}. ai^{55} ŋai^{21}tɕiã^{35} sɿ^{55}xu^{55}tsai^{53} lai^{21} jiou^{35}
那 上面 坐 着 那 打 完 了 呢 那 石匠 师傅们 呢 又

lo^{55}tei^{21} ko^{21} pei^{55} la^{55} ɕi^{21} xa^{21}. pei^{55} la^{55} ɕi^{21} xa^{21} la^{21} jiɛ^{53} sɿ^{21}xu^{53}sɿ^{21}tsai^{55} lai^{55} xa^{21}
人家（强调助）碑 一 块 打 碑 一 块 打 着 也 很久很久 地 打

liau^{21}, ko^{35} ko^{55} xa^{21} a^{21} lai^{21} lai^{21} xa^{21} to^{55} xa^{21} tɕi^{35} liau^{55} wua^{21} ni^{21}. ai^{55} pei^{55} jĩ^{55}
了 他 它 打 啊 了 呢 打 都 打 完 了 啊 你 那 碑 硬

tɕi^{53}to^{55} ta^{35} la^{55} a^{21}pa^{21}, la^{35}kei^{55} ji^{21} po^{21} la^{21}. ko^{35} ko^{55} tsũ^{55}kã^{55} tũ^{21}ka^{21} lau^{55} t^{h}ũ^{55}
几多 大 一 石头 一边 见 着 着 他 它 中间 眼 一个 通

po^{21}. ai^{55}lɛ^{55} pei^{55} ai^{55}ti^{55} ŋa^{21}tɕiã^{21} sɿ^{55}xu^{55} ko^{55} tso^{35} mo^{21} lo^{21} liau^{21}, jĩ^{35} ni^{55} ŋẽ^{35}
着 那么 碑 那个 石匠 师傅 他 捉 着 骂 了 硬 你 硬

tsuã^{53}ɕi^{21} pei^{55} zɿ^{55}, ni^{35} ko^{55} ŋai^{21}tɕiã^{35}, a^{35}ti^{55} a^{21}pa^{55} jiou^{35} tũ^{21}ka^{35} t^{h}ũ^{55} po^{21} jiou^{35}
专门 碑 去做 你 他 石匠 那个 石头 又 眼 通 着 又

tɕ^{h}iã^{35} kau^{53} lia^{21}? ai^{55}lɛ^{55} sei^{35} lau^{35}tsɿ^{55} p^{h}ei^{55} ts^{h}ɿ^{55}ts^{h}ɿ^{21} a^{21} la^{21} xu^{35} mã^{55}, ŋa^{35} jiou^{35}
怎么 搞 啊 那么 你们 明天 晚上 字 写 着 了 呢 我 又

ai^{55} ka^{21} xa^{21} mo^{21} p^{h}u^{35} po^{55} liɛ^{21} mã^{21}. ai^{55}lɛ^{55} sa^{21}ko^{53} pei^{21} to^{55} xa^{21} liau^{21}. ẽ^{35} la^{55}
那 上面 啊 补 着 了 呢 那么 最后 碑 都 打 了 硬一

lũ^{55} t^{h}a^{55}ts^{h}ɿ^{55} ɕiou^{55}, ti^{35} ɛ^{35} niã^{21} tɕ^{h}iou^{55}sou^{55} jiɛ^{21}sou^{55} niɛ^{55} sɿ^{21}tɕiɛ^{55} to^{55} a^{21}jia^{55}
年 多 修 第 二 年 秋收 粮食收 的 时节 都 还

sa^{35}ko^{53} tɕi^{21} t^{h}a^{21} niɛ^{35}, kẽ^{53} niã^{21} la^{53} lũ^{55} ɕiou^{55} liau^{55}.
最后 完 没 还 整 年 一 年 修 了

（那些工匠们）在（庆口）那里修桥，工匠中有一个没有出息的（小）石匠，（彭泽畔）把他请来了，也参加修桥。（小石匠）他什么都打不好，头上又长有癞子，人又矮，猥猥琐琐的，大家都不正眼看他。（这个小石匠）只吃饭，不要工钱。他在工地一天就只做打楔岩（一件事），他花了几天时间才打好一个楔岩。他在打好的楔岩上面坐着，那些石匠师傅又让他去打一块碑。（小石匠）打那一块碑也打了很久才完成。那块碑是用一块很大的石头打的，打完了小石匠在中间凿了个洞。那些石匠（看到洞了）骂他："你专门去打碑，把那石头上凿个洞怎么行啊？"（小石匠回答道：）"后面要写字了我再在碑上面补好。"就这样修桥修了一年多，到第二年秋收的时候都还没有修完。

tsʰei³⁵pʰã⁵⁵ tɕia⁵⁵wu²¹tsʰa³⁵, ko³⁵ ti⁵³ tei²¹ tau⁵³. ko³⁵ jiou³⁵ ai⁵⁵lɛ⁵⁵ jiou³⁵ sa³⁵ko⁵³
泽畔 很富有 他 抵 得 不了 他 就 那么 又 最后

ko⁵⁵ a²¹sɿ³⁵ la³⁵piɛ⁵⁵ kei⁵³ liau²¹, sɿ³⁵tau⁵⁵pa⁵⁵tsʰu⁵⁵ pu⁵³ jiã²¹xua³⁵ la⁵³ xu²¹. lo⁵³
他 还是 一些 欠 了 四处 补 化缘 着 了 人

ɕiɛ³⁵ma⁵³tsai²¹ ta⁵⁵xa²¹ tʰũ²¹tɕʰiã²¹ ko⁵⁵ a⁵⁵ xã³⁵lã²¹, tʰũ²¹tɕʰiã²¹ tua⁵⁵ lai²¹ ɕiou⁵⁵, ɕiou⁵⁵
有钱的人 跟 钱 讨 啊 那么的 钱 凑 了 修 修

a⁵⁵ lai²¹ lai²¹. ai⁵⁵ la⁵⁵ niɛ⁵⁵ to³⁵tsɿ⁵³ŋai²¹ sã³⁵ tɕi⁵⁵ la⁵⁵ xu²¹, to³⁵tsɿ⁵³ŋai²¹ lai²¹ to⁵⁵ sã³⁵
啊 了 呢 那 一天 垛子岩 上 完 着 了 垛子岩 呢 都 上

tɕi⁵⁵ liau⁵⁵, ẽ⁵⁵kei⁵⁵ kũ⁵³tɕʰiau²¹, kũ⁵³tɕʰiau²¹ sã³⁵ tɕi⁵⁵ liau⁵³ lai²¹ ka²¹xa³⁵ pu³⁵sɿ⁵⁵ tɕʰi⁵³
完 了 那里 拱桥 拱桥 上 完 了 呢 上面 不是 楔

ɣa²¹ la³⁵ pu⁵⁵ ti⁵⁵, tɕʰi⁵³ ɣa²¹ la³⁵ pu⁵⁵ lai²¹ tɕiou³⁵ xo³⁵ niɛ⁵⁵ɕi⁵⁵. ai⁵⁵ tɕʰi²¹ ɣa²¹ la³⁵ pu⁵⁵
岩 一 块 要 楔 岩 一 块 呢 就 合 的 那 楔 岩 一 块

a²¹ jĩ³⁵ sɿ³⁵ ŋai²¹tɕiã⁵³ tɕʰi⁵³ ɣa²¹ xa²¹ po²¹ ɕi³⁵ xu³⁵ni⁵⁵ kau⁵³ a²¹ tʰi⁵⁵, tsʰɿ⁵³ tʰa²¹ tɕiou²¹ suã⁵³
啊 硬 是 石匠 楔 岩 打 着 的 都 搞 啊 得 大 不 就 小

liau²¹, ai⁵⁵lɛ⁵⁵ kau⁵³tsʰɿ²¹ a²¹ tʰai⁵⁵ lai⁵⁵. ai⁵⁵lɛ⁵⁵ kei⁵⁵tsai⁵⁵ tsũ⁵⁵kã²¹ ŋai²¹tɕiã³⁵ la⁵⁵ xu²¹
了 那么 搞场 啊 没有 呢 那么 他们 中间 石匠 一 个

li²¹ la²¹. ai⁵⁵lɛ⁵⁵ pã⁵⁵ tsʰu³⁵ɕi⁵⁵ tʰai⁵⁵ niɛ⁵⁵ ŋai²¹tɕiã³⁵ xa²¹ po²¹ ɕi³⁵. ai⁵⁵ti⁵⁵ ɣa²¹ la²¹ pu⁵⁵
说 着 那么 把 出息 没有 的 石匠 打 着 的 那个 石头 一 个

sɿ³⁵ lau⁵⁵ a²¹ pa²¹ so²¹. ai⁵⁵ la³⁵ pu⁵⁵ ai⁵⁵ la³⁵ pu⁵⁵ pei⁵⁵ a²¹ lai²¹ kei⁵³tsai²¹ ko²¹ ji³⁵ ŋã⁵⁵
试 一下 啊 看 吧 那 一 块 那 一 块 碑 啊 了 他们 （强调助）一 安

lai⁵⁵. pʰa²¹tʰai²¹ tʰa⁵⁵ ko³⁵to²¹ tsɿ³⁵tũ⁵⁵ ti⁵⁵ xo³⁵ a⁵⁵ lu²¹. ɣɨ²¹ta³⁵tsũ⁵³ta²¹, tsʰɿ⁵³ta²¹suã⁵³ta³⁵.
呢 啪嗒 它 它自己 自动 地 合 啊 了 不长不短 不大不小

ai⁵⁵lɛ⁵⁵ tɕʰiau²¹ lai²¹ tɕiou³⁵ xã³⁵ xo³⁵ tʰi²¹ liau²¹. tɕʰiau²¹ xo³⁵ tʰia²¹ lai²¹ tɕiou³⁵ pei²¹
那么 桥 呢 就 那么 合 得 了 桥 合 得 呢 就 碑

ka²¹ tsʰɿ⁵⁵tsʰɿ⁵⁵ kʰei²¹ lai²¹, a³⁵ti²¹ ai⁵⁵ti⁵⁵ ŋai²¹tɕiã³⁵pi⁵⁵ la³⁵ pʰei⁵⁵ lai⁵⁵ ko³⁵ ko⁵⁵ pei⁵⁵
上 字 刻 呢 那个 那个 小石匠 一 夜 呢 他 （强调助）碑

lai^{21} p^{h}u^{35} lai^{55} ko^{21} ji^{35}sɿ^{55}ji^{35}t^{h}iɛ^{55}. p^{h}i^{21}sã^{35} lai^{55} p^{h}u^{35} po^{55} ɕi^{55} pa^{53}tso^{21} t^{h}ai^{35}，jĩ^{35}tsɿ^{55}
呢 补 了 个 熨熨帖帖 上面 呢 补 着 的 看处 没有 痕迹

t^{h}ai^{55}，ai^{21} wo^{35}t^{h}u^{55} lai^{21} t^{h}a^{55}niɛ^{55} lai^{55} lai^{21} pau^{55}pau^{55} ji^{35} t^{h}o^{21} liou^{35} po^{55} la^{21}，pa^{55}tso^{21} ɕiɛ^{35}.
没有 那 里面 呢 后面 呢 呢 疙瘩 一 坨 留 着（持续助）看处 有

彭泽畔虽家大业大，但也坚持不住了。到后来还是缺钱，于是，他到处去化缘，跟有钱的人去讨钱，就这样凑着钱修桥。（后来，桥快修完了，）直到上垛子岩（石墩）的那天了，所有的垛子岩都上完了，就差将桥合拢了，桥上面需要一块楔岩才能合拢。（那合拢桥的）楔岩呢，所有的石匠打得都不行，不是太大了就是太小了，（怎么也合不拢）。大家都没有办法，（这时，）他们中有个石匠说，拿那个不中用的小石匠打的楔岩试一下吧。（于是，）他们把那块楔岩（往桥上）一放，"啪嗒"一声，它自动合拢了。（那块楔岩）不长不短，不大不小，正好把桥给合拢了。桥合拢之后需要在碑上刻字，那个小石匠一夜工夫就把（那块凿有洞的）碑补得恰恰好了。从正面看，补的痕迹一点都没有，而碑的背面可以看见一个疙瘩。

ai^{55}ti^{55} pei^{55} lai^{21} ŋa^{35} ko^{55} ẽ^{21} tɕiɛ^{35} xo^{21}lai^{21} zɿ^{21} la^{21} pu^{53}pu^{21} po^{21} la^{21}，au^{55}ts^{h}ai^{21}
那个 碑 呢 我 它 这 手 拿 做 着 摸 着（持续助）那里

tɕi^{53} to^{21} ɣɨ^{35} po^{55} la^{21}，ai^{55} tsẽ^{55}ti^{21} xã^{35} kau^{53} po^{21} la^{21}. ai^{55} ka^{21} lai^{21} tɕiou^{35} mĩ^{21}tsɿ^{35}
几 次 走 着（持续助）那 真的 那么 搞 着（持续助）那 上面 呢 就 名字

k^{h}ei^{35} po^{55} la^{55}，so^{53}jiou^{21} niɛ^{21} t^{h}ũ^{21}tɕ^{h}iã^{21} tou^{35}ma^{53}tsai^{55}，so^{53}jiou^{21} ti^{21} t^{h}ũ^{21}tɕ^{h}iã^{21}
刻 着（持续助）所有 的 钱 凑的人 所有 的 钱

tou^{35}ma^{53}tsai^{55}，xu^{35}ni^{55} to^{55} ai^{55} ka^{21}xa^{21} mĩ^{21}tsɿ^{35} k^{h}ei^{35} po^{55} ɕi^{55}，ai^{55}lɛ^{55} pei^{55} pei^{55} jia^{21} sũ^{55}
凑的人 大家 都 那 上面 名字 刻 着 的 那么 碑 碑 也 竖

liau^{21}. ai^{55}lɛ^{55} tɕiou^{35} tɕ^{h}iau^{21} tẽ^{35}tsɿ^{55} p^{h}ã^{21}piã^{55} t^{h}ã^{53} tɕi^{21} liau^{21}，tsũ^{55}kã^{21} lai^{21} ɣa^{21}pa^{21} p^{h}u^{53}
了 那么 就 桥 墩子 旁边 挡 完 了 中间 呢 石头 铺

po^{21} ɕi^{55}，sɿ^{35}pã^{53}ŋai^{21} to^{35}tsɿ^{53}ŋai^{21} p^{h}u^{55} po^{21} ɕi^{55}. xã^{35}lã^{21} tɕ^{h}iau^{21} lai^{21} jĩ^{35} sɿ^{35} wu^{53}
着 的 石板岩 垛子岩 铺 着 的 那么的 桥 呢 硬 四 五

tsã^{35} ɣɨ^{21} ɕiɛ^{35}，liã^{53} sã^{55} tsã^{35} liã^{53} tsã^{35} t^{h}a^{35}ts^{h}ɿ^{55} liã^{53} tsã^{35} t^{h}a^{35}ts^{h}ɿ^{55} k^{h}uã^{55} ɕiɛ^{35}
丈 长 有 两 三 丈 两 丈 多 两 丈 多 宽 有

xã^{35}lã^{21} ɕiou^{55} po^{21} ɕi^{35}.
那么的 修 着 的

（庆口桥）那里我去过几次，那块石碑我用手摸过，还真的是那么补着的。（石碑）上面刻有名字，所有（修桥）凑钱的人名字都刻在上面，碑（就在桥上头）立着。桥的旁边有石栏杆，桥面铺着石板，（下面）铺着垛子岩。桥修得很大，有四五丈长，两三丈宽。

ai^{55}lɛ^{55} ɕiou^{55} tɕia^{21} lai^{21} lai^{21} ai^{55} la^{55} niɛ^{55} jiã^{21}kũ^{21}tɕiou^{35} sei^{55} lai^{21}. ts^{h}ei^{35}p^{h}ã^{55} jiou^{35}

那么 修 完 了 呢 那 一 天 圆工酒 斟 了 泽畔 又

ẽ^{55}kei^{55} zo^{35}pu^{55}tsɿ^{53}pu^{35} mo^{21}, au^{55}ts^{h}ai^{21} ji^{35}tɕiɛ^{21} kẽ^{53}t^{h}iã^{55} la^{55} niɛ^{21} kau^{53}, p^{h}au^{35}tsu^{55}

那里 杀猪宰羊 地 那里 一带 整天 一 天 搞 爆竹

p^{h}o^{55} po^{21} mo^{21}. ai^{55}lɛ^{55} lai^{21} tɕiou^{21} ẽ^{55}ti^{55} tsẽ^{35}tsai^{55} la^{55} niɛ^{21} jiã^{21}kũ^{21}tɕiou^{53} jiɛ^{35}xuã^{55}

放 着 地 那么 呢 就 那个 正在 一 天 圆工酒 夜饭

ka^{35} xu^{21}, ai^{55}lɛ^{55} kei^{53}tsai^{53} ko^{55} ai^{55} ŋai^{21}tɕiã^{21} sei^{35}t^{h}u^{55} lau^{55} tɕiɛ^{55} mo^{21} ni^{55}, ŋai^{21}tɕiã^{21}

吃 了 那么 他们 他 那 石匠 不中用 一个 赶 着 找 石匠

sei^{35}t^{h}u^{55} ni^{55}tso^{21} t^{h}aiu^{35}. tɕ^{h}i^{55}ma^{55} ɕiã^{55} tu^{21} wũ^{21} po^{21} la^{21}, k^{h}ei^{21} po^{55} tsau^{21}? ai^{55}

不中用 找处 没有了 怎么 先 都 坐 着（持续助）哪里 往 走了 那

la^{55} xu^{21}, mei^{35} ka^{21}xa^{35} wũ^{21} a^{21} lu^{21}, pa^{55} la^{35} ko^{55} ŋai^{21}tɕiã^{21}pi^{55}pi^{55} lau^{21} mei^{35} ku^{21}

一 个 天 上响 嗡 啊 了 看 那 个 小石匠 一个 天 上

lu^{21}. au^{53}, kei^{53}tsai^{21} xau^{53}sɿu^{53}, ẽ^{55}ti^{55} ŋai^{21}tɕiã^{21} lau^{55} tɕiou^{21} sẽ^{21}ɕiã^{21}, sẽ^{21}ɕiã^{21}

去了 喔 他们 明白了 那个 石匠 一个 就 神仙 神仙

ɕia^{35}xuã^{21} po^{21} ko^{35} tɕiou^{35} ɕiou^{55} niɛ^{21}ɕi^{21}, ai^{55}t^{h}a^{55} tɕĩ^{35}k^{h}ou^{53}tɕ^{h}iau^{21} tɕiou^{21} ɕiou^{55} pu^{21}

下凡 着 他 就 修 的 不然 庆口桥 就 修 不

xau^{53}. ai^{55}lɛ^{55} xu^{35}ni^{55} to^{55} sɿ^{35} zẽ^{21}wuã^{35}zẽ^{21}tsai^{21}, xu^{35}ni^{55} ko^{55} po^{21} k^{h}ei^{53} po^{21}

好 那么 大家 都 是 人万人 都 他 给 跪 着

xau^{21}xua^{21}li^{21}, ko^{35} xau^{53}tɕ^{h}iã^{55} ko^{35} sɿ^{35} lã^{55} ta^{55}tsei^{21}. ko^{35} sɿ^{35} a^{55} lai^{21} ji^{53}xou^{35} lai^{55},

好话 讲 他 好像 他 送 只 一样 他 送 啊 了 以后 呢

ai^{55}lɛ^{55} tɕiou^{35} ta^{55}xa^{21} jiɛ^{35}xuã^{55} ka^{35}.

那么 就 一起 夜饭 吃

修完桥的那天，（人们）举办圆工酒。彭泽畔又在（庆口桥）那里杀猪宰羊，放爆竹，庆祝了一整天。快要吃晚饭了，他们找不着那个不中用的小石匠了。之前他都坐在（那里），是到哪里去了呢？（突然听见）天空作响，（人们抬头一望，看见）那小石匠（正往天上）升去。这时，人们恍然大悟，（原来）那个小石匠是神仙下凡（来帮助他们）修桥的，不然庆口桥就修不好。大家朝着他升天的方向跪下，称赞他（的功绩），就像给他送行一样。然后，大家才去吃晚饭。

ai^{55}lɛ^{55} tɕ^{h}iau^{21} lai^{21} tɕiou^{21} jiã^{21}kũ^{21} jiã^{21}ku^{35} liau^{55}，ɕiou^{55} tɕi^{21} liau^{53}.sã^{55} tsã^{55}
那么 桥 呢 就 完工 完工 了 修 完 了 三 丈

t^{h}a^{21}ts^{h}ɿ^{21} k^{h}uã^{55} ɕiɛ^{35}，ɣɨ^{21} lai^{21} wu^{53} tsã^{21} t^{h}a^{21}ts^{h}ɿ^{21} ɣɨ^{21} ɕiɛ^{35}. mu^{35}lã^{55} lai^{55} lũ^{21}t^{h}u^{21}
多 宽 有 长 呢 五 丈 多 长 有 现在 呢 隆头

lai^{21} lũ^{21}sã^{55} po^{55} kũ^{53}lu^{21} lai^{21}，ai^{55} ka^{21} lai^{21} tɕiou^{21} ai^{55} ka^{21} la^{53}k^{h}a^{21} po^{21} ɕi^{35}，
从 龙山 往 公路 呢 那上面 呢 就 那上面 经过 着 的

kei^{35}wuai^{55} ɕiou^{55} po^{21} tau^{21}，tɕiou^{35} ai^{55} ka^{21} lai^{21} la^{53}k^{h}a^{55} po^{21} ɕi^{35}. mu^{35}lã^{55} k^{h}uã^{55}
格外 修 着 没了 就 那上面 呢 经过 着 的 现在 宽

ɕi^{55}t^{h}ai^{55}. ai^{55} ka^{21} lai^{21} ŋa^{35} niɛ^{55} tɕ^{h}iɛ^{55} so^{55} tɕ^{h}iɛ^{55} ɣɨ^{35} po^{55} la^{55}，la^{35} tɕ^{h}iɛ^{55} ɣɨ^{35} lai^{55}
得不得了 那上面 呢 我 两 次 三 次 走 着（持续助）一 次 走 呢

pu^{35}ɕĩ^{55} pu^{35}ɕĩ^{55} ko^{35} ai^{55} pei^{55} p^{h}u^{21} po^{21} ɕi^{21}. la^{35} tũ^{55} pa^{53} la^{21}，ai^{55} ẽ^{35} tsẽ^{55}ti^{21} ni^{35}
不信 不信 它 那 碑 补 着 的 一 下 看（持续助）那 硬 真的 你

ko^{55} p^{h}i^{21}sã^{35} lai^{55}. ni^{35} ko^{55} p^{h}u^{35} po^{55} ɕi^{55} pa^{53}ts^{h}ɿ^{21} a^{21} t^{h}ai^{55}，wo^{35}t^{h}u^{55} lai^{55} tɕiou^{35}
它 上面 呢 你 它 补 着 的 看的 啊 没有 里面 呢 就

pa^{53}tso^{21} ɕiɛ^{35}，wo^{53}，xã^{35} p^{h}u^{35} po^{55} la^{21}. ko^{35} a^{55} to^{21} ai^{55} pei^{55} lai^{21} kũ^{55}lu^{55} ɕiou^{55}
看处 有 喔 那么 补 着（持续助）它 那 都 那 碑 呢 公路 修

tsu^{55} lai^{55}，la^{55}sa^{55}tsai^{55} pei^{55} lã^{21}kã^{21} lai^{21} ai^{21} la^{35} pei^{55} ɕiau^{55} liau^{21}. la^{55}sa^{55}tsai^{55} pei^{55}
时 呢 有的 碑 栏杆 呢 那 那 碑 推 了 有的 碑

lai^{21} ai^{55} pei^{55} la^{55} ɕi^{55} lai^{21} ai^{21} jia^{35} ɕiɛ^{35} niɛ^{55}. mu^{35}lã^{55} au^{55}ts^{h}ai^{21} ji^{35}tɕiɛ^{55} tsu^{55}tsu^{55}
呢 那 碑 一 块 呢 那 也 有 还 现在 那里 一带 立

po^{21} la^{21} niɛ^{55}，tɕi^{53}to^{55} k^{h}uã^{55}. mẽ^{21}pã^{21} ta^{53}tsei^{21} ɣa^{21}pa^{21}，mĩ^{21}tsɿ^{35} to^{55} pei^{35} ta^{55} pei^{21}
着（持续助）还 几多 宽 门板 一样 石头 名字 都 百 打 百

t^{h}a^{35}ts^{h}ɿ^{55}，ai^{55} ka^{21}xa^{35} k^{h}ei^{35} po^{55} ɕi^{55}，xu^{35}ni^{55} to^{55} xau^{55}sɿ^{55}. ã^{35} kei^{21} p^{h}ũ^{21}ts^{h}ei^{21}p^{h}ã^{35}
多 那上面 刻 着 的 大家 都 知道 我们 这里 彭泽畔

lai^{55} ko^{35} sɿ^{35} ti^{35} ji^{55} ko^{21}，ko^{35} t^{h}ũ^{21}tɕ^{h}iã^{21} tou^{35} po^{55} ɕi^{55} tsuei^{35} zɿ^{21}.
呢 他 是 第 一 个 他 钱 凑 着 的 最 多

p^{h}ũ^{21}ts^{h}ei^{21}p^{h}ã^{35} tɕiou^{35} xã^{35}lã^{21}. tɕ^{h}ĩ^{35}k^{h}ou^{53}tɕ^{h}iau^{21} tɕiou^{35} xã^{35}lã^{21}.
彭泽畔 就 这样的 庆口桥 就 这样的

就这样，庆口桥完工了。（整个桥）有三丈多宽，五丈多长。现在从隆头到龙山的公路就

是从庆口桥上通过的，没有另外修桥，直到现在（仍感觉）庆口桥宽得不得了。那上面我走过两三次，每一次走过，（总是）不相信地看看那石碑上补的（痕迹），仔细看看，那上面（的痕迹）确实是真的。从正面看，一点都看不出补过的（痕迹），（只有）背面才能看得见。（后来，）修公路时，碑周围的石栏杆被推掉了。现在碑仍然立在（庆口桥）那里，（那块）碑有门板那么大，上面刻着一百多人的名字。大家都知道，彭泽畔的名字刻在第一位，（因为修桥）他出钱出得最多。

彭泽畔（的故事）就是这样的。庆口桥（的故事）就这样的。

（彭万联讲述，2016.7.14）

（四）人类姓氏的由来

lo^{53} lai^{53} tɕia^{21}k^{h}a^{21} niɛ^{21} kẽ^{55}p^{h}ã^{21}

人 什么 姓 的 根盘

ai^{55}tsu^{55}，mã^{21}li^{21} a^{21}k^{h}o^{55} k^{h}a^{21} tɕ^{h}iã^{55}ka^{55} wũ^{53} la^{21}xu^{21} ɕiɛ^{35}，ɕiɛ^{55}tɕ^{h}i^{55} ts^{h}a^{35}

那时候 蛮里 阿哥 家 弟兄 五 个 有 力气 好

ɕi^{55}t^{h}ai^{55}. kei^{53}tsai^{55} a^{21}niɛ^{55} pa^{35} sɿ^{55} tɕi^{53} liau^{21} wua^{21}，ai^{21} xuã^{21}tɕia^{21} sã^{35} niɛ^{55} jiɛ^{21}

得不得了 他们 母亲 八 十 几 了 啊 那 凡间 上 的 东西

lai^{53} to^{55} t^{h}i^{21} mo^{21} ka^{35} tɕi^{55} liau^{55}，kei^{53}tsai^{21} ko^{21} sɿ^{21}pi^{35}ɣei^{55}pi^{35} lai^{53} to^{55} t^{h}i^{21} mo^{21}

呢 都 得（结构助）吃 完 了 他们（强调助）野里野物 什么 都 得（结构助）

tso^{35} mo^{21} ka^{35} tɕi^{55} liau^{55}. kei^{53}tsai^{21} a^{21}niɛ^{55} la^{55} niɛ^{55} tɕiɛ^{21} a^{21} liɛ^{55}，ko^{35} kei^{53}

捉（结构助）吃 完 了 他们 母亲 一 天 喊 啊 了 她 他们

tɕ^{h}iã^{55}ka^{55} wũ^{53} la^{21}xu^{21} ã^{21} xã^{55}tsu^{55}ka^{21}，a^{21}k^{h}o^{55}tsai^{53} a^{21}，ŋa^{35} ɟĩ^{35} lai^{53} to^{55} t^{h}i^{21} mo^{21}

弟兄 五 个 哎 火床上 儿子 啊 我 硬 什么 都 得（结构助）

ka^{35} tɕi^{55} liau^{55}，ŋa^{35} tɕiou^{35} ẽ^{55}ti^{55} mei^{35}t^{h}a^{55}ts^{h}ei^{21} niɛ^{21} sɿ^{21} t^{h}i^{21} mo^{21} ka^{35} po^{55} ta^{21}.

吃 完 了 我 就 那个 雷公 的 肉 得（结构助）吃 着 没

ai^{55} kei^{53}tsai^{21} tɕ^{h}iã^{55}ka^{55}tsai^{21} tai^{53}ti^{21} liau^{21}，mei^{35}t^{h}a^{55}ts^{h}ei^{21} sɿ^{21} kaɪ^{55} mã^{55} lai^{53}ko^{21}，ai^{55}

那 他们 弟兄们 应声 了 雷公 肉 要吃 呢 容易 那

lau^{35}tsɿ^{55} tɕiou^{35} ko^{55} tsua^{35} ti^{55}. sei^{35} ko^{55} tso^{55} to^{55} ts^{h}ai^{55}? ai^{55} ã^{35} ko^{55} tso^{55} to^{21} ts^{h}ai^{55}.
明天 就 他 捉 来 你们 他 捉 到 得 那 我们 他 捉 到 得

古时候，蛮里阿哥家有五弟兄，个个力大无比。他们的母亲有八十多岁了，凡间世上的好东西都吃遍了，各种野味也都吃遍了。有一天，母亲把几兄弟叫到火坑边，说：“儿子们啊，这世上的东西我都吃过了，但就那个雷公肉没有吃过。”弟兄几个应声道：“要吃雷公肉容易，明天就把他抓来。”“你们抓得到他？”“我们抓得到他。”

ai^{55}lɛ^{55} tɕ^{h}iã^{55}ka^{55}tiɛ^{21} ta^{55} tɕiou^{35} sã^{55}liã^{53}. ɕiau^{53} ai^{35}ti^{55} wu^{55}so^{21} tsɿ^{21}ɣei^{21} ji^{35}
那么 弟兄们 一起 就 商量 小 那个 小米 大米 一

tã^{55} ɛ^{35} tu^{53} xã^{35}lã^{21} xo^{21}lai^{55}. t^{h}ã^{21}ko^{21} lau^{55}ka^{55} ka^{53} ta^{21} xo^{21}lai^{55} k^{h}a^{55}piɛ^{55}liɛ^{55} ɕiɛ^{35}
担 二 斗 那么的 拿 灶锅 大 几 口 用 稀饭 熬

po^{55}. ɕiɛ^{35} la^{55}ko^{55} miã^{35}xu^{21} tou^{55} lũ^{21}. ai^{55}lɛ^{21} ɕiɛ^{35} mo^{21} ts^{h}a^{55} liau^{55} lai^{21}, ti^{55}tia^{21} lai^{21}
着 熬 那个 面糊 都 烂 那么 熬（结构助）好 了 呢 抬 到

t^{h}iã^{55}tɕiou^{55} ji^{35} po^{55} la^{21}, sɿ^{35}tau^{55}pa^{55}ts^{h}u^{55} la^{55}k^{h}u^{55} sã^{35}tɕĩ^{35} niɛ^{55} la^{55}k^{h}u^{55} xu^{35}ni^{55} ji^{21}
天井 撒 着（持续助） 四处 路上 上劲 的 路上 都 撒

tɕi^{21} liau^{21}, ai^{55}lɛ^{55} lai^{21} tsa^{35}mɛ^{55} t^{h}a^{21} ji^{21} tɕi^{21} liau^{21} lai^{21}. kei^{55} tɕ^{h}iã^{5}ka^{55} ka^{53} la^{21}xu^{21}
完 了 那么 呢 朝门 边 撒 完 了 呢 他们 弟兄 几 个

lai^{21} tɕiou^{35} tsa^{35}mɛ^{55} t^{h}a^{21} k^{h}a^{53} po^{21} la^{21}, ko^{35} wũ^{21}tsai^{21} tsa^{35}mɛ^{55} tɕ^{h}iɛ^{53}li^{21} to^{21}. ai^{55}lɛ^{55}
呢 就 朝门 边 守 着（持续助）他 反正 朝门 进来 要 那么

ẽ^{21}kei^{21} ka^{21}xa^{35} mei^{35}t^{h}a^{55}ts^{h}ei^{21} liɛ^{21} lã^{21}t^{h}iã^{55}mẽ^{21} lai^{21} la^{35} tũ^{55} pa^{53} liɛ^{21}, ẽ^{55} tɕi^{21}t^{h}a^{21}
那里 上面 雷公 呢 南天门 呢 一 下 看 了 那 下面

xuã^{21}tɕiã^{21} sɿ^{35}sã^{55} ŋa^{21} tɕ^{h}i^{55}ma^{55} jiɛ^{21} xã^{35} tsau^{55}t^{h}a^{21}, ai^{21} wu^{55}so^{55} xo^{21}lai^{21}
凡间 世上 啊 怎么 粮食 那么 糟蹋 那 小米 拿

k^{h}a^{55}piɛ^{55}liɛ^{55} xo^{21}lai^{21} li^{53}t^{h}i^{21} ji^{35} po^{55} mo^{21}. ni^{35} tei^{21} ai^{55} tei^{55} tsei^{21} la^{21} niɛ^{55} a^{21},
稀饭 拿 地上 撒 着 的 你（强调助）那（强调助）像 着 还 啊

wũ^{21} ŋa^{35} paɪ^{53} t^{h}i^{21}xɨ^{21}. ko^{35} ai^{55}lɛ^{55} ta^{21} a^{21} lai^{55} tɕi^{21}t^{h}a^{21} pa^{53} ti^{21}, pa^{53} liɛ^{21} lai^{21},
喔 我 去看 硬要 他 那么 下 啊 到 下面 看来 看 了 呢

a^{53}jiɛ^{35}! ɣɨ^{35} a^{55} lai^{21} mã^{21}tɕia^{21} a^{21}k^{h}o^{55} k^{h}a^{21} tsa^{35}mɛ^{55} t^{h}a^{21} pa^{21} lai^{21}, la^{21}ku^{21}
哎呀 走 啊 到 蛮家 阿哥 家 朝门 边 看 呢 路上

sɿ35tau55pa55tsʰu55 ji35 po55 la21, ko35 lai35xuã21 lai35xuã21 ɣɨ35 a55 lai21 tsa35mɛ55 tʰa21,
四处 撒 着（持续助）他 慢慢 慢慢 走 啊 到 朝门 边

tsa35mɛ55 tʰa21 kei55tsai55 ji35 ɕi55 jiɛ35kẽ55 la35piɛ55 zɿ21 niɛ55, ji35 liou55 lai21 tʰi53kʰei21
朝门 边 他们 撒 得 越发 一些 多 还 一 滑 呢 摔

liau21, ai55lɛ55 tɕʰiã55ka55 wũ53 la21xu21 ko55 tɕiou55 tʰi55tʰa53 tso35 liau55.
了 那么 弟兄 五 个 他 就 嘀嗒 捉 了

然后，几兄弟就一起商量（怎样去抓雷公）。（他们）拿一担二斗小米和大米，用几口大锅来熬稀饭。当稀饭熬得比面糊还烂时，就把它抬到院子里，往路上泼，所有的路都泼上，（一直）泼到宅院的大门边才泼完。（然后）他们几兄弟就在宅院大门边守着，（因为）雷公（等下）会从那里进来。（这时）雷公在天上正从南天门往下看——凡间世上怎么（有人）这样糟蹋粮食？把小米稀饭都泼在地上，太不像话了，我要去看看。（雷公就下到凡间了），走到蛮家阿哥家宅院大门边一看呢，（发现稀饭）到处泼着，他慢慢地走到大门边，大门边泼得更多，（这时雷公）脚一滑，摔倒了，兄弟五个就捉住了他。

tso35 a55 lai21 tɕiou21 ẽ21kei21 ɕiɛ53 ɣei35la55 xo21lai21 tʰi35 po55 la55, ɕiɛ53 kuei55tsɿ55
捉 啊 了 就 那里 铁 绳子 用 捆 着（持续助）铁 柜子

xo21lai21 la21 po21 la21, ka21xa35 lai55 ɕiɛ53 kʰa35tʰũ55 xo21lai21 jia35 po55 la55, tʰũ21 kʰa21tʰũ55
用 关 着（持续助）上面 呢 铁 柱子 用 压 着（持续助）铜 柱子

xo21lai21 jia21 po21 la21, ai55lɛ21 ẽ21ti21 ŋo53 kʰa21tʰũ21 xo21lai21 jia35 po55 la55, sa55 kʰa21tʰũ21
用 压 着（持续助）那么 这个 银 柱子 用 压 着（持续助）杉树 柱头

xo21lai21 jia21 po21 la21, ẽ35 tɕʰi35tɕʰi55to55tʰa55tsɿ55. kei55tsai55 ko21 xã35 so55pʰai21so55niɛ55
用 压 着（持续助） 硬 都无能为力 他们 他 那么 三天三夜

la21. ai55lɛ55 kei53tsai21 tɕʰiã55ka55 wũ53 la21xu21 jiou35 tsai35sã55so53 po21 tɕiau55tɕiɛ53, sei35
关 那么 他们 弟兄 五 个 又 寨上人 给 交待 你们

ko55 jiou35 mei35tʰa55tsʰei21 po21 lau55tei55ko21 mi53 tʰa55 liɛ21 la21, lau55tei21ko21 tsʰei21
（强调助）又 雷公 给 全部 火 别 送 啦 全部 水

tʰa55 liɛ21. ai55 sɿ21ko21 poɪ35 la53 ai55lɛ55 lau53tei21ko21 liɛ21 ta21, jĩ35 xã35 so55 niɛ55
别 送 那 时候 将逃跑（持续助）那么 全部 送 没 硬 那么 三 天

liau21 wua21. ai55 lo21tɕi21wu53 kʰa55 tɕʰiã55 zẽ55ka55 niã53 xu21 ɕiɛ35 lai55, lo53 tsʰa35,
了 啊 那 罗吉武 家 弟 姊妹 两 个 有 呢 人 好

lo^{21}tɕi^{21}xu^{35} lai^{55} ẽ^{55}ti^{55} xã^{35} tsau^{35}niɛ^{21} mã^{21}, ko^{35} tsei^{35}ka^{21} lai^{21} tsʰei^{21} liɛ^{35} to^{55},

罗吉富　呢 那个 那么 可怜　嘛　他　口干　了　水　送　要

tsʰei^{21} tʰai^{35}, ŋa^{35} ko^{55} tsʰei^{21} liɛɪ^{21}, ko^{35} ko^{55} tsʰei^{21} liɛ^{21} liau^{53}. ai^{55}lɛ^{55} mei^{35}mei^{55} lau^{55}

水　没有　我　他　水　去送　他　他　水　送　了　那么　妹妹　一个

ɕiɛ^{35} lo^{21}tɕi^{21}liã^{21} lai^{21}, ko^{35} ko^{55} mi^{53} liɛ^{21} liau^{21}. ai^{55}lɛ^{55} tɕiou^{35} jĩ^{55}xo^{21} tɕʰi^{55} jiã^{21}xo^{55} xua^{21},

有　罗吉莲　呢　她　他　火　送　了　那么　就　阴火　起　阳火　发

ɕiɛ^{53} kuei^{21}tsʅ^{21} tɕiou^{21} tsa^{35} liau^{55}, mei^{35}tʰa^{55}tsʰei^{21} lai^{21} po^{21} tʰi^{21} liau^{21}. tɕi^{21}li^{21}ti^{21}xuã^{55}tʰiã^{55}

铁　柜子　就　炸　了　雷公　呢 逃　得　了　慌慌张张

mei^{35} ka^{55} po^{21} ɕiɛ^{53}tsʰa^{21} ɕiɛ^{35}, ji^{35}xuã^{21}ta^{35}ti^{35} po^{21} tɕiou^{21} tsei^{35} ɕiɛ^{55}.

天　上　往　跑　去　玉皇大帝　给　就　报告 去

（他们）捉住（雷公）后，就用铁绳子绑好，关进铁柜子里，上面用铁柱子、铜柱子、银柱子和杉木柱子压着。（雷公）一点办法也没有。他们把雷公关了三天三夜。兄弟五人还嘱咐村里的人说："你们全都别送火（给雷公），全都别送水（给雷公）。"（因为有了火和水）雷公就会逃脱。（大家按照吩咐）全都没有送（火和水给雷公），就这样（把雷公）关了三天。（村里的）罗吉武家有两兄妹，他们心地善良，（哥哥）罗吉富说（雷公）被那样关着太可怜了，（雷公）他口渴了，我要给他送水。（罗吉富）有个妹妹叫罗吉莲，她给雷公送了火。有了火之后，（雷公）发起阴火和阳火，把铁柜子炸开，逃了出去。（雷公）慌慌张张往天庭上跑去，给玉皇大帝报告。

ai^{55} ji^{35}xuã^{21}ta^{35}ti^{35} a^{21}, ji^{35}xuã^{21}ta^{35}ti^{35} a^{21}, ẽ^{55} la^{55} tɕʰiɛ^{21} kei^{55}tsai^{21} ẽ^{55}ti^{55}

哎　玉皇大帝　啊　玉皇大帝　啊　这 一　次　他们　那个

xuã^{21}tɕiã^{21} sã^{35}, ẽ^{55}ti^{55} mã^{21}li^{55} a^{21}kʰo^{55} kʰa^{21} tɕʰiã^{55}ka^{55} wu^{53} la^{21}xu^{21}, kei^{53}tsai^{55} ŋa^{55}

凡间　上　这个 蛮里　阿哥　家　弟兄　五　个　他们　我

ɕiɛ^{53} kuei^{35}tsʅ^{55} xo^{21}lai^{21} so^{53}pʰei^{21}so^{53}niɛ^{21} la^{21}, ŋa^{35} jĩ^{35} la^{21} sʅ^{21} la^{21} xu^{55}, tsei^{35}ka^{21} sʅ^{21}

铁　柜子　用　三天三夜　关　我　硬 关　死　着　了　口干　死

la^{21} xu^{55}. kei^{53}tsai^{53} ẽ^{35} tɕʰi^{21}ma^{53} xã^{35} la^{21} tei^{55} lai^{21}? kei^{53}tsai^{53} wu^{55}so^{21} kʰa^{55}piɛ^{55}liɛ^{21}

着　了　他们　硬 什么　那么　关　要　呢　他们　小米　稀饭

ɕiɛ^{21} po^{21} mo^{21}, la^{55}kʰu^{21} ji^{21} po^{21} la^{21}, ŋa^{35} kei^{53} to^{21}, ŋa^{35} kei^{53} to^{21}, ŋa^{35} kei^{53} to^{21}

熬　着　的　路上　撒　着（持续助）我 他们 要　我 他们 要　我　他们 要

mo^{21} pu^{35} tsuẽ^{53} xã^{35} ji^{35}. ŋa^{35} ai^{55} pa^{53} ɕiɛ^{35}, pa^{53} lai^{21} ji^{35} liou^{55} lai^{21} kei^{53}tsai^{21} ŋa^{55}

莫　不　准 那么 撒　我　那　看　去　看　呢　一　滑　呢　他们　我

au^{55}tsʰai^{21}, tsa^{35}mɛ^{55} tʰa^{21} lai^{21} tɕiou^{35} tso^{35} liau^{55}. tʰi^{55}tʰi^{55}tʰa^{21}tʰa^{21}, ɕiɛ^{53} kuei^{55}tsɿ^{55}
那里 朝门 边 呢 就 捉 了 叮叮咚咚 铁 柜子

xo^{21}lai^{21} la^{21} po^{21} la^{21}, ɕiɛ^{35} ɣei^{35}la^{55} xo^{21}lai^{21} tʰi^{35} po^{53} la^{21}, ɕiɛ^{53} kʰa^{35}tʰũ^{55} xo^{21}lai^{21}
用 关 着（持续助） 铁 绳子 用 捆 着（持续助）铁 柱子 用

jia^{35} po^{55} la^{55}, ŋa^{35} ẽ^{35} pũ^{35}lũ^{55} to^{55} tʰa^{55}tʰi^{55}, xã^{35} so^{53}pʰai^{21}so^{55}niɛ^{55} tsei^{35}ka^{21} sɿ^{53} la^{21}
压 着（持续助）我 硬 动 都 不能 那么 三天三夜 口干 死 着

xu^{21}. ai^{55}mai^{21} kei^{21}tsai^{21} tɕi^{21}tʰa^{21} niɛ^{21} lo^{55} ko^{55} tɕi^{21}tʰiã^{21}suei^{21} ko^{35} ŋã^{53} a^{55} liɛ^{21}.
了 那么 他们 下面 的 人（被动助） 齐天水 他 淹 啊 了

ai^{55}lɛ^{55} ai^{55}lɛ^{55} tɕiou^{21} ẽ^{21}kei^{21} ji^{35}xuã^{21}ta^{35}ti^{35} lai^{21} tɕiou^{35} ko^{55} ko^{55} tɕʰi^{21}tʰiã^{21}suei^{21} ŋã^{55}.
那么 那么 就 那里 玉皇大帝 呢 就 他（被动助） 齐天水 淹

ai^{55}lɛ^{55} ẽ^{21}kei^{21} mei^{35}tʰa^{55}tsʰei^{21} lai^{21} ko^{35} a^{21}sɿ^{35} ɕĩ^{55} ɕĩ^{55} la^{35}piɛ^{55} tsʰa^{35}, ko^{35} tɕiou^{35}
那么 那里 雷公 呢 他 还是 心 心 一些 好 他 就

ai^{55}mai^{55} xã^{35}lã^{21}, ni^{35} lo^{21}tɕi^{21}xu^{55} zẽ^{55}ka^{55} niã^{53} xu^{21} lai^{21} a^{21}sɿ^{35} lo^{53} tsʰa^{35}, kei^{53}tsai^{21}
那么 那么的 你 罗吉富 姊妹 两 个 呢 还是 人 好 他们

ŋa^{55} po^{21} tsʰei^{21} liɛ^{35} po^{55} ɕi^{55}, kei^{53}tsai^{21} ŋa^{55} mi^{53} liɛ^{35} po^{55} ɕi^{55}, kei^{53}tsai^{21} mã^{21} a^{21}sɿ^{35}
我 给 水 送 着 的 他们 我 火 送 着 的 他们 呢 还是

tsʰei^{21} xo^{21}lai^{21} ŋã^{35} ŋa^{55} tʰi^{55}.
水 用 淹（结构助）不能

“玉皇大帝，玉皇大帝啊，这一次凡间世上的蛮里阿哥家兄弟五个人，他们用铁柜子把我关了三天三夜，差点把我弄死了，我快被渴死了。”（玉皇大帝问：）“他们为什么要关你呢？”“他们把熬好的小米稀饭泼在路上，我不允许他们那么做。我（下到凡间世上）去看，结果脚（踩到小米稀饭上）一滑，他们就在大门边把我抓住了。（然后他们）叮叮咚咚地用铁绳子把我捆着，用铁柜子关着，上面还用铁柱子压着，我一点儿都动弹不了，就这样被关了三天三夜，快渴死了。”“那就用齐天洪水把他们下面的人淹死。”然后，玉皇大帝让雷公用齐天洪水去淹（天下的人）。雷公心地还是比较善良，他想，罗吉富兄妹俩还是好人，（我被关住的时候）他们给我送水、送火，（我）还是不能用水淹他们。

ai^{55}mai^{55} ni^{35} tɕiou^{55} xã^{35}lã^{21} lai^{21}, ni^{35} ɣei^{35}la^{55} tɕi^{21}tʰa^{21} ta^{35} lai^{55} ni^{35} kei^{53}tsai^{21}
那么 你 就 那么的 呢 你 绳子 下面 搭 了 你 他们

zẽ^{55}ka^{55}tei^{55} po^{21} ẽ^{55}ti^{55} xu^{35}tsɿ^{55} niɛ^{55}lã^{55} la^{35} pu^{55} liɛ^{35}, kei^{53} to^{21} wo^{55}la^{55} tʰu^{21} sei^{55}
姊妹 给 那个 瓠子 种子 一 粒 送 他们 要 园子 里 种

po^{21}, sei^{55} a^{55} lai^{21} kẽ^{55}tau^{55} tɕiou^{35} ẽ^{55}ti^{55} xu^{35}tsɿ^{53} tsu^{35} ti^{55} tei^{21}ɕi^{21}.ai^{55}lɛ^{55} ẽ^{21}kei^{21} ẽ^{55}ti^{55}
着 种 啊 了 马上 就 这个 瓠子 出 来 可以 那么 那里 那个

mei^{35} mei^{35}lã^{55} mei^{35}tʰa^{55}tsʰei^{21} lai^{21}, tɕiou^{35} kei^{53}tsai^{21} po^{21} xu^{35}tsɿ^{55} niɛ^{55}lã^{55} la^{55} pu^{21}
天 云 雷公 呢 就 他们 给 瓠子 种子 一 粒

sɿ^{35} ti^{55}, sei^{35} lai^{55} ẽ^{55}ti^{55} xu^{35}tsɿ^{55} la^{55} pu^{55} kʰuai^{35} jiau^{35} sei^{35} wo^{55}la^{55} sei^{35} po^{21}, ai^{35}
送 来 你们 呢 那个 瓠子 一 个 快 要 你们 园子 种 着 那

kẽ^{55}tau^{21} sei^{35} kẽ^{55}tau^{21} tɕiou^{35} pu^{35}li^{55} tsɿ^{35} tei^{53}ɕi^{21}, kẽ^{55}tau^{21} tɕiou^{35} lau^{55} tei^{55}ɕi^{21},
马上 种 马上 就 果 结 可以 马上 就 老 可以

ɛ^{35}tʰiã^{55} lau^{53} liau^{21} lai^{21} sei^{35} ẽ^{55}ti^{55} sei^{35} ko^{55} la^{35} tũ^{55} xa^{21} a^{21} lai^{21}. ẽ^{35}ti^{55} tsũ^{53}kã^{21}
以后 老 了 呢 你们 那个 你们 它 一 下 剖 啊 了 那个 中间

la^{35} tũ^{55} tsũ^{55}kã^{21} la^{35} tũ^{55} ku^{55}tsu^{55}, ai^{55}lɛ^{55} lai^{21} pu^{53} ta^{53}tsei^{21}, sei^{35} ɛ^{35}tʰiã^{55} lai^{21}
一 下 中间 一 下 抠 那么 呢 船 一样 你们 以后 呢

jiũ^{35}tsʰu^{55} ɕiɛ^{35}. ai^{55}lɛ^{55} ai^{35}ti^{35} xu^{35}tsɿ^{53} lai^{21} kẽ^{55}tau^{55} la^{35} pʰai^{55} sei^{55} po^{21} ɕi^{21}, ti^{35} ɛ^{35}
用处 有 那么 那个 瓠子 呢 跟到 一 夜 种 着 的 第 二

tʰiã^{55} tɕiou^{35} jia^{21}tsɿ^{55} xua^{35} liau^{55}, tɕiou^{35} jiã^{55}tsɿ^{21} sɿ^{21} liau^{21}, ti^{35} sã^{55} tʰiã^{21} tɕiou^{35}
天 就 芽子 发 了 就 秧子 生 了 第 三 天 就

ɣei^{35}la^{55} sa^{21} liau^{21}, ai^{21} ti^{35} sɿ^{35} tʰiã^{55} lai^{55} tɕiou^{35} kʰa^{55}pʰu^{55} pʰu^{21} liau^{21}, ti^{35} wu^{53}
藤子 牵 了 哎 第 四 天 呢 就 花 开 了 第 五

tʰiã^{55} ka^{21} tɕiou^{35} xu^{35}tsɿ^{55} tsɿ^{21} liau^{21}, ti^{35} lu^{21} tʰiã^{55} ka^{21} lai^{21} tɕiou^{21} ẽ^{55}ti^{55} ai^{21} xu^{35}tsɿ^{55}
天 上 就 瓠子 结 了 第 六 天 上 呢 就 那个 哎 瓠子

tɕiou^{35} lau^{53} liau^{21}. ai^{55}lɛ^{55} tɕiou^{35} kei^{53}tsai^{21} ko^{21} tʰiɛa^{55} lai^{21}, tsʰu^{53} po^{21}mo^{21} mei^{21} xa^{35}
就 老 了 那么 就 他们 它 摘 了 装 着 肚子 剖

lai^{21}, mei^{21} ku^{35}tsu^{53} lai^{21}, pu^{53} ta^{53}tsei^{21}, tɕi^{53}to^{21} tʰai^{55}.
了 肚子 抠 了 船 一样 几多 大

（玉皇大帝对雷公说）“（你不想他们兄妹被淹死，）就这样，你往凡间吊一根绳子，给他们兄妹送一粒瓠子种子，要他们种在菜园里，种下后马上就可以结出瓠子。”然后，雷公就给兄妹俩送了一粒瓠子种子，说：“你们快把它种在菜园里，它马上就可以结果，马上就会成熟，成熟了以后你们把瓠子剖开，掏去中间的瓤，瓠子就像船一样，今后你们会用得上的。”（兄妹俩）当天晚上就把瓠子种子种下，第二天它就发芽了，长出小苗了，第三天就牵藤了，第四天就开花了，第五天就结果了，第六天瓠子就成熟了。他们把它摘下来，然后把瓠子里面的瓤掏掉，（瓠子）像船一样，非常大。

ai^{55}lɛ^{55} ka^{21}xa^{35} lai^{55} mei^{35}t^{h}a^{55}ts^{h}ei^{21} mei^{35}tseia^{35} tiu^{55}, p^{h}iau^{21} tau^{35} ti^{53} jia^{21}, tɕ^{h}i^{35}

那么 上面 呢 雷公 下雨 来了 瓢 倒 的 啊 七

t^{h}iã^{55} tɕ^{h}i^{35} jiɛ^{55} tsei^{21}. a^{35}ni^{55} tɕi^{21}t^{h}a^{21} xuã^{21}tɕiã^{21} sã^{55} niɛ^{55} lai^{53} to^{55} ko^{55} ŋã^{55} tɕi^{55}

天 七 夜 下 我们 下面 凡间 上 的 呢 都（被动助）淹 完

liau^{55}. lo^{53} xu^{35}ni^{55} t^{h}aiu^{55} tɕi^{55} la^{21} xu^{21}. ŋã^{35} mo^{21} lã^{21}t^{h}iã^{55}mẽ^{21} tɕ^{h}i^{21} liau^{21}. kei^{53}

了 人 都 没有 完 着 了 淹 得 南天门 齐 了 他们

zẽ^{53}ka^{21} niã^{53} xu^{21} lai^{21}. tɕ^{h}iã^{21}k^{h}au^{55} ai^{55}ti^{55} xu^{35}tsɿ^{55} p^{h}iau^{21}p^{h}iau^{55} wo^{35}t^{h}u^{55} wũ^{21} po^{21}

姊妹 两 个 呢 全靠 那个 瓠子 瓢瓢 里头 坐 着

mo^{21}, p^{h}iau^{53} p^{h}iau^{53} p^{h}iau^{53} lai^{21}, p^{h}iau^{53} p^{h}iau^{53} p^{h}iau^{53} lai^{21}, ẽ^{21}kei^{21} lã^{21}t^{h}iã^{55}mẽ^{21}

的 漂 漂 漂 呢 漂 漂 漂 呢 那里 南天门

la^{55}mi^{21} t^{h}a^{21} jiɛ^{55} liau^{55}, ai^{55}lɛ^{21} lai^{21} tɕ^{h}i^{35}t^{h}iã^{55}suei^{35} a^{55}, tɕ^{h}i^{35}t^{h}iã^{55}tɕ^{h}i^{35}jiɛ^{55} lai^{21}

大门 边 到 了 那么 呢 齐天水 啊 七天七夜 呢

tɕ^{h}i^{35}t^{h}iã^{55}suei^{35} ko^{53}to^{21} to^{35} tɕia^{53} lu^{21}.

齐天水 它自己 流 完 了

这时，天上的雷公下起雨来了，瓢泼大雨，下了整整七天七夜。我们凡间世上全部都被淹没了，人也快死光了。大水（一直）淹到南天门。（罗吉富）兄妹两个全靠坐在那个瓠子瓢里（才幸存下来），（他们）漂啊漂，漂到了南天门。齐天洪水在七天七夜后消退了。

ai^{55}lɛ^{55} kei^{53} zẽ^{55}ka^{55} niã^{53} xu^{21} ɣɨ^{35} a^{55} lai^{21} au^{55}ts^{h}ai^{21} ji^{35}tɕiɛ^{21}, t^{h}ai^{35}pei^{21}tɕĩ^{55}ɕĩ^{55}

那么 他们 姊妹 两 个 走 啊 到 那里 一带 太白金星

p^{h}ã^{53} to^{21} liau^{21}. sei^{35} zẽ^{55}ka^{21} niã^{53} xu^{21} mu^{35}lã^{55} tɕi^{21}t^{h}a^{21} xuã^{21}tɕiã^{21} sã^{55} ŋa^{55} lo^{53}

碰 到 了 你们 姊妹 两 个 现在 下面 凡间 上 啊 人

t^{h}aiu^{35} a^{53}. sei^{35} zẽ^{55}ka^{55} niã^{53} xu^{55} ai^{55}lɛ^{55} zẽ^{55}ḳa^{55} niã^{53} xu^{21} to^{55} ts^{h}ẽ^{21}tɕ^{h}ĩ^{55} ti^{21} xu^{21},

没有了 啊 你们 姊妹 两 个 那么 姊妹 两 个 都 成亲 来 了

sei^{35} xã^{55} ts^{h}ei^{35} xo^{55} ts^{h}ei^{21} t^{h}a^{21}? a^{35}ni^{55} tei^{55} zẽ^{55}ka^{55} niã^{53} xu^{21} niɛ^{21} lau^{55} niɛ^{21} miɛ^{53}

你们 那么 愿意 或 愿意 不 我们（强调助）姊妹 两 个 母亲 一个 的 血

ta^{21} po^{21} ɕi^{55}, ai^{21} niɛ^{21} lau^{55} niɛ^{21} pa^{21} lau^{55} niɛ^{21} miɛ^{53} k^{h}u^{21} po^{21} ɕi^{55}, a^{35}ni^{55} xã^{35}

滴 着 的 哎 母亲 一个 的 父亲 一个 的 血 吸 着 的 我们 那么

zẽ^{55}ka^{55} ta^{55}xa^{21} tɕʰiã^{35} tsʰẽ^{21}tɕʰĩ^{55} jio^{21}? ai^{55}mã^{55} kau^{53} a^{21} tʰi^{55}, ai^{55} kau^{53} a^{21} tʰi^{55}

姊妹 一起 怎么 成亲 啊 那么 搞 啊 不能 那 搞 啊 不能

xã^{35}lã^{21}, sei^{21} sɿ^{35}tsai^{55} kau^{53} tʰa^{55} lai^{21} ŋa^{35} sɿ^{35} po^{21} pã^{35}xua^{55} lau^{55} li^{21}, sei^{35} ẽ^{55}kei^{55}

那么的 你们 实在 搞 不 呢 我 试 着 办法 一个 讲 你们 那里

wũ^{55}tsʰai^{21} po^{55}tso^{55} ji^{21} xu^{35} ɕiɛ^{35}, a^{35} ẽ^{55} po^{53}tso^{21} ji^{21} xu^{35} lai^{55}, ti^{53}tia^{53} lai^{21} tɕi^{21}tʰa^{21}

这里 磨子 一 副 有 那 这 磨子 一 副 呢 抬 了 下面

pau^{55}pau^{55} tɕi^{21}tʰa^{21} po^{21} ɕiau^{55} a^{55} liɛ^{21}, ɣɨ^{35} a^{55} lai^{55} tɕi^{21}tʰa^{21} lai^{21} a^{21}jia^{55} ta^{55} a^{21}xu^{21}

山坡 下面 往 推 啊 了 走 啊 了 下面 呢 还 相 碰

po^{21} la^{21} niɛ^{21} lai^{21}, sei^{35} zẽ^{55}ka^{21} niã^{53} xu^{21} ai^{55} tɕiou^{35} ta^{55} tsʰẽ^{21}tɕʰĩ^{55} to^{21}. ai^{55}lɛ^{21}

着（持续助）还 呢 你们 姊妹 两 个 那 就 一起 成亲 要 那么

ẽ^{55}kei^{55} tʰai^{35}pei^{21}tɕĩ^{55}ɕĩ^{55} lai^{21} ko^{35} ko^{55} ai^{21} po^{55}tso^{55} ji^{21} xu^{35} a^{53}, ɕiau^{55} wua^{21} ko^{35}

那里 太白金星 呢 他 把 那 磨子 一 副 啊 推 啊 它

tɕi^{21}tʰa^{21} pau^{55}pau^{21} tɕi^{21}tʰa^{21} po^{35} a^{21} lu^{21}. ai^{55} po^{55}tso^{55} po^{35} a^{55} ẽ^{35} tɕʰiau^{53}, ko^{35} mai^{55}

下面 山坡 下面 往 啊 去了 那 磨子 （强调助）啊 硬 巧 他 呢

sẽ^{21}ɕiã^{21} a^{21}, tɕʰiã^{35} tiɪ^{21} po^{21} tɕʰiã^{35} zɿ^{55} tei^{55}ɕi^{22}. ko^{35} ko^{55} pau^{55}pau^{21} lai^{21} tɕi^{21}tʰa^{21} po^{21}

神仙 啊 怎么 将要 着 怎么 做 可以 他 它 山坡 呢 下面 往

ɕiau^{55} wua^{55} lai^{21} lai^{21}, po^{55}tso^{21} ji^{21} xu^{35} lai^{55} pʰa^{55}tʰai^{55} ta^{55} ai^{55} tɕi^{21}tʰa^{21} jiou^{35} ta^{55}

推 啊 了 呢 磨子 一 副 呢 啪哒 一起 那 下面 又 一起

xo^{53} liau^{21}. ai^{55}lɛ^{55} lo^{21}tɕi^{21}xu^{35} zẽ^{55}ka^{21} niã^{53} xu^{21} kau^{53}tsʰɿ^{21} a^{21} tʰaiu^{35} wua^{53}.

合 了 那么 罗吉富 姊妹 两 个 搞场 啊 没有了 啊

罗吉富兄妹俩走到南天门，遇见了太白金星。（太白金星说：）“现在凡间世上已没有人了，你们兄妹俩要结为夫妻，你们愿不愿意？”（兄妹俩回答说：）“我们兄妹是一母所生，一父所养，怎么能成亲呢？那样肯定不行。”“你们实在不愿意呢，我给你们说个办法（试一试）：那里有一副石磨，把那石磨抬过来然后往山下推去，（如果两扇磨扇）滚到山脚下还能合在一起的话，你们就成亲。”（兄妹两个同意了。）太白金星把那副石磨推下去，石磨朝山下滚去。（兄妹俩想）那石磨不会有那么巧（能合上），（但是他们不知道）太白金星是神仙啊，要怎么样就能怎么样。太白金星把石磨推下去，（只听见）那副石磨“吧嗒”一声，在（山脚）下合上了。这样，罗吉富兄妹两个就没有办法了啊。

ai^{55} tɕʰiã^{35} li^{21} a^{21}? li^{21}tso^{21} tʰai^{55}. ai^{55}mai^{21} xã^{35}lã^{21}, a^{21}ni^{55} mã^{55} zẽ^{53}ka^{21} niã^{53} xu^{21}

那 怎么 讲 啊 讲处 没有 那么 那么的 我们 呢 姊妹 两 个

ẽ^{55}ti^{55} xã^{35}lã^{21} lai^{21} ai^{21} kʰo^{55}pa^{55} ka^{21} zu^{55}ka^{21}, wũ^{21}tɕʰiɛ^{35} ka^{21} zu^{53}ka^{21}. ai^{55} xã^{35}lã^{21},
那个 那样的 呢 哎 脑壳 上 害羞 耳朵 上 害羞 那 那样的

sei^{35} kʰo^{55}pa^{55} ka^{21} zu^{55}ka^{21} sei^{35} tɕiɛ^{35}tsu^{55} pʰu^{21} poɪ^{55}, wũ^{21}tɕʰiɛ^{35} ka^{21} zu^{53}ko^{21} zu^{53}ka^{21}
你们 脑壳 上 害羞 你们 帕子 捆 将着 耳朵 上 害羞 害羞

sei^{35} ẽ^{55}kei^{55} wũ^{53}ko^{21} tiɛ^{53} po^{21}, ai^{55}lɛ^{55} sei^{35} zu^{53}ka^{21} tʰau^{35}. ai^{55}mã^{21} ni^{35} tɕi^{21}pʰa^{21}
你们 那里 耳环 戴 着 那么 你们 害羞 不了 那么 你 脚板

zu^{55}ka^{21} mã^{21}. ai^{21} tɕi^{21}pʰa^{21} zu^{53}ka^{21}, tɕi^{21}pʰa^{21} zu^{53}ka^{21} sei^{35} po^{21} ẽ^{35}ti^{55} tɕʰi^{35}la^{55}
害羞 呢 那 脚板 害羞 脚板 害羞 你们 给 那个 裹脚

tsʰo^{21}ɕiɛ^{21}ta^{35} po^{55}. sei^{35} ai^{55}lɛ^{55} zu^{53}ka^{21} tʰa^{55}to^{21}. ai^{55}mai^{55} tɕʰiã^{21} kau^{53} lai^{21}, ai^{55}mai^{55}
鞋子 穿 着 你们 那么 害羞 不要 那么 怎么 搞 呢 那么

a^{21}ni^{55} so^{55}tʰiou^{21} zu^{53}ka^{21} mã^{21}, zẽ^{53}ka^{21} niã^{53} xu^{21} ta^{55} niɛ^{35} po^{55}. so^{53}tʰiou^{21} zu^{53}ka^{21}
我们 身上 害羞 呢 姊妹 两 个 一起 睡 着 身上 害羞

sei^{35} ko^{21} sɿ^{55}lã^{55}niɛ^{55}pʰũ^{55} xo^{21}lai^{21} tu^{21} po^{21}, ai^{55}lɛ^{55} sei^{35} zu^{55}ka^{21} tʰa^{55}to^{21}. ai^{55}lɛ^{55}
你们（强调助） 被子 用 盖 着 那么 你们 害羞 不要 那么

kau^{53}tsʰɿ^{21} a^{21} tʰai^{55} lai^{55}, pi^{35} po^{53} mo^{21} zẽ^{53}ka^{21} niã^{53} xu^{21} ta^{55} tɕiou^{21} niɛ^{35} liau^{55}. niɛ^{35} a^{55}
搞场 啊 没有 呢 逼 着（结构助）姊妹 两 个 一起 就 睡 了 睡 啊

lai^{55} lai^{55}, zẽ^{55}ka^{55} niã^{55} xu^{55} lai^{55} zu^{53}ka^{21} lai^{21} zu^{53}ka^{21}, zu^{53}ka^{21} pã^{35}xua^{21} tʰai^{35} lai^{55}.
了 呢 姊妹 两 个 呢 害羞（程度助）害羞 害羞 办法 没有 呢

（罗吉富兄妹）还能说什么呢？也无话可说。（他们就说：）“我们兄妹俩这样（成亲），（觉得）头上害羞，耳朵上（也）害羞。”（太白金星听了后说：）“那这样吧，你们头上害羞呢就系上头帕，耳朵上害羞就戴上耳环，这样你们就不会害羞了。”（兄妹俩又说：）“我们脚板害羞啊。”“脚板害羞就给你们穿上鞋。”（两兄妹又说：）“我们兄妹两个一起睡，身上害羞呢。”“身上害羞，你们盖上被子就不会害羞了。”（就这样，太白金星）就逼着两兄妹一起睡了。他们兄妹俩很害羞，但害羞也没有办法。

ai^{55} sa^{21}ko^{55} ka^{55} sɿ^{21} liɛ^{21}, sẽ^{55}xuai^{21}jiou^{53}zuẽ^{35} liau^{55}. ai^{55}lɛ^{55} ẽ^{21}kei^{21}
那 后面 几 个月 了 身怀有孕 了 那么 那里

tʰai^{35}pei^{21}tɕĩ^{55}ɕĩ^{55} jiou^{35} ji^{35}xuã^{21}ta^{35}ti^{35} po^{21} tsei^{21} ɕiɛ^{35}, ai^{55} lo^{21}tɕi^{21}xu^{35} kʰa^{21} zẽ^{55}ka^{55}
太白金星 又 玉皇大帝 给 报告 去 那 罗吉富 家 姊妹

niã^{53} xu^{55} sẽ^{55}xuai^{21}jiou^{53}zuẽ^{35} liau^{55}, ai^{55}lɛ^{55} lũ^{53} xu^{21}. lũ^{53} xu^{21} mai^{21} tsʰa^{35} mã^{55}.
两 个 身怀有孕 了 那么 生 即将 生 即将 呢 好 嘛

ai^{55}lɛ^{55} ai^{55} la^{55} niɛ^{55} lũ^{55} liau^{55}，lũ^{53} lai^{21} lo^{53} lũ^{53} ji^{35}sɿ^{55} miɛ^{55}k^{h}u^{55}miɛ^{55}ta^{55}
那么 那 一天 生 了 生 呢 人 生 都 血糊糊

ɕiɛ^{35}k^{h}uai^{55}k^{h}uai^{55} ji^{35} t^{h}ã^{55} lũ^{53} po^{21}，tɕi^{53} ts^{h}o^{21}tɕi^{21} ɕiɛ^{35}. ai^{55}lɛ^{55} t^{h}ai^{35}pei^{21}tɕĩ^{55}ɕĩ^{55} jiou^{35}
血块块 一 摊 生 着 几 撮箕 有 那么 太白金星 又

ẽ^{21}kei^{21} ɣɨ^{35} a^{55} lai^{55} ji^{35}xuã^{21}ta^{35}ti^{55} po^{55} tsei^{35} ɕiɛ^{55}，ã^{55} ji^{35}xuã^{21}ta^{35}ti^{35} a^{55}，
那里 走 啊 到 玉皇大帝 给 报告 去 哎 玉皇大帝 啊

ji^{35}xuã^{21}ta^{35}ti^{35} a^{55}，lo^{21}tɕi^{21}xu^{55} k^{h}a^{21} lũ^{53} mã^{21} lũ^{53} liau^{21} wua^{21}，lo^{55} lũ^{53} po^{21} ta^{35}，
玉皇大帝 啊 罗吉富 家 生 虽 生 了 啊 人 生 着 没

miɛ^{55}t^{h}i^{55}k^{h}ei^{55} ji^{21} t^{h}ã^{55} lũ^{21} po^{21} mo^{21}，tɕi^{53} ts^{h}o^{21}tɕi^{21} ɕiɛ^{35}. ai^{55}mai^{55} ts^{h}a^{35} ma^{21}，
血坨坨 一 摊 生 着 的 几 撮箕 有 那么 好 嘛

miɛ^{55}t^{h}i^{55}k^{h}ei^{55} sei^{35} ko^{55} ẽ^{55}kei^{55} ẽ^{55}ti^{55} wu^{55}so^{21} tsɿ^{21}ɣei^{21} sã^{55} tã^{35} lu^{21} tu^{53}，pa^{21}tsɿ^{21}
血坨坨 你们 把 那里 这个 小米 大米 三 担 六 斗 泥巴

sã^{55} tã^{35} lu^{21} tu^{53} xo^{21}lai^{21} ta^{21} xo^{53}，to^{55}to^{55}li^{55}li^{55} ta^{55} xo^{53} po^{21}，xo^{35} a^{55} lai^{21} lai^{21}，
三 担 六 斗 用 一起 和 好好剁 一起 合 着 合 啊 了 呢

sɿ^{35}tau^{55}pa^{21}ts^{h}u^{21} po^{55} ji^{35} po^{55}，ai^{55}lɛ^{55} ko^{35} tɕiou^{55} lo^{53} tsɿ^{35} tei^{55}ɕi^{21}.
四处 往 撒 着 那么 它 就 人 变 可以

过了几个月，(罗吉莲)有身孕了。太白金星去给玉皇大帝报告："玉皇大帝啊，玉皇大帝啊，罗吉富兄妹俩有身孕了，快要生了。"(玉皇大帝听了说：)"快生了好嘛。"一天，(罗吉莲)生了，生的是一些血块，血糊糊的，足足有几撮箕。太白金星又去给玉皇大帝报告："玉皇大帝啊，玉皇大帝啊，罗吉富家虽然生了，但生的不是人，是一摊血块，有几撮箕。"(玉皇大帝说：)"那好办啊，你们去把那血块跟三担六斗小米大米、三担六斗泥巴和在一起，然后剁碎了撒到凡间世上，它们就会变成人。"

ai^{55}lɛ^{55} lo^{21}tɕi^{21}xu^{21} k^{h}a^{21} zẽ^{55}ka^{21} niã^{53} xu^{21} lai^{21} to^{55}to^{55}li^{55}li^{55} mo^{21} miɛ^{55}t^{h}i^{55}k^{h}ei^{55}，
那么 罗吉富 家 姊妹 两 个 呢 好好剁（结构助） 血坨坨

to^{55}to^{55}li^{55}li^{55} mo^{21} pa^{21}tsɿ^{35} a^{55} ɕiau^{53}lo^{35}mi^{55} ta^{55} xo^{53} a^{21} lai^{21}，sɿ^{35}tau^{55}pa^{21}ts^{h}u^{35} po^{55}
好好剁（结构助）泥巴 啊 小糯米 一起 和 啊 了 四处 往

ji^{35} la^{55}. a^{35}ni^{21}，ɣɨ^{35} a^{55} lai^{55} t^{h}a^{35}k^{h}a^{55} ka^{21} la^{35} tũ^{55} ji^{35} wo^{55}，tɕiou^{35} k^{h}ã^{55} tɕia^{55}k^{h}a^{21}
撒 啊 哎呀 走 啊 到 坎 上 一下 撒 啊 就 康 姓

tsɿ^{35} liau^{55}, au^{55}tsʰai^{21} tɕiou^{35} mi^{53} lo^{35} la^{21} xu^{21}. ɣɨ^{35} a^{55} lai^{21} mũ^{53}kʰo^{53} la^{35} tũ^{55} ji^{35}

成 了 那里 就 火 烧 着 了 走 啊 到 竹林 一 下 撒

wo^{55} tɕiou^{35} tsu^{35} tɕia^{55}kʰa^{21} tsɿ^{35} liau^{55} wo^{21}, jiɛ^{53} tɕiou^{35} ẽ^{55}kei^{55} au^{55}tsʰai^{21} ji^{21}tɕiɛ^{21}

啊 就 竹 姓 成 了 啊 也 就 那里 那里 一带

mi^{53} lo^{35} la^{21} xu^{21}. ai^{55}lɛ^{55} sei^{21}kʰei^{53} tiou^{55} po^{21} la^{35} tũ^{55} ji^{35} lai^{55}, tɕiou^{35} tʰiã^{21}

火 烧 着 了 那么 田 里 往 一 下 撒 呢 就 田

tɕia^{21}kʰa^{21} tsɿ^{35} liau^{55}, tʰiã^{21} tɕia^{21}kʰa^{21} lai^{21} au^{55}tsʰai^{21} jiɛ^{53} mi^{53} lo^{21} la^{21} xu^{21}. ai^{55}lɛ^{55}

姓 成 了 田 姓 呢 那里 也 火 烧（结构助）了 那么

mau^{21}pʰũ^{21}pʰũ^{55} ka^{21} po^{21} la^{35} tũ^{55} ji^{35} lai^{55}. pʰũ^{21} tɕia^{21}kʰa^{21} tsɿ^{35} liau^{55}, au^{55}tsʰai^{21} jiɛ^{53}

茅棚棚 上 往 一 下 撒 呢 彭 姓 成 了 那里 也

zɿ^{21} liau^{21}. ai^{55}lɛ^{55} ẽ^{21}kei^{21} tsʰei^{21}la^{21} ka^{55} tʰau^{55}pa^{55} la^{35} tũ^{55} ji^{35} lai^{55}, tɕiou^{35} xo^{21}

多 了 那么 那里 水沟 上 大 一 下 撒 呢 就 何

tɕia^{21}kʰa^{21} tsɿ^{35} liau^{55}, au^{55}tsʰai^{21} jiɛ^{53} ko^{53}to^{21} lo^{53} zɿ^{21} liau^{21}. kɨ^{21}ji^{55}kɨ^{21}ji^{55} xu^{35}ni^{55} ji^{21}

姓 成 了 那里 也 果然 人 多 了 东撒西撒 都 撒

tɕi^{21} liau^{21}, ã^{21} sɿ^{35}tau^{55}pa^{35}tsʰu^{55} ji^{35} tɕi^{55} liau^{55}. ai^{21}lɛ^{55} xu^{35}ni^{55} to^{55} ko^{35}to^{21}

完 了 哎 四处 撒 完 了 那么 都 都 果然

kʰei^{53}kʰa^{21}tũ^{53}tũ^{53} mo^{21} mi^{53} lo^{21} la^{21} xu^{21}, ai^{21} kei^{55}tsai^{53} ẽ^{21}kei^{21} kʰai^{55}xo^{53} liau^{21}. ai^{55}lɛ^{55}

炊烟袅袅 的 火 烧 着 了 哎 他们 那里 开火 了 那么

sɿ^{35}tau^{55}pa^{35}tsʰu^{55} ji^{35} tɕi^{55} liau^{55} wua^{21}, ẽ^{55}ti^{55} ai^{55}lɛ^{55} sa^{35}ko^{53} ji^{35} tɕi^{55} liau^{55} sa^{35}ko^{53} ji^{21}

四处 撒 完 了 啊 这个 那么 最后 撒 完 了 最后 撒

tɕiɛ^{21} ɕi^{21} lai^{21}, ni^{35} tɕiou^{35} xu^{35}ni^{55} ji^{21} tɕi^{21} lai^{21} tɕiou^{35} wuã^{21} tɕia^{21}kʰa^{21}, xu^{35}ni^{55} ji^{21}

完 的 呢 你 就 都 撒 完 呢 就 王 姓 都 撒

tɕi^{21} liau^{21} tɕiou^{21} wuã^{21} tɕia^{21}kʰa^{21} tsɿ^{35} liau^{55}. ai^{55}lɛ^{55} lo^{53} tɕiou^{21} xã^{35}lã^{21} lai^{53} tɕia^{21}kʰa^{21}

完 了 就 王 姓 成 了 那么 人 就 那么的 什么 姓

tɕiou^{35} xã^{35}lã^{21} tsu^{35} tiu^{55}, ai^{55}lɛ^{55} ni^{35} xuã^{21}tɕiã^{21} sã^{35} lai^{55} jiou^{35} lo^{53} xua^{21} liau^{21}.

就 那么的 出 来了 那么 你 凡间 上 呢 又 人 发 了

于是罗吉富兄妹俩就把那些血块剁碎，跟小米、泥巴一起和好后，撒到四处。走到土坎上一撒啊，就成了姓康的（土家语中“康”和“坎”读音相同），那里就冒起了炊烟（即有了人烟）。

走到竹林一撒啊，就成了姓竹的啊，那一带也升起了炊烟。往田里一撒啊，就成了姓田的，那里也开始有了炊烟。往茅棚上一撒啊，就成了姓彭的，那里人就多起来了。往河里一撒啊，就成了姓何的，那里也人多起来了。往这里撒，往那里撒，全都撒完了，（凡间世上也就）到处都炊烟袅袅的，（人们在各处）生火、做饭。最后撒完的呢，就成了姓王的了（土家语中“完”和“王”读音相同）。人的姓氏就这样产生了，凡间世上的人类又繁衍起来了。

（彭万联讲述，2016.7.14）

调查手记

“湖南龙山土家语言文化典藏”项目是2016年立项的，但是，对土家族语言文化的研究我们团队的两位成员从2008年就开始了。研究成果《土家汉词典》获国家社科基金后期资助项目立项。之后项目组成员田洋为写博士论文《土家语四音格研究》又多次深入到湘西州土家族聚居区进行调查。接受典藏文化项目任务后，为了高质量地实施项目研究，课题组增加了从事摄影教学和研究的张旭老师。几年来，我们跑遍了龙山县的山山水水，做了五十余次专题调查，行程上万公里，接触到方方面面的人和事，这里仅择印象深刻的说一说。

踏着冰雪上山

典藏条目调查点选择的是龙山县最边远的土家族聚居区靛房镇石堤村6组（原多谷村）。当时吉首至龙山的高速公路尚未完全开通，只得从永顺县的芙蓉镇西下高速然后走国道、县乡道到坡脚，不到一百二十公里的路程，需要行驶近五个小时。尤其是从农车乡至多谷的近五十公里县乡道，坡陡、路窄、弯多，路面坑坑洼洼，行进艰难。在多谷彭万联家调查完《中国方言文化典藏调查手册》中的所有词条后，恰逢年关，我们决定留下来拍摄土家族过赶年的习俗。老天似乎在考验我们年关拍摄的决心，2016年1月的最后一天，坡脚下了入冬以来的第一场大雪，雪纷纷扬扬地飘洒了一夜。早上起来，地上白茫茫一片，我们驱车上山，走了不到三分之一路程时，发现路面结冰严重，四驱的SUV也没法开上去，只好把车倒回驻地，找来拐杖，踏着冰雪，走上山去。大家开玩笑说这可真是冒着生命危险去作调查啊！

10-1◆2016 年 1 月 31 日坡脚大雪后的山路

过土家族赶年

土家族过赶年，即提前一天过年。拍摄过赶年的地点也是选在彭万联家。彭万联老人 75 岁，高中文化，深谙土家语和土家族文化，热情好客，乐于助人，多次给人做过土家语调查的发音合作人。听说我们要拍摄土家过年的习俗，他非常支持。过年的内容大致可分为三大块：一是办年，即准备过年，从冬至开始，家家户户杀年猪，做腊肉，这个场景我们没有赶上。年前办年主要是推豆腐、打糍粑、炸馓米，准备年夜饭。土家族过年有打糍粑的习俗。因为糍粑不仅是过年的祭祀用品，也是走亲访友的礼物。彭万联家近几年过年都没有打糍粑，因为集市上一年四季都有卖，很方便。为了给我们展示土家族的年俗，老人家里专门去集市买了糯米，按旧俗打了糍粑。打糍粑那天特别热闹，邻家的大人小孩都赶来看热闹、吃糯米饭，看来村子里过年打糍粑的人家已不多了。打糍粑时按土家习俗专门做了一个用于敬神的 [$p^ho^{35}l\tilde{u}^{55}ni^{21}ka^{21}$]“粑粑娘娘”，粑粑娘娘有普通糍粑的五六倍大。二是扫扬尘，这种活动在汉族地区也很普遍，因为春节前人们总要把屋子打扫得干干净净。不过土家人的扫扬尘，含有独特的文化内涵。扫扬尘的缘由很有意思：据说灶神菩萨是把一家人的过错记在吊挂的扬尘上的，扫除了扬尘，灶神菩萨就记不住这家人的过错了，所以土家人在岁末都会很虔诚地扫扬尘，扫完后还将之送往屋边地里，并焚香烧纸，这个过程极具故事性。三是做祭祀活动，主要有敬灶神、敬四官神、敬祖宗等。敬灶神在腊月二十三进行，用锅内点油灯、灶门口焚香烧纸的方式祭祀。敬四官神则要在堂屋大门后，将代表四官神的篾扎物沾裹上所敬食物，以祈来年六畜兴旺。“起钉（敬诸神）”在过年的当天进行，是将屋里屋外稍微重要的器物、农具贴上纸钱，然后正月初一再在起钉处祭祀。敬祖宗是在吃团年饭之前进行，敬之前要先摆年，即在堂屋神龛下的大桌子周围摆上象征生活富足的物品，如西兰卡普、猪腿、馓米、糍粑、金银首饰等，摆年的习俗我们只在文献资料中读到过，这次算是长了见识。敬祖宗要先去屋外岔路口请祖先，两位成年男性手提纸幡，三步一叩首地将祖先灵魂请进堂屋，然后再敬祭，彭万联老人身体很不好，行走困难，但他坚持做完接、敬祖宗的全过程，看见他艰难叩头的样子，我们十分感动。老人的子孙全都赶回来团年了，年夜饭很丰盛，据说年夜饭越丰盛，来年越有好兆头。

拍轿子娶亲

土家族传统婚俗现在基本消亡，个别人家会选择传统与现代相结合的方式举行婚礼。2016 年 1 月，我们在坡脚听说靛房镇有人借轿子正月初八娶亲，非常高兴，感到拍摄传统婚俗的机会来了。但因无具体联系方式，没有办法事先联系事主，我们只好在 2 月 15 日（正月初八）当日赶往靛房镇寻找娶亲人家，找到娶亲人家时男家已快要发轿了。事不宜迟，我们大着胆子找媒人（媒人娶亲时的标记是手拿红伞），把做土家族语言文化典藏的事情讲给她听，

10-2◆2016年2月5日团队在多谷拍年俗

希望得到帮助，允许我们拍摄婚俗全过程。通过媒人跟主家沟通，主家同意我们拍摄。对我们这群素昧平生的外乡人的请求，主家这么爽快就答应了确实出乎我们的预料，也令我们感动。

婚礼全过程是两天，第一天是女方正酒，男方家发轿迎亲。男方女方两家之间实际上只隔了三栋房子，但为了排场，迎亲队伍特意在镇里的街上转了一圈。快到了女方家门口时，迎亲队伍被拦了下来。原来是土家族娶亲有拦门的习俗，拦门主要是男家督管与女家拦门先生用韵文对话比口才，一问一答，要对到拦门先生输了，娶亲队伍方能进门。遗憾的是两位先生的拦门对话全是使用汉语。经过一番激烈的舌战，女方家终于让迎亲队伍进门了。

第二天我们起了个大早，因为听说新娘离家前要哭嫁。哭嫁，这种古老的习俗，现在大多只是在土家族民俗表演时见过。哭嫁在新娘上轿前，“哭”实际上是吟唱——女方家的女性长辈搂着新娘，唱起如诉如泣的哭嫁歌，她们用土家语吟唱，我们虽有些听不太明白，但很是被这种悲戚的气氛所感染。新娘不会哭嫁，但也悲切伤感……跟拍整个轿子娶亲过程我们得到了“拦门”“哭嫁”“背新娘”“抬轿”“拜堂”“滚床”“洗和气脸”“送鞋”等珍贵的影像资料。

拍生育习俗

土家族孩子出生满月时兴设酒宴招待亲朋好友。生孩子后斟酒在湘西本来是很普遍的事情，近几年政府倡导节俭办红白大事，除婚事丧事外，其余一概不准摆酒宴，这下可难倒了我们，我们只好把《典藏》需要拍摄土家生育习俗的事情汇报给靛房镇镇政府，主要领导当即拍板支持，靛房小学退休的覃校长出面帮我们寻找合适的人家，一田姓人家非常爽快地答应了。可在活动紧锣密鼓地准备时，我们突然接到覃校长的电话，说是活动没办法进行了，因为有人反映说生孩子摆酒宴和政府倡导不一致。眼看筹划好的活动就要落空，我们只好再次给镇领导汇报，请求支持。镇领导立即协调处理，使活动如期进行，让我们拍到了“报信”“告祖”“沐浴”“送祝米”“井边起名”等反映土家族生育习俗的资料。

觅土家工匠

拍农工百艺部分的一些工艺是“按图索骥”得来的——拿着县非遗办给我们的非物质文化遗产传承人的名单一一去找，跟拍。可是要找到不是非遗传承人的工匠工艺就得碰运气了。我们拍录手工弹棉花的场景纯属偶然，那是在油菜收割季节遇到了靛房镇的弹匠唐师傅，跟他说起我们的土家族语言文化典藏工作，提到原始的手工弹棉絮工艺已经找不到了，他说冬天你们来吧，我给你们做（乡下弹棉花多在冬天）。就一句承诺，冬天的时候我们还真接到了他的电话，我们赶到他的作坊，他把手工弹棉絮的工序一一做给我们看。听说弹弓上的弓弦是他特意从湖北来凤县买来的，我们非常感动。拍织布的工匠也非常偶然，在惹巴拉拍土家族织锦技艺时，听人说惹巴拉的冲天楼里有织布机，村里还有织布的工匠。辗转找到工匠向师傅，当时他正在犁田，二话没说，洗净脚上的泥，穿上土家族的民族服装，就跑来了，他坐在织布机上，接线，打梭，一招一式做得是那样的认真。感谢这些名不见经传的能工巧匠们身体力行地守护着土家族的文化，为我们留下了珍贵的民族文化遗产。

10-3◆2017年12月3日靛房镇一田姓人家的生育喜宴

下水磨功夫

以上的小节仅是我们工作的一些片段，就拍摄中的人和事而写，这里的文字特为我们团队而作。我们团队成员都是土生土长的湘西土家人，对本民族语言和文化有着深厚的感情。接受典藏任务后，我们带着极强的使命感和责任心去做这项工作，克服了许多常人难以想象的困难，去寻找发掘尚存的土家族原生态文化，用精益求精的态度去拍摄这些文化现象，我们的每一张照片、每一段视频，用湘西话来说都是下了水磨功夫的。一次没拍好，寻求机会再拍，拍到满意为止。因此书中图片展示的文化现象大多是反复拍摄选择的结果。曾记得，为记录土家族神秘的梯玛活动，我们起早摸黑，顶风冒雨，五次跟随梯玛在偏远的土家山寨拍摄，2016年9月拍土家梯玛“玩菩萨”大型酬神活动时，天气炎热，待在农户家连续三天两晚没有休息，累得筋疲力尽，站着都能睡着。为展示带有原始野趣的土家族游戏，我们多处寻访，先后几次赴靛房、洗车河等地拍摄。还有土家摆手舞、茅古斯、织锦工艺、竹木工艺、泥瓦匠人等记录，都反复拍摄了五六次，连最难找到机会拍摄的丧俗，我们也千方百计寻找，夜以继日地跟拍了三次。虽然图册需要的只是拍摄照片中的一少部分，有的敏感话题图册里还不能

10-4◆2016 年 4 月 7 日竹雕大师王世辉先生在制作竹雕

出现，但跟拍打磨的过程，让我们感受到土家族文化的博大精深。

2021 年 6 月依照匿名审稿专家的建议，补拍土家族原始的木牛栏。我们驱车几百公里，走了两个县几个乡，才拍到较理想的照片。随着农业机械化的推进，农户不养牛了，牛栏多已破败不堪，偶有养牛的，也改成砖木结构了。真没想到，两三年前乡村四处可见的木牛栏居然这么难寻。这事让我们又一次去思考民族文化保护的意义。随着社会的发展变化，一些文化现象会发生变化，一些则会消失，这是历史的必然。不过民族文化现象消失的速度之快却超乎我们的想象。非常庆幸参与实施“龙山土家族语言文化典藏”项目，我们在土家族一些文化现象消失之前（也包括消失不久努力还原的）拍摄到珍贵的民族文化现象。几年典藏调研的路虽艰辛不易，但意义非凡。

参考文献

曹志耘主编 2015《中国方言文化典藏调查手册》，商务印书馆。

邓婕 2017《中国语言文化典藏·泸溪》，商务印书馆。

龙山县地方志编纂委员会编纂 2012《龙山县志》，方志出版社。

马本立 2000《湘西文化大辞典》，岳麓书社。

彭司礼主编 2015《湘西州土家族辞典》，湖南人民出版社。

田德生、何天贞等 1986《土家语简志》，民族出版社。

田发奎主编 2007《龙山县非物质文化遗产名录集锦》，未来出版社。

田洋、段海凤、李启群 2019《他砂土家语的变调》，《语言研究》第4期（第39卷）。

杨再彪 2017《湘西苗语、土家语与汉语接触研究》，吉林大学出版社。

索引

1. 索引收录本书“壹”至“捌”部分的所有条目，按条目音序排列。“玖”里的内容不收入索引。

2. 每条索引后面的数字为条目所在正文的页码。

D

T

后记

落笔至此，回首这几年典藏文化的摄录整理工作，心中感慨万千。2016 年 1 月，中国语言资源保护工程“语言方言文化调查·湖南龙山土家语”专项调查正式立项。至 2018 年项目结项，我们完成了所有的调查、拍摄、录制、整理工作。此刻，首先感谢教育部、国家语委对我们的信任，让我们承担土家族语言文化的调查研究项目，使土家族语言文化较早地进入到国家语言文化典藏项目之中。

该项目由田洋、李启群、张旭三人组成，田洋、李启群负责条目的调查、记音和文案的编写，田洋还负责录音、摄像和音像编辑及部分照片拍摄，张旭负责部分照片拍摄。项目的实施大体分两个阶段，2016 年 1 月—2017 年 12 月为第一阶段，主要是走访调查，收集资料、拍摄录制。此阶段我们不顾酷暑严寒，反反复复地深入龙山县南部土家族聚居区的 7 个乡镇做调研，为了获得完整的资料，多次不分昼夜地赶路，不辞辛劳地守候，各种艰辛难以忘怀。2018 年 1 月，项目进入第二阶段，进行资料整理、图片编辑、文案编写等工作，继续收集补充资料。

项目顺利实施，得到了龙山县政府的大力支持。接受任务后，我们当即给主管副县长王京海汇报，他非常关心这个项目，指示相关部门全力支持。县文化广电旅游局、非物质文化遗产办公室给我们详细介绍了龙山土家族的具体情况，并提供了翔实的资料。在随后的调查中，湘西自治州文广旅局的领导为我们拍摄土家摆手舞、茅古斯、梯玛绝技提供了支持。靛房镇、洗车河镇、里耶镇和洛塔乡等乡镇的党委政府的领导，为我们提供信息，牵线搭桥，陪同走访调研，寻找艺人，使我们的调研拍摄进行得十分顺利。

项目顺利实施，离不开发音合作人的付出，特别是彭万联和彭翠荣老人，彭万联身体不好，我们每次找他，他都不厌其烦地提供帮助，在他去世前两个月，还抱病帮助录制俗语谚语和故事。彭翠荣老人读书不多，但为了帮助我们录制土家歌谣，用笔先写下回忆起的童谣。坡脚敬老院院长田德宝、里耶花灯剧团团长李明武、坡脚“母语存留区土家语言文化生态园”创办人田义永，为我们提供了很多方便和帮助。提供帮助的还有靛房、洗车河学校的师生、坡脚敬老院的老人、我们走访到的各级非物质文化遗产传承人以及龙山摄影协会的朋友们。在此，我们向所有关心支持并鼎力相助的各级领导、各方人士、父老乡亲表示衷心的感谢。

土家族，是一个历史悠久的民族，主要分布在湘鄂渝黔四省市边区，有着自己的语言和文化。龙山是我国土家语使用人口最多的地区，土家族语言和原生态文化保存得相对完好。经过两年的调研，我们获取了大量的第一手资料，按照典藏手册编撰要求，我们选取了规定的内容进行展示，并且尽可能地把土家族丰富多彩、富有特色的文化展示出来。终因篇幅所限，有些内容无法展示，也因能力有限，错漏之处难免，敬请大家批评指正。

田 洋

2020 年 3 月 30 日于湖南大学

图书在版编目（CIP）数据

中国语言文化典藏. 龙山土家语/曹志耘，王莉宁，李锦芳主编；田洋，李启群，张旭著. —北京：商务印书馆，2022
ISBN 978-7-100-21042-3

Ⅰ. ①中…　Ⅱ. ①曹…　②王…　③李…　④田…　⑤李…　⑥张…　Ⅲ. ①土家语—研究—龙山县　Ⅳ. ① H17　② H273

中国版本图书馆 CIP 数据核字（2022）第 063531 号

中国语言文化典藏·龙山土家语

曹志耘　王莉宁　李锦芳　主编
田洋　李启群　张旭　著

商务印书馆出版
（北京王府井大街 36 号　邮政编码 100710）
商务印书馆发行
南京爱德印刷有限公司印刷
ISBN　978-7-100-21042-3

2022 年 9 月第 1 版
2022 年 9 月第 1 次印刷
开本：787×1092　1/16
印张：21¾

定价：280.00 元